电子政务理论与应用
基于数字政府时代背景

周鸣乐　李敏　李刚◎主编

韩德隆　戚元华　李旺　冯正乾　王玉◎编著

U0299202

清华大学出版社
北京

内 容 简 介

本书立足电子政务领域已有研究结论及现有的相关教材，积极梳理和汇总来源权威、关注广泛的新兴研究成果和趋向，在保证内容全面、完善、科学和严谨的基础上，突破现有图书前沿性和代表性相对不足的缺陷，阐述作者对世界及我国电子政务发展的独到见解。本书提供课后练习题及其参考答案，以帮助读者巩固和提高所学知识。本书附赠教学课件（PPT），以便读者梳理书中的知识点并方便相关院校的授课老师教学时使用。

本书共 10 章，涵盖的内容有：电子政务的概念；国内外电子政务的发展历程；电子政务发展的技术基础；电子政务与政府改革；电子政务与政府机关数字化；电子政务与公共服务数字化；电子政务的重要资源——政务数据；电子政务安全与标准化；电子政务绩效管理；我国电子政务未来发展规划。这些内容旨在全面介绍电子政务的理论知识与发展情况。附录部分给出了电子政务的相关术语，方便读者查阅。

本书内容丰富，体系完整，讲解细致入微，适合作为高等院校保密技术、保密管理和公共管理等相关专业的教材，也适合有志于为我国电子政务发展做出贡献的相关研究人员和行业从业人员作为参考书。

图书在版编目（CIP）数据

电子政务理论与应用：基于数字政府时代背景 / 周鸣乐，李敏，李刚主编. —北京：清华大学出版社，2024.4

ISBN 978-7-302-66054-5

Ⅰ. ①电… Ⅱ. ①周… ②李… ③李… Ⅲ. ①电子政务－研究 Ⅳ. ①D035-39

中国国家版本馆 CIP 数据核字（2024）第 071021 号

责任编辑：王中英
封面设计：欧振旭
责任校对：胡伟民
责任印制：杨 艳

出版发行：清华大学出版社
　　　　　网　　　址：https://www.tup.com.cn，https://www.wqxuetang.com
　　　　　地　　　址：北京清华大学学研大厦 A 座　　　邮　　编：100084
　　　　　社 总 机：010-83470000　　　　　邮　　购：010-62786544
　　　　　投稿与读者服务：010-62776969，c-service@tup.tsinghua.edu.cn
　　　　　质量反馈：010-62772015，zhiliang@tup.tsinghua.edu.cn
印 装 者：小森印刷霸州有限公司
经　　销：全国新华书店
开　　本：185mm×260mm　　　印　　张：13.5　　　字　　数：355 千字
版　　次：2024 年 4 月第 1 版　　　　　　印　　次：2024 年 4 月第 1 次印刷
定　　价：59.80 元

产品编号：103335-01

随着信息技术的迅猛发展和互联网的普及,数字化和信息化已经成为现代社会运行和治理的基本模式。电子政务作为数字化治理的重要组成部分,充分体现了政府服务理念的创新,有效加强了政府与公众之间的互动交流,逐渐成为各国政府提高行政效能、优化公共服务和推进政府治理现代化的重要手段。

当前,世界主要国家与地区纷纷开展与电子政务相关的改革实践,出台相关的支持性政策,强化电子参与,整合线上和线下渠道,提升以人为本的数字政务服务能力。例如,美国建立了完善的在线政府服务平台,提供全面、丰富的在线服务,一直以来都在电子政务领域处于领先地位;英国政府提出数字首创和数字技能培训计划,以促进数字化转型并提高公众对数字技术的应用能力;新加坡建立了全面的国家电子政务基础设施,推行统一的身份认证系统和数字签名技术,提供便捷的在线服务,大幅度简化了公民和企业与政府的互动。

相较于美、英等发达国家,我国电子政务建设虽起步较晚,但发展迅速,已经取得了突出的成就。根据《2022联合国电子政务调查报告(中文版)》的数据显示,我国电子政务的全球排名从2012年的第78位上升到了2022年的第43位,成为全球增幅最高的国家之一。其中,2022年我国在线服务在国际上排名第13位,电信设施排名达到第47位。国家电子政务专家委员会主任王钦敏认为,我国电子政务排名持续提升,进入全球第一梯队,电子政务发展逐渐从"追赶者"进入"领跑者"行列。但是,我国电子政务在发展的过程中也存在一些不容忽视的问题:电子政务系统分散建设的现象没有得到遏制;对电子政务安全保障工作的重视程度不够;电子政务程序低效和资源不平衡……这些情况表明我国电子政务建设还有很长的路要走,而想在这条路上走得通、走得好、走得赢,走在路上的人就必须具备电子政务学科的素养。也正是基于上述时代背景和我国电子政务发展的实际情况,我们组织人员编写了本书。

作为一本综合性的教材和参考读物,本书立足已有的电子政务研究成果和相关教材,同时注重整理和汇总新兴的研究成果,系统探讨电子政务的相关知识,内容涵盖电子政务的概念、国内外电子政务的发展历程、电子政务发展的技术基础、电子政务与政府改革、电子政务与政府机关数字化、电子政务与公共服务数字化、电子政务的重要资源——政务数据、电子政务安全与标准化、电子政务绩效管理、我国电子政务未来发展规划等。本书编写时充分考虑了读者的实际需求,特意在每章后提供练习题,并在配套资料中给出习题参考答案,以方便读者巩固和提高所学知识。另外,本书还提供专业、完善的配套教学课件(PPT),以便读者梳理书中的知识点并方便相关院校的授课老师教学时使用。

　　本书配套教学课件（PPT）和课后练习题参考答案等配书资料需要读者自行下载。请在清华大学出版社的网站（www.tup.com.cn）上搜索到本书页面，并在页面上找到"资源下载"栏目，然后单击"课件下载"按钮即可下载。读者也可关注微信公众号"方大卓越"，并回复数字"16"，获取下载链接。相关院校的授课老师也可以发送电子邮件到 627173439@qq.com 获取。

　　虽然我们对本书内容进行了多次审核和修改，但因时间所限，加之本书涉及面比较广泛，书中难免存在疏漏和不足之处，恳请读者批评和指正。

　　最后，希望本书能够帮助读者更好地学习和掌握电子政务的相关知识，了解和把握电子政务的发展趋势，为我国电子政务的发展做出贡献。

编著者

2024 年 3 月

目录

第 1 章　电子政务的概念

电子政务（Electronic Government，E-Government）是政府行政管理模式的一场深刻变革，它不仅意味着政府行政管理要进一步公开和透明，政府要通过网络去处理属于其管辖范围内的一部分公共管理事务，更意味着政府在工业时代形成的职能式、集权化的政务流程必须再造，以适应知识经济、信息时代对现代政府的要求。本章旨在介绍电子政务的内涵与本质，以帮助读者了解电子政务的应用模式与价值。

1.1　电子政务的内涵与本质

在深入学习电子政务之前，需要先了解电子政务的内涵与本质，掌握电子政务大厅、政府门户网站等典型的电子政务表现形式，并得出电子政务与传统政务在办公手段、业务流程和沟通方式等方面的区别，从而建立对电子政务的初步认知。

1.1.1　电子政务的内涵

20 世纪 90 年代以来，随着经济全球化步伐的加快，信息技术和网络技术在社会组织、企业组织和公众家庭中得到了广泛应用，从而推动了电子政务的发展。

电子政务的概念最早是由美国提出的。1993 年，美国国家绩效评估委员会（National Performance Review，NPR）在《创建经济高效的政府》和《运用信息技术改造政府》两份报告中首次提出了电子政府的概念。1997 年，美国国家绩效评估委员会和政府信息技术服务局在《接触美国：通过信息技术重塑美国》的报告中再次提出了"电子政务"。与电子商务类似，电子政务同样来源于互联网的繁荣发展[1]，现已成为国际公共行政管理改革的新方向。目前，对电子政务内涵的认识尚未统一，世界银行、联合国等组织均提出了对电子政务内涵的不同定义。

（1）世界银行（World Bank，WB）：电子政务是政府机构使用信息技术（如广域网、互联网和移动计算）来改变与公众、企业和政府其他部门的关系，以促进公民赋权，改善服务供给，加强问责制，增加透明度，或提高政府效率。由此带来的好处是减少腐败，增加透明度，提高政府服务的便利性，增加政府收益或降低政府运营成本。

（2）联合国（United Nations，UN）：电子政务是政府运用信息通信技术来改变其内外关系，通过这些技术手段的运用，政府并没有改变它的功能，其有用、合法、透明、负责的基本义务也没有发生改变。唯一改变的是提高了全社会对政府职能的期望值，使之各方面都上了一个新台阶。

（3）联合国经济及社会理事会（United Nations Economic and Social Council，ECOSOC）：电子政务是政府通过信息通信技术手段的密集性和战略性应用来组织公共管理的方式，旨在提高效率，增强政府的透明度，改善财政约束，改进公共政策的质量和决策的科学性，建立良好的政府之间、政府与社会、政府与社区以及政府与公民之间的关系，从而提高公共服务的质量，赢得广泛的社会参与度。

（4）经济合作发展组织（Organization for Economic Co-operation and Development，OECD）：电子政务是政府通过使用信息通信技术来实现政府高效治理的一种工具。电子政务专注于利用信息通信技术来改变政府的结构、运作，最重要的是，改变政府的文化。OECD 认为，电子政务是整体改革议程的重要组成部分，突出内部的一致性，强调对善治目标的承诺。

对电子政务内涵的分析可从以下角度出发：

（1）从信息技术应用的角度：电子政务借助信息技术和数字网络技术，实现政务活动的数字化、自动化和网络化，以提高政务服务的效率。

（2）从信息时代政府变革的角度：电子政务指政府利用现代信息和通信技术来构造电子化政府，改造以往工业时代形成的职能式和集权化的政务流程，进行组织结构重组和业务流程再造，以改善政府、企（事）业单位与公众三者之间的关系[2]。

（3）从网络化的整体政府角度：电子政务是基于网络等现代信息技术的政府运作方式。

（4）从社会信息化各领域全面融合发展的角度：电子政务不仅是一个在确定范围内集中提供服务的信息系统，而且也是政府社会管理的新方式。

综上所述，电子政务是指政府机构通过应用现代信息和通信技术，将管理和服务通过网络技术进行集成，在互联网上实现政府组织机构和工作流程的优化重组，超越时间、空间与部门分割的限制，向社会提供优质、规范、透明、符合国际水准的管理和服务的过程。

1.1.2　电子政务的本质

在信息时代，电子政务意味着政府要适应当代信息技术的要求，重塑政府管理。电子政务可以被看成是"电子"和"政务"两个事物互动、集成和渗透的结果，是信息技术与政府业务的紧密结合体。综上所述，电子政务的本质为以下几点：

（1）电子政务是一场革命。电子政务是人类为适应新技术变革所采取的生产关系与上层关系的调整，这一点是电子政务的核心所在。一个政府通过网络和通信技术在实现部分职能数字化和虚拟化的同时，还必须在现实政府工作中规范程序、简化手续、公开办事过程和结果、调整组织结构、转变职能。

（2）电子政务依赖于信息技术。电子政务必须借助信息技术和数字网络技术，依赖信息基础设施和相关软件的发展。

（3）电子政务并不是简单地将传统公共管理和服务进行网上移植，而是要对其进行组织结构重组和业务流程再造。

（4）电子政务的建设是一项复杂的系统工程，是对传统公共管理的重组、整合和创新，不仅是技术创新，还是包括管理创新、制度创新在内的社会的全面创新。

1.1.3　电子政务的表现形式

随着信息技术的发展，电子政务的表现形式也在不断发生变化，从最初计算机化阶段的办公自动化，到互联网化阶段的各类政府网站，其表现形式具备鲜明的时代特征。目前，公众在日常生活中接触的电子政务的表现形式主要有电子政务大厅、政府门户网站、两微一端等，下面具体介绍。

1．电子政务大厅

进入 21 世纪，由于计算机网络在政府机构的广泛应用，各地先后开通了政务大厅网站，提供了网上下载表格、网上申请、办件查询等服务，有的还提供了语音电话查询和手机短信通知提前办结等服务。这种形式通常称为电子政务大厅或网上政务大厅。

电子政务大厅主要有以下三大功能：

（1）信息发布：电子政务大厅作为政府机构的官方网站，是政府向公众发布各种信息和公告的主要渠道。这些信息涵盖政策变化、法律法规、重要事件通知、政府计划和项目等。通过信息发布功能，公众可以随时获取政府最新的消息和通知，这有助于提高政府的透明度和公众的参与度。

（2）网上协同办公：电子政务大厅提供了政府工作人员和公众之间进行在线协作和互动的平台。政府工作人员可以使用电子政务大厅进行文件共享、会议安排、在线讨论和决策制定，这有助于提高政府内部工作的效率和透明度。同时，公众也可以在这个平台上提交申请并提出建议，与政府官员沟通。

（3）多功能查询：电子政务大厅通常提供多功能查询工具，允许公众搜索和访问各类政府信息和服务，包括个人税务查询、法律法规检索、政府项目进展情况查询、许可证申请状态查询等。这种功能使公众能够快速、方便地找到他们需要的信息和服务，减少烦琐的行政程序和纸质文件的使用，从而提高政府服务的可及性。

2．政府门户网站

政府门户网站是指各级人民政府及其部门、派出机构和承担行政职能的事业单位在互联网上开办的具备信息发布、解读回应、办事服务和互动交流等功能的网站。

政府门户网站与其他门户网站的区别主要体现在以下三个方面：

（1）服务对象不同。政府门户网站的服务对象通常包括居民、企业、投资者和游客等，以满足他们对政府相关事务的需求。其他门户网站的服务对象是多样化的，根据不同网站的定位和目标受众而定，可以是特定的行业、兴趣群体、专业人士和消费者等各种类型的用户。

（2）营运目的不同。政府门户网站是非盈利性网站，目的是为公众提供政府服务和信息，并促进政府与公众之间的互动。其他门户网站的营运目的多种多样，它们可能追求商业利润，提供广告服务，满足用户的需求，社交性质的网站则可以提供互动和娱乐。

（3）服务内容不同。政府门户网站的服务内容与公众利益密切相关，涵盖政府的政策、法律法规、公告、服务指南、办事流程、行政审批等。其他门户网站的服务内容范围较广，包括新闻报道、娱乐资讯、电子商务交易、社交网络互动、在线教育、旅游指南等，服务内容根据网站的定位和目标受众而有所不同。

此外，根据不同的服务需要，政府门户网站还可分为两种类型：

（1）政府信息门户：该类门户网站的基本作用是提供政府信息，强调对结构化和非结构化数据的收集、访问、管理和集成。该类门户网站提供查询、分析和报告等功能，以方便社会公众、企业和政府工作人员获取所需信息。

（2）政府应用门户：该门户网站是政府业务流程的集成，以办公流程和客户应用需求为核心，将不同应用模块通过门户技术集成在一起。该类门户网站可以看作各政府部门站点信息办理系统的集成界面，公众、企业和政府工作人员可通过政府应用门户访问相应的应用系统，实现移动办公和网上互动。

3．两微一端

两微一端是指微博、微信及政务客户端。在中央和地方网信部门的强力推动下，中国政务新媒体建设得到空前发展。政务微博方面，根据《2020年政务微博影响力报告》显示，截至2020年12月31日，经过微博平台认证的政务微博已达到177 437个。政务微信方面，根据《2023行业突围与复苏潜力报告》，目前全国已有30个省、市、自治区开通政务平台小程序，各类政务小程序数量总计达9.5万个，同比增长20%。政务客户端方面，根据《中国互联网络发展状况统计报告》，截至2022年12月，全国一体化政务服务平台实名用户超过10亿人，其中，国家政务服务平台注册用户8.08亿人，总使用量超过850亿人次，服务应用不断创新，企业和群众满意度和获得感不断增强。

1）政务微博

政务微博在引导网络舆论、提升政府形象、加强与公众互动等方面发挥着不可忽视的作用，并迅速发展成为网络问政的重要平台。政务微博具有以下作用[3]：

一是危机管理和舆情引导。政务微博能使政府在危机事件发生时迅速传播准确信息，从而减少不确定性和恐慌。政府可以通过微博及时发布信息和指南，指导公众采取适当的行动。此外，政务微博还可以用来纠正虚假信息并防止谣言传播，从而帮助政府保持在危机事件中的信息主导地位。

二是民意沟通和参与。微博作为多元化的信息传播模式，其最大的优势体现在强大的互动性上[3]。政务微博提供了政府与公众之间的双向沟通渠道，使政府更容易了解公众的需求、关切和反馈。公众可以通过评论、留言和私信等方式向政府提出问题、建议和投诉，从而促进政府与公众之间的互动。政府可以通过微博调查、问卷调查等工具了解民意，这有助于政策的制定和改进。

三是社会管理创新。政务微博可以帮助政府更好地了解社会问题，探讨创新的社会管理方法。通过与公众互动和反馈，政府可以更好地满足基层群众的需求，改进政策和服务。此外，政务微博还可以传达政府的改革和创新措施，提高政府在社会管理方面的透明度和效力。

四是信息公开与廉政建设。政务微博有助于政府提高信息公开的程度，使政府决策和行政过程更加透明。政府可以通过微博发布政策、法规、预算信息等，以便公众监督。此外，政务微博也可用于反腐败工作，政府可以向公众展示反腐败的力度和成果，增强其廉政形象。

2）政务微信

微信作为目前国内用户最多的社交 App，凭借其独特的传播优势，受到越来越多的政府机构的青睐，逐渐成为政府与群众沟通交流的新平台。政务微信的优势体现在以下三个方面：

一是作为行政办事服务平台，让公众随时随地了解办事的业务流程。

二是作为政民之间"一对一"的客户服务系统，对公众的咨询、投诉、举报等做出及时回应。

三是成为应急管理、舆情应对和组织动员的媒介应用。中国传媒大学媒介与公共事务研究院高级研究员、腾讯公众微信"政务微信观察"首席评论员侯锷表示，微信公共账号平台集合了所有的媒介形式，降低了媒介准入的门槛。微信做到了秒传播、秒抵达，是值得认真研究、良性引导的传播模式。各级政务部门应充分利用成熟的互联网平台改善公共服务，增强用户体验，有效推动政府职能的转变，创新管理和服务方式。

3）政务客户端

政务客户端即政务 App，是指为党委和政府相关部门开发的传播政务信息与提供政务服务的移动终端应用程序。政务客户端的内容建设主要是政府信息的发布和政务信息的公开，功能建设主要是为公众提供政府公共服务，具有移动性、便捷性、互动性、实时性等特征。区别于政务微博、政务微信及政府门户网站，政务客户端以政府公共服务为导向，其主要目的是提高政府线上服务的能力和水平，为公众提供多元化的政务服务，使之成为名副其实的移动网上办事大厅。政务客户端是网络技术发展的产物，是政府部门面向公众开发的智能移动终端应用程序。政务客户端有以下三个主要功能[4]：

一是发布政府信息。从我国大部分政务客户端的运营现状来看，信息发布是客户端运营的主要内容，主要包括政务公开和政策宣传。政府一般把近期的工作重点、会议动态、最新的政策文件推送至客户端，起到信息公开的作用，不仅可以全方位地展示政府形象，而且公众也可以通过 App 及时了解最新的政务信息，查询最新的政策动态。公众可以通过政务 App 获取教育、就业、公共卫生（医院、疫苗、药品）、交通、旅游、考试等各项日常生活的信息。例如，"国务院"客户端首页中的"要闻""最新政策""政务联播""政策解读"等栏目都是国务院信息公开的移动窗口，公众可以通过"国务院"客户端实时了解最新政府资讯，获得最新、最全面、最权威的政策解读。这些栏目不仅是政府发布信息的工具，而且是政府满足公众知情权，跨越"数字鸿沟"，积极践行政务公开原则的体现。

二是打通两个舆论场。从政府开通门户网站，到政务微博、政务微信的开通，再到政务客户端的上线，政务公共传播的整体趋势正从单向传播、以我为主，转向主动出击、双向互动，逐步推动"官方舆论场"融入互联网这一"民间舆论场"的核心地带。政务客户端作为政务新媒体平台，是打通"两个舆论场"，加强官民互动沟通，进行舆论宣传引导的重要工具。随着移动互联网的快速发展，民间舆论场的空间更加宽松，从论坛到微博和微信，公众可以随时随地传播各种言论，于是，舆论监督与引导面临巨大的挑战。在我国，政府官方媒体进行政务传播时往往偏好"以正面报道为主"，这容易导致正面报道与负面报道的严重失衡，从而导致公众对政务传播存在假、大、空的刻板印象。政务客户端作为代表政府权威的新媒体平台，是政府第一时间发布官方权威信息，澄清谣言，稳定民间舆论场，进而增强官民舆论场之间有效对话的工具。特别是面对突发事件，政务客户端需要在第一时间推送紧急通知，并且不断地更新最新进展信息，打通两个舆论场来稳定民心，使公众能够清楚、透明地了解事件的全过程，避免因为政府失语而造成谣言大面积传播。

三是推进服务型政府建设。与政务微博、政务微信及政府门户网站不同，政务客户端不再以政务信息传递和公开为导向，而是以公共服务为导向，为公众提供便捷的自助式服务，这是当前政府治理模式的一种创新探索。政务客户端不仅可以设置专门的服务栏目来收集和了解民意，它还是便民服务的工具，可以提高服务效率。例如，"国务院"客户端设置了"施政为民""激发活力""政府建设"三个问询栏目，以方便个人、企业与政府间的互动沟通，从而提高政务服务水平。此外，"国务院"客户端还设置了"便民服务"和"利企服务"栏目，实现"电子社保卡""公积金查询""商标公告查询"等高频服务事项的高效办理。可见，政务客户端的建设可以推动中国服务型政府的建设。

1.1.4　电子政务与传统政务的区别

电子政务作为基于信息技术的新型管理模式，与传统政务的区别主要体现在办公手段、业务流程、沟通方式和管理成本四个方面。

1．办公手段方面

信息资源的数字化和信息交换的网络化是电子政务与传统政务最显著的区别。传统政务主要依赖传统的办公设备和纸质文件，如打字机、传真机、文件柜等。而电子政务则更多地采用数字化的办公手段，如计算机、互联网、电子邮件等。电子政务使政府办公环境更加数字化和智能化，提高了办公的效率和便利性。

2．业务流程方面

实现行政业务流程的集约化、标准化和高效化是电子政务的核心，是其与传统政务的重要区别。传统政务的业务流程较为烦琐，需要大量的纸质文件传递和人工操作。而电子政务将业务流程数字化，并通过电子化的文件处理、自动化的流程管理和在线申请等方式简化了业务流程。电子政务提供了更加高效的业务处理方式，加快了办事效率，提升了服务质量。

3．沟通方式方面

直接与公众沟通是实施电子政务的目的之一，也是其与传统政务的又一重要区别。在传统政务中，政府与公众的沟通主要依赖于传统信函或面对面的方式。而电子政务则使用电子邮件、在线聊天和视频会议等方式，可以实现政府部门之间、政府与公众之间快速、便捷的沟通。电子政务的沟通方式更加高效、灵活，并且能够实时地解决问题，提升沟通的效率。

4．管理成本方面

传统政务需要大量的人力资源和纸质文件，这导致政府管理成本相对较高。而电子政务通过采用数字化的方式，减少了人力资源的投入，同时也减少了纸质文件的使用。此外，通过自动化的流程管理和数据分析等技术手段，电子政务还能够进一步降低管理成本，提升管理效率。

1.2 电子政务的应用模式

电子政务向与政府产生事务往来的各类用户提供服务，这些服务根据用户的需求有所不同，进而导致不同类型电子政务的发展。从实施对象和应用范畴来看，电子政务的应用模式主要分为四类：政府间电子政务（Government to Government，G2G）、政府与企业间电子政务（Government to Business，G2B）、政府与公众间电子政务（Government to Citizen，G2C）、政府与公务员间电子政务（Government to Employee，G2E）。本节具体介绍各类应用模式的特点。

1.2.1　政府间电子政务

政府间电子政务（G2G）是指政府机关系统内部、政府上下级之间以及不同地区和职能部门之间进行的电子政务活动。这种模式通过网络和电子公文传输系统、办公系统、一站式办公系统、协同办公系统等工具实现政务信息的传递和业务处理。

G2G 的目标是改善政府内部的协同办公和信息共享，提高政务处理的效率，同时促进政府与政府之间的合作和互动。通过数字化和自动化手段，政府能够更加高效地处理公务事项，加强各部门之间的沟通与协同，提升政务处理的质量和效率，为公众提供更好的服务。G2G 的推进将进一步促进政府改革和现代化建设的进程，推动国家治理体系和治理能力的现代化。

G2G 的主要内容包括以下几个方面：

（1）电子法规政策系统：提供所有政府部门和工作人员所需的各项法律、法规、规章、行政命令和政策规范，以确保所有政府机关和工作人员能够依法行事。

（2）电子公文系统：通过保证信息安全，在政府上下级和不同部门之间传递政府公文，如报告、请示、批复、公告、通知等，以加快政府公文处理的速度。

（3）电子司法档案系统：实现政府司法机关之间的司法信息共享，包括公安机关的刑事犯罪记录、审判机关的审判案例、检察机关的检察案例等，以提高司法工作效率，提升司法人员的综合能力。

（4）电子财政管理系统：向各级政府和相关机构提供政府财政预算及其执行情况的信息，包括财政收入、开支、拨付款数据，以及相关的文字说明和图表，以方便有关领导和部门及时了解和监控财政状况。

（5）电子办公系统：通过电子网络完成机关工作人员的事务性工作，如出差申请、请假、文件复制、使用办公设施和设备、下载各种表格、报销费用等，以节约时间和费用，并提高工作效率。

（6）电子培训系统：为政府工作人员提供各种综合性和专业性的网络教育课程，特别是与信息技术相关的专业培训，政府工作人员可以通过网络随时注册，参加培训课程和考试等。

（7）业绩评价系统：通过网络技术建立业绩考评体系，按照设定的任务目标、工作标准和完成情况，对政府各部门的业绩进行科学测量和评估。业绩评价系统可以量化考核各项指标，实现远程考评，并进行员工间的横向比较和不同时期的纵向比较，使考评方式更加科学、公平和公正。

（8）城市网络管理系统[5]：①对城市要害部门实施网络化控制与监管，包括城市供水、供电、供气、供暖等关键基础设施，通过网络化方式对这些部门进行监控和管理，提高其运行的效率和稳定性。②对城市交通、公安、消防、环保等部门进行网络统一化调度与监管，通过网络系统实现资源的优化配置和信息的实时共享，为各部门的决策和工作提供更加及时、准确的数据支持。③对各种突发事件和灾难实施网络化管理与跟踪，更快速地发现和响应突发事件，协调各部门的工作，进行资源调配和救援指挥，最大限度地减少损失和保障市民的安全。

1.2.2 政府与企业间电子政务

政府与企业间的电子政务（G2B）是政府与企业之间通过互联网建立的一种数字化业务联系，旨在提高政府与企业之间的沟通效率。在 G2B 模式下，政府通过电子化网络系统为企业提供各种公共服务。G2B 模式的目标是打破政府各部门之间的壁垒，在实现资源共享的基础上，为企业提供快速且高效的信息服务，简化管理流程和审批手续，提高办事效率，减轻企业负担，为企业的发展提供良好的环境。

电子政务对企业的服务包括三个层面：一是信息开放，即政府向企业开放市场信息、贸易政策、法律法规等信息，以方便企业进行经营活动。二是业务电子化服务，即政府通过电子化服务为企业提供便捷的业务处理，包括政府电子化采购、税务服务电子化、审批服务电子化等。三是监督和管理，即政府对企业进行监督和管理，确保企业遵守工商、外贸、环保等相关法规和政策。政府通过电子化手段建立监管体系，实现对企业信息的追踪与管理，并提供在线服务和支持，促进企业合规运营。

G2B 的主要内容包括以下几个方面[5]：

（1）电子采购：对于政府而言，其采购是 G2B 的主要内容之一，且政府机构的采购不具有商业目的。对于企业而言，政府采购属于 G2B，是企业电子商务的重要内容。通过网络公布政府采购与招标信息，为企业特别是中小企业参与政府采购提供必要的帮助，向其提供政府采购的有关政策和程序，使政府采购成为阳光作业，减少徇私舞弊和暗箱操作，降低企业的交易成本，节约政府采购支出。

（2）电子税务：使企业通过政府税务网络系统，在家里或企业办公室就能完成税务登记、税务申报、税款划拨、查询税收公报、了解税收政策等业务，既方便了企业，也减少了政府的开支。

（3）电子证照办理：企业通过互联网申请办理各种证件和执照，既缩短了办证周期，又减轻了企业负担，例如企业营业执照的申请、受理、审核、发放、年检、登记项目变更、核销，以及统计证、土地和房产证、建筑许可证、环境评估报告等证件、执照和审批事项的办理。

（4）信息咨询服务：改变政府职能，增强服务意识，提高政府服务水平是今后政府改革的重要方向。政府各部门应高度重视利用网络手段为企业提供各种快捷、高效、低成本的信息服务。例如：商标注册管理机构可以提供已注册商标的数据库供企业查询；科技成果主管部门可以把有待转让的科技成果在网上公开发布；质量监督检查部门可以把假冒伪劣的产品及其生产企业名录在网上公布，以保护有关厂家的利益；政策、法规管理部门可向企业开放法律、法规、规章、政策数据库及政府经济白皮书等各种重要信息。

（5）中小企业电子服务：政府利用宏观管理优势和集合优势，为中小企业提高国际竞争力和知名度提供各种帮助，包括为中小企业提供统一政府网站入口，帮助中小企业同电子商务供应商争取有利的能够负担的电子商务应用解决方案等。

1.2.3　政府与公众间电子政务

政府与公众间电子政务（G2C）是指政府通过电子网络系统为公众提供的各种服务。与 G2B 模式一样，G2C 模式的着眼点同样是强调政府对外公共服务的功能。有所不同的是前者侧重针对企业，后者的服务对象是社会公众，特别是公众个人。

G2C 的目的是除了政府给公众提供方便、快捷、高质量的服务外，更重要的是可以开辟公众参政、议政的渠道，畅通公众的利益表达机制，建立政府与公众的良性互动平台，使政府能及时、真实地了解并充分满足公众的需求。一些专家认为，G2C 是电子政务的基本目标，主要为了推动公众与政府的互动，实现网上交易。例如，利用电子政务更新执照和证书、报税、申请等，既省时又易于实现。G2C 也力求通过网站和报亭等分发工具的使用，使公众更容易获取信息。许多 G2C 的另一个特征是试图削弱以机构为中心同时管理过程相互重叠的政府职能。一些电子政务的倡导者认为，实施电子政务的目的之一应该是建立一个"一站式办公"网站，给公众提供多任务集成服务，尤其是涉及多个机构的服务，避免逐个地与各个机构打交道。G2C 的一个潜在副产品是，通过提供更多的机会帮助公众克服时间和空间障碍，推动公众之间的互动，激发公众的参政意识。

G2C 主要包括以下内容：

（1）电子教育和培训服务：建立全国性的教育平台，并协助所有的学校和图书馆接入互联网和政府教育平台；政府出资购买教育资源并提供给学校和学生；重点加强对信息技术能力的教育和培训，以适应信息时代的挑战。

（2）电子就业服务：通过电话、互联网或其他媒体向公众提供工作机会和就业培训，促进就业。如开设网上人才市场或劳动市场，提供与就业有关的工作职位缺口数据库和求职数据库信息；在就业管理和劳动部门所在地或其他公共场所建立网站入口，为没有计算机的公民提供接入互联网寻找工作职位的机会；为求职者提供网上就业培训和就业形势分析，帮助其指导就业方向。

（3）电子身份认证：公民身份认证的电子化和网络化已成为趋势。电子身份认证可以记录个人的基本信息，包括姓名、性别、出生时间、出生地、血型、身高、体重和指纹等属于自身状况的信息，也可记录个人的信用、工作经历、收入、纳税状况和养老保险等信息，使公民的身份能得到随时随地的认证，既有利于人员的流动，又方便公安部门的管理。公民电子身份认证还允许公民通过电子报税系统申报个人所得税和财产税等个人税务，政府不但可以加强对公民个人的税收管理，而且方便个人纳税申报。此外，公民还可通过电子身份认证系统办理结婚证、离婚证、出生证、学历证书和财产公证等。

（4）电子医疗服务：通过政府网站提供医疗保险政策信息、医药信息，执业医生信息，为公众提供全面的医疗服务，公众可通过网络查询自己的医疗保险个人账户余额和当地公共医疗账户的情况；查询国家新审批的药品的成分、功效、试验数据、使用方法及其他详细数据，提高自我保健的能力；查询当地医院的级别和执业医生的资格情况，选择合适的医生和医院。

（5）电子社会保障服务：主要通过网络建立起覆盖本地区乃至全国的社会保障网络，使公众能通过网络及时、全面地了解自己的养老、失业、工伤和医疗等社会保险账户的明细情况。政府也能通过网络把各种社会福利（如困难家庭补助、烈士军属抚恤和社会捐助等）运用电子资料交换、磁卡、智能卡等技术，直接支付给受益人。总而言之，电子社会保障体系一方面可以增加社保工作的透明度，另一方面还可加快社会保障体系普及的进度。

（6）电子民主管理：这是 G2C 的重要应用。公众可以通过在线评论反馈对政府工作的意见，或者就某一问题直接向有关部门发送电子邮件，提出意见和建议，有效改进政府工作。此外，电子民主管理可以提高选举工作的透明度和效率。政府可以把候选人的背景资料在网上公布，促进公众对被选举人的了解，公众可以直接在网上投票，既可大大提高选举工作的效率，又可有效保证选举工作的公正和公平。

（7）交通管理服务：通过建立电子交通网站提供对交通工具和司机的管理与服务。

此外，G2C 倡议政府克服可能存在的时间和空间障碍，将原本无法相互接触的公众联系起来，确保所有人的信息公平分配，接受公众的反馈，进而促进公众参与政府治理。

1.2.4 政府与公务员间电子政务

政府与公务员间电子政务（G2E）也被称为内部效率效能电子政务模式。G2E 旨在提高公务员的工作效率和工作条件，促进公务员的信息化素养和能力发展。G2E 的具体实施方式不一而足，不同政府部门应从自身的实际需求出发，探索具体可行的电子化管理方式。G2E 是政府机构通过网络技术实现内部电子化管理的重要形式，也是 G2G、G2B 和 G2C 模式的基础。

G2E 的主要内容包括政府工作人员利用信息技术办公、与同事通过网络开展协作、利用机构的内部网络接受在职培训，以及政府部门利用电子手段评估工作人员的表现等。G2E 模式主要包括建设办公自动化系统、政务管理信息系统和决策支持系统。其具体应用主要有以下几个方面：

（1）办公自动化系统：政府机构建设办公自动化系统，这样通过利用信息技术实现公务员日常办公的自动化，包括电子公文、电子会议和电子邮件等系统，都提供便捷的办公工具和在线协作平台。

（2）政务管理信息系统：通过电子手段建设政务管理信息系统，实现对公务员日常工作的管理和监督，其中包括考勤管理、差旅费报销、出差审批等，从而提高管理效率和减少行政成本。

（3）决策支持系统：建设决策支持系统，为政府工作人员提供决策所需的数据和信息支持，通过数据分析和可视化展示，帮助公务员作出科学决策，提高政府的决策水平。

（4）电子人事管理：推行电子化人事管理，包括招聘、培训、学习、沟通和绩效考评等，通过电子平台，实现公务员人事管理的电子化，减少烦琐的纸质流程，提高管理效率。

（5）电子学习和知识分享：通过电子学习平台和协作工具，鼓励公务员进行在线学习和知识分享，提供公务员培训、政策解读、知识库等资源，促进公务员的学习和能力提升。

（6）薪酬和福利管理：实现薪酬和福利的电子化管理，提供在线查询和申请服务，公务员可通过电子平台了解相关政策，申请福利，简化管理流程，提高工作效率。

图 1-1 展示了电子政务的 4 种模式及其内在联系。

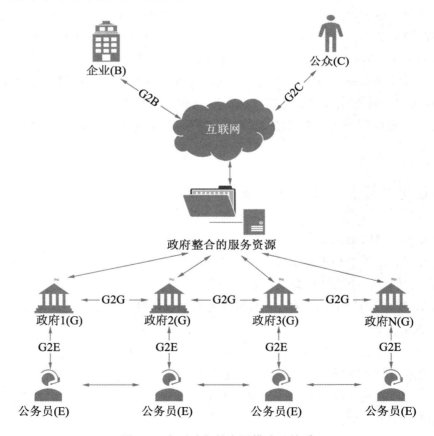

图 1-1　电子政务的应用模式及关系

1.3　电子政务的价值分析

对电子政务的研究揭示了电子政务的诸多价值，例如提高行政效率、加强政府与公众间的互动交流、增强行政透明度、加强公众参与度和信任度等。根据电子政务对民主政治建设、社会治理、财政管理等方面的促进作用，可以将电子政务的价值分为政治价值、社会价值和经济价值[6]。

1.3.1　政治价值

电子政务是政府与技术结合的产物，表现为政府应用信息技术来处理政务、服务社会[7]。与传统政务处理方式相比，电子政务通过引入信息技术，不仅带动了政府内部组织结构和管理方式的变革，而且带来了服务质量和服务效率的提升，也深刻影响着政府服务主客体的切实感受[8]。

政府是电子政务的实施主体。从主体角度来看，电子政务的政治价值包括促进民主、行政透明、实现正义、促进问责制。首先，电子政务的技术特性意味着大多数政务活动均可通过在线进行，这就决定了在电子政务模式下，政府决策是以一种更加透明和更广泛参与的方式来实现的。其次，电子政务扩宽了民主政治的渠道，公民可以通过政府网站参政议政，参与到民主决策过程中，这有效加强了政府与公民的深层互动。同时，政府也可通过政府网站充分采集民意、掌握信息，避免决策失误，最大程度地保持决策的公平与公正。另外，政府决策透明消除了政府与公民之间的信息不对称[9]，意味着公民可通过在线方式监督政策的制定、发布和施行过程，并通过政府网站进行行政问询和反馈，可以有效地推动政府问责制的落实，限制权力滥用和贪污腐败的可能。

公民是电子政务的参与客体。从客体角度来看，电子政务的政治价值主要体现在加强公民在政府治理过程中的知情权、监督权和参与权。基于信息通信技术的电子政务平台，如政府网站为公民提供了一个廉价、便捷的参与平台，极大地降低了公众参与的时间、人力和物力成本，并调动了公民的参与热情[10]。而对公共事务的参与有助于公众获得政治知识，提升政治素养，合法地对公共事务提出诉求，例如对政策实施过程和结果的知情和监督，这一诉求反过来强化了公民参与的深度[9,11]。

1.3.2　社会价值

电子政务的社会价值是其服务功能与社会需求的融合，可为政府实现社会利益创造条件，主要体现在提供有效的政府服务和增强公众信任方面。

电子政务提供了更有效的政府服务，呈现出全天性、无距离、标准化和记录性的特征。首先，由于信息技术的应用，电子政务相比传统政务突破了服务时间和服务地点的限制，政府服务从线下服务大厅转为线上服务平台。尽管政府工作人员有上下班的时间限制，但服务平台是"全天候"开放的，这意味着公众可以24小时在平台上进行留言、查询和办事，实现了电子政务的"全天性"。另外，电子政务的线上服务模式同样打破了地域和部门间的信息壁垒，使得不同地方政府和职能部门的行政服务通过在线方式实现了共享，电子政务服务最大可能实现了"无距离"的特征。最后，在电子政务服务过程中，服务的主客体之间的交互通过在线文字、语音等方式，弱化了外在形象、语言、表情及态度的主观影响，随之而来的是电子政务的标准化（流程统一、平台统一等）。在电子政务主客体交流的过程中，双方的交互过程在公开窗口或者非公开窗口记录和存储下来，成为日后审视电子政务服务标准化、专业度和准确度的重要材料[8]。

建立在信息与通信技术基础上的电子政务不仅有效增强了政府服务能力，还在一定条件和程度上提升了公民对政府的信任。这种信任主要体现在以下两个方面[12]：

第一，电子政务为提高政府自身运行效率和能力提供了有力支持，使公众感受到政府工作的高效率和低成本，从而加强对政府的信任。许多亚洲国家为反腐败将信息与通信技术（ICT）应用于公共部门，例如，在泰国，反洗钱机构成为新一轮公共管理改革的典范，是应用信息与通信技术的成功案例。

第二，电子政务为缩小政府与公众之间的距离提供了有效途径。电子政务促进了政府的开放透明，提高了政府的亲近性，为社会公众提供了更广泛的参与机会，改善了政府与公众之间的关系，增强了政府服务的针对性和有效性，公众对政府的认知和了解也得到提升，进一步增强了公众对政府的信任。

1.3.3 经济价值

电子政务的发展可为政府带来经济价值，具体表现为在降低资金、人力和时间成本的同时，维持甚至提升目前的服务水平。这一经济价值的实现是通过政府组织结构变革和业务流程优化实现的。

传统的政府组织结构通常是纵向层级制和横向职能制的矩阵结构[13]。纵向层级制形成了金字塔状的行政组织系统，横向职能制形成了相对独立的垂直领导系统。传统政府的许多业务是以纸张为基础，政府与企业和公众的"接口"是在办公室，或者在柜台、窗口。这种政府组织结构和线下业务流程办理窗口使得政府服务过程中人员冗杂、流程烦琐，造成了人力、物力资源的浪费。于是，精简、低廉和高效的政府运作模式应运而生。

电子政务建设不仅仅是铺设光缆等信息基础设施，还是运用网络技术对传统政务进行革命性再造和彻底性再设计，使政府管理模式、业务流程模式与现代信息技术更相适应[14]。可以说，只有对传统管理体制进行彻底再造，才能消除与网络信息技术运用相冲突的体制和运行方式，使政府运作更为简洁和高效。

电子政务的发展要消除政府部门之间、各业务应用系统之间的鸿沟，形成跨部门、跨应用系统的网络化协同办公环境，提供"一站式"电子政务服务[13]。公众通过一个入口便可享受政府服务，而不必再采用每个部门去拜访的串行工作方式。这种多部门集合办公、后台系统协调业务流程的方式，能够大幅减少中间管理环节，有效压平组织结构，实现从集权式、分割式的金字塔型组织结构向便捷高效、灵活动态的扁平型组织结构转变[13]，并且减少政府因"条块分割"的组织结构和"金字塔型"的管理模式带来的资源浪费。同时，信息与通信技术的发展为提升政府履职能力提供了保障，进而有效提高政府行政效率，降低行政成本。

1.4　本　章　小　结

本章对电子政务的内涵和本质进行了详细介绍，通过对电子政务大厅、政府门户网站和"两微一端"的介绍使电子政务的表现形式更为清晰，并对电子政务与传统政务之间的区别进行了总结。随着新一代信息技术的应用和普及，电子政务已不仅仅是政府内部的变革，更牵动着政府、公众、企业及公务员之间的关系，由此产生了 4 种电子政务应用模式：政府间电子政务（G2G）、政府与企业间电子政务（G2B）、政府与公众间电子政务（G2C）、政府与公务员间电子政务（G2E）。厘清电子政务应用模式，有助于我们更好地了解电子政务对当代社会的价值，本章结合前人研究，总结了电子政务的政治价值、社会价值和经济价值。

思 考 与 练 习 题

（1）简述电子政务的 4 种应用模式。
（2）简述电子政务与传统政务的区别。
（3）简述电子政务所具备的价值。

参 考 文 献

[1] Grönlund Å, Horan T A. Introducing e-gov：History, definitions, and issues [J]. Communications of the Association for Information Systems，2005，15（01）：39.
[2] 咸辉. 电子政务与政府业务流程再造 [J]. 西北师范大学学报（社会科学版），2008，（06）：112-114.
[3] 孙庚. 微时代下政务微博的发展现状及问题分析 [J]. 吉林省教育学院学报（上旬），

2013，29（11）：135-136.

［4］周碧娇．中国政务客户端现状及发展策略探析［D］．南昌：南昌大学，2018.

［5］王一杨．关于国家级成都经济技术开发区电子政务方案的研究［D］．成都：四川大学，2005.

［6］Chircu A M. E-government evaluation：Towards a multidimensional framework［J］. Electronic Government，an International Journal，2008，5（04）：345-363.

［7］陈朝东，张伟．国外电子政务：发展沿革、研究趋势及对中国的启示［J］．上海行政学院学报，2022，23（06）：31-43.

［8］陈朝东．电子政务服务的要素、本质与特征探究［J］．行政与法，2022（04）：25-34.

［9］薛天山．电子政务与政治效能感——基于政府透明度与公共事务参与的链式多重中介效应分析［J］．云南行政学院学报，2022，24（05）：138-148.

［10］Van Deth J W，Montero J R，Westholm A. Citizenship and involvement in European democracies：A comparative analysis［M］. New York: Routledge，2007.

［11］Linders D. From e-government to we-government：Defining a typology for citizen coproduction in the age of social media［J］. Government Information Quarterly，2012，29（04）：446-454.

［12］乔立娜．电子政务发展与公众信任——国际行政科学学会（IIAS）第30届大会"电子政务平台，加强公众信任"分议题观点综述［J］．电子政务，2012（12）：81-87.

［13］毕建新，朱淑媛．电子政务与政府业务流程再造［J］．现代情报，2004（04）：13-15.

［14］吴旭红．中国政务流程再造的现实困境及其对策建议［J］．电子政务，2013（01）：86-91.

第2章　国内外电子政务的发展历程

在世界范围内，电子政务已经成为政府向公众提供优质和全方位服务的重要支撑。但是，受经济、技术等因素的影响，各国的电子政务发展水平和发展路径并不太相同。深入了解国外电子政务的发展概况以及优势和局限性，可为我国电子政务长期健康和稳定的发展提供重要的参考。

2.1　国外电子政务的发展

国外电子政务的发展始于 20 世纪 50 年代，在 70 余年的发展中，经历了孕育期、形成期和发展期三个主要阶段，随着大数据、人工智能等新一代信息技术的发展，目前正逐步进入数字政府建设的新阶段。

2.1.1　国外电子政务的发展历程

自从美国总统克林顿在 1993 年提出电子政务的概念以来，电子政务这一概念逐渐为世界各国所接受。电子政务是政府与技术结合的产物，其产生与发展过程具有显著的技术导向。技术迭代及其应用是电子政务发展的内部动力，而政府及社会大众的需求构成其外部动因。本节以技术发展路径作为基本线条，将国外电子政务发展沿革划分为孕育期、形成期和发展期[1]。

1. 电子政务的孕育期（20世纪50年代至60年代）

20 世纪 50 年代初期，计算机科学技术迅猛发展，引领了管理现代化和行政学的新潮流。计算机的出现为电子政务的形成提供了关键的硬件基础，大量信息的积累也催生了信息化社会。地方政府采用计算机的速度以指数级增长，从此，政府开启了计算机处理事务的新阶段。

20 世纪 60 年代，第三代计算机（集成电路数字机）出现，其运行速度更快、可靠性更高，应用范围扩大到文字处理和图形图像处理。伴随着社会信息量的迅猛增加，办公人员和办公费用也大量增加，但政府办公效率却相对较低。信息增长快于政府效率，使政府信息服务面临管理难题与安全风险，这也成为该时期备受关注的问题。虽然信息服务在二战期间快速发展，但直到 20 世纪 60 年代，政府信息服务才逐渐发展起来。

在这一时期，信息安全成为信息服务的关键问题，政府必须关注并保障公共服务的安全，尤其要关注面临来自国外情报部门威胁等情况。同时，信息服务的发展也为政府提供了更好的管理和服务的机会。政府部门被认为是科学信息的生产者和消费者，信息系统的内部复杂性需要在可控范围内优化，以促进政府服务的更好发展。

2．电子政务的形成期（20世纪70年代至90年代）

20 世纪 70 年代至 90 年代，信息量快速增长与办事效率降低之间的矛盾催生了"办公自动化"；同时，互联网问世及其在政府中的应用标志着电子政务时代的来临。电子政务实现了政府服务的电子化。电子化是以计算机和通信技术为基础，以数字化信息为对象和内容，通过计算机和网络进行信息使用和传播的一种技术。由此，电子政务建立起了政府与公众之间的新关系，开启了政府服务的新理念、新方式。

20 世纪 70 年代是政府办公自动化的阶段——第一代电子政务时期，其中，大规模集成电路计算机的问世标志着微型计算机的兴起。同时，数据库管理系统和网络管理系统等软件开始出现，使计算机应用从科学计算和事务管理逐渐扩展到家庭和个人领域。此时，办公自动化的概念应运而生，为解决不断增长的办公业务带来的问题，政府开始采用自动化技术办公，将数据统计和文档写作电子化，提高了事务处理效率，为政府决策提供了科学依据。1969 年，互联网问世，随后开始应用于政府部门，从而实现了政府的信息化。政府部门开始利用互联网实现信息交流和处理，以有效应对 20 世纪 60 年代出现的信息量激增的挑战。

20 世纪 80 年代是家用计算机推广与互联网民用化的阶段——第二代电子政务时期。在这一时期，互联网标准 TCP/IP 正式生效，越来越多的个人计算机连接到了互联网上。互联网从军事用途逐渐转向民用，拓展了其应用领域。同时，办公自动化的性能提升不仅提高了办公效率，还增强了系统的安全性，实现了工作流程的自动化。政府应用计算机的功能也不断增多，包括政策规划和经济趋势分析等。家用计算机的普及和互联网的民用应用共同推动了政府与公众之间建立信息交互关系，开启了电子政务发展从政府到公众的新阶段。技术创新推动电子政务发展的同时，也伴随着公众对信息安全的质疑，以及对技术接受和使用程度低等。

20 世纪 90 年代，以"知识管理"为核心的办公自动化迎来了进一步发展，政府服务的科学化水平得到提升。1996 年，经济合作与发展组织在"科学技术和产业展望"报告中首次提出了"知识经济"（Knowledge Economic）的新概念，标志着知识经济时代的到来。这一时期涌现出的新的管理思想与方法融合了现代信息技术、知识经济理论和现代管理理念，强调以网络为中心，以数据和信息为核心，工作人员能更好地实现协调和协作。

20 世纪 90 年代末，因系统升级，办公自动化成为以知识管理为核心的系统，将办公管理过程纳入其中，工作人员能更好地处理和组织知识。这推动了电子政务的进一步发展，提高了办公管理的科学化水平。同时，随着互联网的进一步发展，首次出现了网页浏览器和智能手机，这为电子政务朝着移动互联网方向发展奠定了基础。

3. 电子政务的发展期（21世纪）

21 世纪是电子政务的发展期，其间经历了全面网络化和移动化阶段。这一时期，政府网站的建立和全球推广，以及移动通信设备的普及和新兴技术（如大数据、人工智能）在政府中的应用，为公众带来了前所未有的便捷与高效。

21 世纪初，政府服务开始向网络化方向发展，并伴随着智能手机的推广进入第三代电子政务时期。在这一时期，政府网站在全球范围内建立和推广。各国政府陆续建立自己的政府网站，通过互联网提供政府服务和信息。同时，智能手机的快速发展和移动网络的普及，使公众可以通过手机访问政府网站，了解政府信息等，为电子政务的进一步发展创造了新机遇。第三代电子政务最显著的特征便是政府网站的建立及其全球推广，这标志着电子政务进入了网络门户的新时代。

21 世纪的第一个 10 年，政府服务实现了全面移动化，并逐步开始应用大数据、人工智能等新兴技术，标志着进入了第四代电子政务时期。随着智能手机等移动通信设备的应用和普及，以及互联网技术的不断提升，电子政务逐步从网站门户转移到手机等移动通信设备，政府实现了移动办公，公众也能通过手机进行政府服务的查询和咨询。第四代电子政务的显著特征是智能手机等移动通信设备的普及和"手机客户端"的出现，将政府服务带到了公众的"指尖"。与此同时，数字技术的快速发展给电子政务技术迭代带来新的机遇。同时，大数据、人工智能等新兴技术的应用也为电子政务带来了新的机遇，推动了电子政务的迭代升级。

2.1.2　全球电子政务的发展趋势

世界主要国家在面对全球疫情、经济转型和国际合作的复杂变化时，总体上趋向于更加重视利用电子政务，以此来加强政府的管理和服务能力，主要呈现出以下发展趋势：

一是电子政务整体上保持持续发展的态势。《2022 联合国电子政务调查报告（中文版）》（以下简称"报告"）显示，电子政务发展指数为非常高和高水平的国家数量有所增加，电子政务发展指数为中等和低水平的国家总数有所下降。当前，世界上超过三分之二的国家的电子政务发展指数为高或者非常高的水平，这反映出电子政务的持续发展。

二是越来越多的国家强化了电子政务发展的制度和法律框架。大多数国家都制定了国家层面的数字政府战略，以及网络安全、个人数据保护、国家数据政策、开放政府数据和电子参与等相关的法律法规。越来越多的政府重视征求和回应社会的反馈，并努力根据公众的需求定制服务。报告建议以"不让任何人掉队"作为指导电子政务和公共部门制定和实施政策的操作原则。尤其是更加重视儿童、青少年、妇女、女孩、老年人和残疾人等群体。政府通过制度体系、法律法规等努力填平数字鸿沟，保障他们的健康、权利和尊严。

三是各国在线服务水平显著提高。在过去的两年中，各国政府更加重视在线公共服务能力的提升。在新冠肺炎疫情防控时期，数字技术已成为各国政府创新政务服务的试金石。大多数国家都不同程度利用数字技术应对新冠肺炎疫情，维护经济社会稳定，并优先提供数字健康、紧急响应、社会保障、数字教育等在线服务，这一改变拓宽了在线服务对社会发展的支撑能力，使公众的需求通过在线服务得到满足。

四是政务服务呈现明显的数字化转型发展趋势。报告显示，目前世界各大洲网络联系更加紧密，几乎所有政府都在开发创新的网络应用程序和更有活力的新商业模式，以改变公共服务的提供方式，使用户可以采用在线方式完成几乎所有类型事务的办理。报告还表明，越来越多的国家正朝着"默认数字化"方向转变，随时随地为公众提供自动化、个性化的服务；一些政府利用政务数据开发决策辅助工具，加强政府分析和预测能力，以更好地预测和响应社会和公众的需求。

五是新技术在电子政务发展中不断创新。新冠疫情的影响使得人们的生产生活方式发生了改变，这为新技术的应用和各学科的融合提供了契机，人们可以通过虚拟协作平台，使政府机构和相关群体实现实时沟通，加速了电子政务数字化的进程。分析学和人工智能在电子政务和商务中得以创新使用，数字技术已成为应对新冠肺炎疫情的一个重要工具，在线教育和办公平台则促进了远程教育和互动协作的升级。

2.2　国外电子政务发展案例

美国、加拿大、英国等国家信息技术发展较早，其电子政务发展基础较好。对上述国家电子政务发展情况进行分析，可为进一步了解电子政务建设的不同路径提供重要参考。

2.2.1　美国电子政务发展案例

1. 发展概况

美国是最早开展电子政务建设的国家，美国电子政务很大程度上正成为全球电子政务的建设模板[2]。美国政府一直致力于丰富政府门户网站的功能，从仅提供信息浏览到实现在线办事，以提高公民的参与度。在不同政府层级管理中，美国政府持续推动电子政务的发展。

在小布什政府时期，小布什提出了以"电子政务"代替"电子政府"的概念，并制定了以"为公民服务"为主体的电子政务发展战略[3]。该战略的目标包括提高公民与联邦政府的互动，改善政府部门的办公效率以节约成本，及时高效地处理公民的反馈。

在奥巴马政府时期，推行了"美国数字政府服务"和"Data.gov 计划"，旨在通过大数据等信息处理技术，提高政府门户网站政务信息的透明度和实时性。此外，奥巴马政府还发布了数字政府战略，强调以信息和公民为中心，发展信息共享平台和隐私保护，以刺激数字行业的创新，提高公共服务的质量[4]。

在特朗普政府时期，2017 年 5 月 1 日宣布成立美国科技委员会（American Technology Council），旨在帮助政府数字化转型顺利进行。特朗普政府强调推动电子设备的普及和可利用性，使公民可以在任何时间、地点使用优质的公共服务，加快政府的数字化转型，提高政府管理公共财产的能力，并强调科学技术的创新和工具的采购。

目前，美国政府网站的成熟度在全球范围内是最高的，联邦政府和州政府的机构已全部上网，绝大多数县、市也建立了自己的网站。政府网站提供丰富、有效的内容，如人口统计数据，用户可以通过直观的地图形式查看各级地区的详尽统计数据。美国电子政务的主要目标是促进不同层级政府的协调合作，提升行政管理效率，鼓励公民使用电子服务并参与政治议题[5]。

美国电子政务的基础架构包括建立整合性政府运作程序、提供便捷的公民申请服务、使用统一的信息技术工具和服务措施，以增强其标准化和交互性，并使政府服务面向公众，提供多元化的渠道并通过单一窗口为公众提供信息和服务。总的来说，美国电子政务的发展充满活力，不断推动政府服务的数字化改革，提高公民参与度并提供高效便捷的公共服务[6]。

2. 基本特点

一是网站多。在美国，不仅联邦政府拥有独立的网站，州和地方政府也有规模不小的网站。无论是政治、经济、军事领域的网站，还是与日常生活相关的求职、贷款、消费等方面的网站，都有涉及，覆盖面广。

二是分类细。美国电子政务网站对内容进行了细致的分类。不同领域的网站提供不同类型的信息和服务。无论是与政府有关的事务，还是与公民生活有关的事项，都有相关网站提供相应的信息和服务。

三是网连网。这是美国电子政务最主要的特点。美国联邦级部门已经实现了网套网、网连网。联邦部门的网站不仅提供本部门的情况和相关服务，还与下属机构的网站相互连接。各州网站既涵盖全州的内容，也连接各县和市的网络。此外，还有全美性的超级大网，如第一政府网站（www.firstgov.gov），它作为了解美国政府的入口，连接到了所有政府信息库。这些网站提供的信息和服务相互连接，实现了网站间的互联互通。

3. 美国电子政务凸显四大功能优势

美国电子政务具有四大功能优势，能够实现便捷、高效、互动的政府服务[5]。

第一，扩大了政府传播信息的渠道。政府网站提供了丰富的信息，并通过网站向公众传达政府活动和政策的最新动态。将重要信息和议题发布在网站上，能够快速、全面地传达给公民。

第二，扩展了政府提供服务的职能。政府网站详细地介绍了各部门的职能和所能提供的服务。公民可以通过网站查找相关法律和政策，知晓具体部门和负责人的联系方式，方便直接与政府部门联系沟通，客观上简化了官僚机制。

第三，提高了效率，降低了成本。通过网上交互，公民可以快速、便捷地办事并与政府进行互动，例如在线交税、申请贷款等。企业可以上网购买政府资产、债券，也可以向政府出售自己的产品和服务。网上交互能够减少纸张和人工成本，提高政府服务的效率。

第四，拉近了公民与政府间的距离。美国各级政府网站都提供了反馈信息渠道，公民可以通过网站表达自己的意见和建议，政府也能够选择性地回应公民的反馈。此外，公众还可以通过网站申请与政府官员会面的机会，实现更加直接的互动。例如，白宫网站就有约见总统一栏，一方面说明了约见总统所需的各种程序，另一方面提供了表格。有意者可以直接填写表格并即刻发往白宫。根据 Statista 2023 年发布的统计结果，美国互联网用户的数量已超过 3.07 亿，超过 90% 的美国人可以上网。这样一个互联网的大基地，电子政务无疑效果巨大。

2.2.2　加拿大电子政务发展案例

1. 发展概况

加拿大政府致力于通过电子政务提供高质量的公共服务，提高政府效率和透明度，促进公民参与社会事务及经济发展。1999 年，加拿大政府颁布了"在线政府"（Government Online）计划，旨在利用互联网让所有服务对象通过电子方式与政府互动，在 2004 年实现所有政府服务事项网上可得。为保持电子政务在全球的领先地位，加拿大政府发挥了强大的领导力作用，推行了统一政府（A Whole of Government）实施策略，以加强各级政府和各部门的电子政务协同发展，力争满足公众的需求，向公众提供一体化的电子服务。2001 年 1 月，加拿大政府对门户网站进行了意义重大的改进和重新设计，目的是全面推行以客户为中心的网上服务。到 2002 年，已有 2 600 万人在网上交税，互联网地理覆盖率高达 100%，学校拥有的计算机超过了 36.7 万台，学校和图书馆的上网率也达到了 100%。另外，75% 的加拿大人和 83% 的中小型企业已使用互联网，家庭电话拥有率高达 98.4%，位居世界第一。到 2013 年，加拿大已建成 360 个政府网站，每月有 400 万人浏览政府网站，每天有 600 万 E-mail 与政府沟通，有 10 万人通过政府网站寻找工作，10.6 万个职位在网上流动。

信息技术一直是加拿大电子政务建设的重要支撑性工具。在资金方面，加拿大政府每年都会在信息技术和信息系统方面投入大量资金。自 2011 年起，加拿大政府每年在信息技术上的支出一直稳定在 50 亿美元左右。政府部门每年在应用程序、计算设备和信息技术的运维和管理上花费约 30 亿美元。在人员配备方面，加拿大政府拥有强大的技术团队来支撑其数字政府建设。根据 2016 年发布的《加拿大政府信息技术战略规划》，政府的信息技术服务由 1 500 多个政府机构的约 17 000 名信息技术专业人员提供，这些机构和人员的覆盖范围由加拿大辐射至全球。在技术革新方面，加拿大政府会定期审查机构内信息系统的运行状况，识别系统老化的风险并发布报告。如 2012 年，审计长公署对政府内信息技术的使用情况进行了调查，随后发布了《加拿大政府关于信息技术老化状况的报告》，该报告指出联邦政府严重依赖信息技术和信息系统向公众提供服务，并且其中一些信息系统已经使用了 30 多年。随着技术的更新换代，这些旧系统运行所依托的基础架构的运维成本越来越高，其安全性、持续性和可用性在数字环境中也不能得到绝对保障。随后，加拿大政府部署了一系列针对信息技术革新的战略和规划。随着云计算和人工智能等新技术的兴起，加拿大政府不断摸索这些新技术在电子政务中的使用。从 2016 年开始，加拿大政府不断探索如何使用人工智能技术来指导决策、提高工作效率并为公众提供更加优质的服务，并于 2017 年发布了《加拿大政府云采用战略》[7]。

2．基本特点

加拿大电子政务的特点包括发挥中央政府的统一和协调作用，强化基础设施建设和政府服务理念[5]。

（1）发挥中央政府的统一和协调作用

加拿大政府在国家信息化建设进程中发挥了关键作用。加拿大政府注重通过中央政府进行整体规划和标准制定，采用中央集权式的自上而下的实施电子政务建设，整个行动计划的制定与率先实施都是由联邦政府负责，将网络连接到每一个用户，从而使信息网络扩展到整个加拿大。加拿大的电子政务战略计划由国家财政部部长负责全权实施，并由国家总理亲自挂帅领导。财政部还负责跨政府和跨机构的电子政务协调发展，对各级政府、不同部门的行政界限进行充分协调，以确保统一的政府策略。同时，政府还委任首席信息官负责国家电子政务工程的整体规划和信息管理，制定最及时、统一的法规政策和标准体系，该体系涉及的问题包括隐私、安全、身份认证、信息管理和采购工具等。

2001 年 6 月，加拿大政府与私有部门签署了一项关于安全通道的工程合同，目标是为加拿大的电子政务发展提供通用的基础设施建设，确保整个政府完成安全的、重隐私的、无缝隙的电子交易。大而全面的系统结构和一个经过不断整合而成的电子政务架构给加拿大的电子政务带来了强有力的发展基础。

（2）强化信息基础设施建设

加拿大的电子政务之所以能够迅速发展，后来居上，与加拿大良好的信息基础设施大有关系。根据世界银行的数据，2020 年，加拿大固定宽带上网用户达到 1 583 万，移动手机用户达到 3 236 万。根据加拿大统计局的数据，加拿大智能手机的覆盖率为 84.4%，LTE 网络覆盖超过 99.5% 的居民人均移动数据使用量为 2.9GB。加拿大还是世界上最早建成"国家光纤网"的国家，该网的技术甚至比美国领先 6 个月，加拿大在信息基础设施方面的巨大优势为其发展电子政务打下了坚实基础。

加拿大政府一直致力于确保所有的加拿大人都能享受到政府的电子服务，包括确保一些有先天上网障碍的人士（如视觉或听觉有障碍的人）能够上网，以及获取政府信息和服务。1999 年，加拿大通过校园网和图书馆网项目成为全球第一个把国家所有的公共图书馆和学校通过互联网连接起来的国家。与此同时，社区互联计划（Community Connectivity Program，CAP）建立了覆盖全国城市、农村和偏远地区的 8 800 多个公共互联网接入点。CAP 同时还帮助人们学习互联网，发展在线技能，从事研究，交流信息，连接政府的战略规划和服务。加拿大政府通过与 CAP、其他社会组织和许多政府部门机构的大力协作，率先实现了以公众为中心、一站式获取政府信息和服务的目标[6]。

（3）以客户为中心，强化政府服务理念

加拿大所有的网上服务，都是在对用户进行广泛的市场调研的基础上推出的，以确保最大程度地满足客户的需求，使电子政务带来的改变真正有利于加拿大公民。人们通过电子窗口可以更加便捷地获得政府的各种服务，获得政府的最新消息，与政府部门直接交换信息，直接填写社会福利与保障表格，并通过网络交纳电子化税费[6, 7]。

2001 年，加拿大重新设计了国家电子政府网站（www.canada.gc.ca），将政府所服务的群体分为加拿大公民、加拿大企业和国际客户三类，体现了以客户为中心的服务理念，改变了过去政府网站按照部门或机构的职责来划分组织信息的形式，每一个入口严格按照主题、客户需求或者生活周期事件分类进行信息、服务传递[6]。

为了更好地为公民服务，加拿大政府制定了能够有效利用和管理信息技术的国家策略。加拿大政府上网的策略不只是使已有的服务和信息上网，它的目标是要以客户为中心，充分理解公民、企业和国际客户的服务需求，并重新设计政府的服务。同时，使用互联网传递政府公共服务，可以增加政府运作过程中的透明度，提升行政效率，并且使更多的公民参与政策讨论和政府决策[6]。

2.2.3　英国电子政务发展案例

1. 发展概况

英国作为欧洲经济体量 TOP2 的国家，其电子政务发展指数（E-Government Development Index，EGDI）在 2010 年到 2022 年间一直保持着世界排名领先，处于全球电子政务发展水平非常高的位置，是众多国家电子政务发展的标杆。英国电子政务发展历程如下：

1994 年，英国政府响应"电子欧洲"计划开始电子政务建设，提出了"电子英国"计划，开通网上"英国政府信息中心"，由内阁办公室负责建立中央政府网站"open.gov.uk"。1996 年，英国政府发布"直通政府"白皮书，作为电子政务服务发展的计划书。1999 年，英国政府出台了"现代化政府行动计划"，提出开辟一站式服务的单一电子门户，并于 2000 年建立了"UKonline.gov.uk"，提供一站式在线公共服务。2005 年，英国政府成立了"首席信息官委员会"，专门推动政府信息技术项目的实施，并提出"技术革新型政府"的新型电子政务战略，明确利用信息和通信技术提升公共服务的战略。

自 2006 年以来，英国地方政府和中央政府大力发展电子政务，目标是尽快实现电子化政府的世界领导地位。在这个目标指导下，英国政府网站建设速度快、数量多，但是造成网站分散、没有规划统筹，从中央到地方的网络未能形成统一架构和互联互通。2007 年 1 月，英国内阁办公室决定大幅减少中央政府网站的数量，从原有的 951 个减少到 26 个，其中已关闭网站持续相关性的信息将转移到"Directgov"和"businesslink.gov.uk"两个门户网站。政府门户网站"Directgov"提供单点访问所有在线公共服务，并且可以通过手机获取服务。此后，英国内阁办公室制定了政府部门及公共机构网站建设标准，实现了网站统一设计，极大方便了用户。经过网站资源整合，一方面，英国政府网站数量大大减少，降低了网站的重复建设和运营成本及基础设施建设开支；另一方面，提高了政府电子政务效率，方便了用户使用，公众通过一站式服务，避免了辗转不同政府部门网站的麻烦。

自 2012 年开始，英国政府开始践行"数字政府战略"，先后出台《政府数字化战略》《"数字政府即平台"计划》《英国数据能力发展战略规划》等战略规划，其中，《"数字政府即平台"计划》是建立数字化服务的新途径，旨在创建一套可以共享的组件、服务设计、平台、数据等，使每个政府部门线上服务都可以使用。这样更多地重复利用政府的平台和组件，可以花更多精力去更好地设计以用户为中心的服务，避免重复开发。一系列的改革举措助推英国数字政府建设取得显著成效。2016 年，在联合国电子政务调查评估中，英国获得第一名。2017 年，英国政府出台《政府转型战略（2017—2020）》，包括连接战略、数字技能与包容性战略、数字经济战略、数字转型战略、网络空间战略、数字政府战略、数据战略等七大举措，重点打造线上身份认证、线上支付与线上通知三大数字政府服务平台[9]。

2021 年，英国政府数字服务部发布《政府数字服务：2021—2024 年战略》，通过五项重要举措，推动了政府服务更加数字化、智能化、高效化。其具体举措包括[10]：

（1）以 GOV.UK 作为唯一在线门户。优化 GOV.UK 内容和技术平台、简化信息发布工具、调查用户不使用在线服务的原因，逐步使 GOV.UK 成为英国政府的唯一在线门户。

（2）解决跨部门联合服务问题。建立 GOV.UK 账户功能，个性化内容视图，实现部门共享和一键式完成操作，解决跨部门联合服务的问题。

（3）简化数字身份解决方案。统一登录方式、多部门合作、逐步整合实现用户通过 GOV.UK Verify 一次验证，访问各种政府服务。

（4）提供通用工具和专业服务。建立组件库，使用户能够方便地选择和使用信息。通过建立轻量级后端产品，满足后端案件管理和其他常见需求，并由专业服务部门提供技术支持。

（5）共享部门间的联合数据。合作共享用户信息，创建数据登记册和信息交换机制，改善服务水平和政策制定。实现共享用户信息、数据登记册、公民与国家之间的信息交换、在线互动分析等。

2022 年 7 月 4 日，英国科技和数字经济部对《英国数字战略》（UK Digital Strategy）进行了更新，新增加了"数字雇主的签证路线"。该战略旨在通过数字化转型建立更具包容性、竞争力和创新性的数字经济，使英国成为世界上开展和发展科技业务的最佳地点，提升英国在数字标准治理领域的全球领导地位。为此，英国将重点关注数字基础、创意和知识产权、数字技能和人才、为数字增长畅通融资渠道、高效应用和扩大影响力、提升英国的国际地位 6 个关键领域的发展[11]。

2．基本特点

（1）建立强有力的领导机构

虽然英国是一个联邦国家，但在电子政务的发展和建设上建立了强有力的领导机构，做到了在全国范围内实现统一、协调的领导[12]。

英国首相任命电子大臣（e-Minister），电子大臣全面领导和协调国家信息化工作，并由两名官员（内阁办公室大臣、电子商务和竞争力大臣）协助其分管电子政务和电子商务，负责政府信息化的整体进程与全面发展，全面推进电子政务建设。联邦政府各部门都相应地设立电子大臣一职，由联邦政府核心部门的电子大臣组成电子大臣委员会，该委员会为电子大臣提供决策支持。同时，将原设在贸工部的电子特使（e-Envoy）职位调整到内阁办公室，并在内阁办公室下设电子特使办公室，专职负责国家信息化工作，电子特使办公室又下设若干工作组。电子特使与电子大臣一起，每月向首相汇报有关信息化的进展情况，并于年底递交信息化进展年度报告。由联邦政府各部门、授权的行政机构和地方政府指定的高级官员组成国家信息化协调委员会（e-Champions），协助电子大臣和电子特使协调国家信息化工作[12,13]。

（2）缩小数字鸿沟，实现全民上网

英国政府建设电子政务最为突出的特点是平民化色彩较浓。政府在发展电子政务过程中，既考虑到熟悉、了解信息技术的人，也充分考虑到不熟悉、不了解信息技术的人。为了在 2005 年实现全民上网，英国政府加强信息技术教育和基础设施建设，确保公民在家、在工作单位及在社区都能接入互联网，同时，开展 ICT 培训及建立电子终身教育系统，帮助人们掌握互联网技术，通过大力发展地方在线内容以使更多人使用互联网。

为使不同收入水平的人都能便捷地接触到电脑、互联网、电子邮件和其他新兴的信息通信技术，英国政府建立了英国在线中心，该中心主要为没有上网条件的人们提供上网天地，同时为他们提供 ICT 技术培训。英国信息通信管理局（Office of Communication，Ofcom）调查显示，2019 年，几乎 9/10 的英国家庭（87%）接入互联网，82%的英国人使用家庭宽带，70%的英国人使用 4G 移动服务上网。

（3）建立和开发知识管理系统

在发展电子政务的过程中，英国政府创建了全世界最为领先的知识管理系统，该系统是英国各政府部门内部信息、知识交流的一个内域网，英国政府是全世界第一个实现了所有政府部门内部、部门与部门之间在同一个交互系统上进行协同工作、知识共享的政府。知识管理系统从根本上改变了政府传统的事务流程与处理方式，提高了管理效率，从而最终实现政府职能转变[12]。

英国知识管理系统的构建分为四期进行，并在 2002 年 6 月完工。一期工程侧重于知识网络系统的发布，初步实现了政府各部门通过政府安全内域网，以浏览器或者其他客户端的方式实现数据检索和查阅。二期工程主要侧重于政府部门在知识网络系统的相互交流，为跨部门协同工作提供基础。三期工程侧重于知识网络的管理，加强各部门间的协同工作。四期工程主要是推动各部门、各机构开始利用知识网络平台充分实现自己的目标。

（4）提供便捷的"政府入口"服务

英国政府从 2001 年 7 月开始试行"政府入口"服务，截至目前，公民都能从政府网站中获得所需的公共服务。"政府入口"是将政府部门的后台系统与前端应用系统，如政府网站、门户网等有机连接起来的中间件。它提供统一认证、单点登录，使公民能访问到他想访问的网站和信息，以及实现在线服务，从而体现信息和服务的共享。目前英国公众已经能够从网上获得政府住房、医疗、出境旅游、政策新闻、退税、职业介绍、车辆管理等方面众多的网上服务。此外，英国政府还启动了政府网关计划。该网关把公民网站、商业和行业网站与政府各组成部门的办公系统等安全地连接在一起，提供每年365 天和每天 24 小时的"无缝"服务。当公民所要的在线服务需要与银行、税务等发生交互时，通过政府统一网关就可以完成数据交换。

（5）积极发展电子民主

电子民主是伴随电子政务发展的一个必然产物，因为电子政务追求的目标不仅是实现政府与公民间的电子服务与电子交易，它更需要吸引公民参政议政，与政府官员进行实时互动交流。早在 2000 年，英国内阁就已经颁布法令，宣布英国公民可以在网上对政府文件进行咨询并提出意见。许多政府部门在门户网上都建立了相关部门的政策讨论专区，公民可以就感兴趣的政策法规进入各自的论坛[12]。

英国政府还在一些地区试行电子投票，开展电子注册工程。主要包括公民在远程选举时进行电子注册，以确定公民是否有法定的选举权，同时，对投票人与投票结果进行记录，以顺利完成整个选举过程。该工程还开发出一个统一的、稳定的电子注册标准系统，以适用国家所有的选举，确保公民在进行远程投票时的安全性与可靠性。此外，英国电子特使办公室还联合内阁办公室以及其他部门，广泛征求公众意见，以便共同制定电子民主的相关法律法规[12]。

2.2.4 澳大利亚电子政务发展案例

1. 发展概述

澳大利亚已经与美国、加拿大、新加坡、英国共同跻身于全球最为领先的几个电子政务国家。早在 1972 年，澳大利亚政府的海关服务署就引入了通关文件申报自动化系统，实现了进出口货物的报关和清关的在线完成。随着互联网技术的普及，澳大利亚的电子政务迅速发展。1997 年，澳大利亚政府宣布要将所有适当的联邦服务在 2001 年底前搬上互联网。随后，澳大利亚政府颁布了国家电子政务发展战略——政府在线战略，旨在开发更多、更好的一体化电子服务，打破政府部门之间的行政权限和组织机构壁垒，以公民和企业的需求为中心，为他们提供所需的服务。

为推动电子政务进程，澳大利亚政府制定了一系列的法律保障措施，并成立了国家信息经济办公室（NOIE），负责电子政务的全面实施和协调发展。在门户网站的建设上，澳大利亚政府提出了以客户为中心的设计理念。2000 年 12 月，澳大利亚联邦政府签署了一项政府上网门户的框架协议，目的是提升以客户为中心的访问方式获取政府资源。到 2001 年，所有适合的澳大利亚联邦政府服务都实现了互联网传递，电子支付也在 2002 年成为澳大利亚政府对供应商的普遍支付手段。

2002 年 11 月，澳大利亚联邦政府提出"更优的服务，更好的政府"电子政务战略，目标是建立无缝化、适合需要的、以公众为中心的政府。2006 年 3 月 30 日，澳大利亚政府发布了 2006 至 2010 年电子政务战略——《响应的政府：新的服务议程》，该战略旨在进一步提高澳大利亚政府的在线服务水平，并建成积极响应的政府。2013 年 8 月，澳大利亚政府发布《公共服务大数据战略》，该战略以"数据属于国有资产，从设计着手保护公民隐私、数据完整性与程序透明度，技巧、资源共享，与业界和学界合作，强化开放数据"六大原则为基础，旨在推动公共行业利用大数据分析进行服务改革。2019 年 9 月，澳大利亚政府发布《数据共享与公开立法改革讨论文件》，推动公共部门数据使用和共享机制的现代化，以支撑服务的智能高效，为公众提供无缝衔接的用户体验。2021 年，澳大利亚政府发布《政府间数据共享协议》，该协议为澳大利亚各级政府间进行数据共享提供法律依据[14]。

在联合国 2020 年《数字政府助力可持续发展十年行动》的调查报告中，澳大利亚电子政务的发展水平位居全球前五，其具代表性的战略有《数字化转型战略 2025》（以下简称"战略"）和《澳大利亚的技术未来》。战略中提到，2025 年澳大利亚将成为世界前三的数字政府国家，利用数字技术，推出更具响应性的政策，提供更优质的服务。其中，三个重点发展领域被提及：一是通过整合供给方式，提供便捷直观的公共服务，建立数字身份识别，畅通个人、企业、政府主体间的沟通渠道；二是根据个人选择进行数据共享和隐私保护，使政策与服务更加智能与透明；三是从提高数字能力、发展现代基础设施、提供服务问责角度出发，构建一个适应数字时代的政府。战略还规划了为个人和企业改善数字服务供给方式的具体路线图，详细阐明了澳大利亚目前为实现战略已做好的准备与未来加速推进计划。为加快推进数字化改革的进程，澳大利亚政府建立了一个数字转型机构（Digital Transformation Agency，DTA）进行针对性地指导，同时在公共数字委员会的辅助下开展各项具体的数字化措施[15]。

2. 基本特点

澳大利亚电子政务建设特点主要体现在以下几个方面[16]：

1）以政府为主导，协调建设

澳大利亚电子政务建设始终是在政府主导下进行的。澳大利亚政府建立健全了电子政务建设的战略管理机构、组织协调机构和办事机构，确保电子政务建设的顺利实施。其中，管理顾问委员会（MAC）是澳大利亚政府高层领导者的论坛，负责为澳大利亚政府对公共服务管理方面的问题提供建议。信息管理战略委员会（IMSC）是负责澳大利亚信息技术战略管理的最高机构，负责提供监督信息技术政策、标准、规范和指导方针的执行情况，支持未来的互操作性和各机构业务解决方案的开发，并提供信息技术战略和政府管理方面的咨询。首席信息官委员会（CIOC）是 IMSC 的支撑机构，向 IMSC 汇报工作，并负责明确战略性问题，解决 IMSC 提出的问题，制定政府各机构或整个政府应用信息技术的途径，其中包括制定战略构架、标准以及就协同服务提出建议等。财政和行政部（DOFA）是负责为重要的政府项目提供建议的中央机构，在推动有助于澳大利亚业务变革的项目方面发挥重要作用。澳大利亚政府信息管理办公室（AGIMO）是在原国家信息经济办公室（NOIE）的基础上成立的，是负责促进、协调信息技术在政府项目和服务中应用的专门机构。

2）以公民为导向，突出服务

为了让公民享受更加便利的政务服务，澳大利亚政府认为要以公民需求为导向设计服务流程，政府在线服务不能只是增加一种服务提供渠道，而应根据用户需求调整、优化在线服务，扩大服务领域，重构服务提供过程，使公民和企业更加便捷地获取政府服务和信息。要增强公民对政府在线服务的信任和信心，并利用网络扩大公民参与政治的程度，发展电子民主。

为此，澳大利亚倡导利用虚拟网络技术对政府业务流程进行梳理和重组。向公民提供集成化的公共服务是电子政务战略的重要目标。公共服务的集成化主要体现在两个方面：一是提供"一站式"服务；二个是发展门户网站及门类性网站。目前，澳大利亚政府已建成不少有影响的门户网站，且功能都很强大。在线服务有效地减少了公民线下访问政府的人次，既方便了公民，又节省了政府行政成本。

3）重视基础设施和服务建设，缩小"数字鸿沟"

澳大利亚偏远地区面积广大，地理条件阻碍了这些地区的人群顺利获取电子化服务。同时，在澳大利亚公众中，收入和教育差距问题也很明显。澳大利亚政府提出要使全体澳大利亚公民都能享受信息技术带来的收益，为此，澳大利亚政府开展了消除"数字鸿沟"行动。一是重视基础设施建设，提高互联网普及率，尤其是偏远地区网络覆盖率。二是引入市场竞争机制，降低用户上网成本。通过采用市场机制，实行项目招投标，提高信息化建设的速度和质量，有效改善信息资源配置状况。由于引入了竞争机制，企业和公民的网络通信费用明显降低。三是面向特殊群体提供专门信息服务。澳大利亚政府专门建立了农村、偏远地区及老年人信息服务中心，并为残疾人等弱势群体提供特殊信息服务。

2.2.5　新加坡电子政务发展案例

1. 发展概述

新加坡的电子政务建设在亚洲处于领先地位，在世界上也处于一流的水平。从 20世纪 80 年代开始，经过 40 余年的发展，新加坡电子政务建设主要经历了四个阶段：

第一阶段（20 世纪 80 年代至 20 世纪末）。这一阶段的主要目标是信息技术提升公共服务能力，推动信息技术和无纸化办公的普及。新加坡政府先后制定了《国家计算机计划（1980—1985）》《国家 IT 计划（1986—1991）》等战略规划，提倡办公无纸化、自动化和全社会的电脑化，为各级公务员配备电脑并对其进行信息化培训。在这期间，新加坡政府先后开发了 250 多套计算机管理系统，并建立了一个覆盖 23 个部门的计算机互联网络，旨在促进政府部门之间的数据共享和政企间的数据交换[17]。

第二阶段（20 世纪末至 21 世纪初）。随着信息技术在各级政府和全社会的普及，新加坡政府又陆续推出了《国家科技计划（1991—2000）》《IT2000 智慧岛计划（1992—1999）》，其目的是将新加坡建成智慧岛，打破信息孤岛，实现数据共享交换和互联互通。在这一时期，新加坡在国内建成了宽带网络，积极探索网络通信技术在政府服务中的应用。同时，新加坡政府于 1996 年宣布实施《覆盖全国的高速宽带多媒体网络计划（Singapore One）》，旨在建设一个集高速和交互为一体的多媒体网络信息服务平台，公众可通过该网络享受 7×24 小时全天候服务[17]。

第三阶段（21 世纪初至 2015 年）。新加坡政府陆续出台了《e-Government Action Plan》《i GOV2010》和《智慧国 2015 蓝图》，这表明新加坡电子政务建设已走上了政府定制化道路。其中，《智慧国 2015 蓝图》是一个为期十年的发展蓝图，目的是通过大力发展 ICT产业，应用 ICT 技术提高关键领域的竞争力，将新加坡建设成为由 ICT 技术驱动的智能城市[18]。在此期间，新加坡政府还推出了《信息通信 21 世纪》《互联网新加坡》等战略规划，以促进 IT 技术的整合与应用，打造一个在任何时候、任何地点都能获得信息服务的高效能社会[17]。

第四阶段（2015 年至今）。新加坡政府在《智慧国 2015 蓝图》的基础上推出了改进版《智慧国 2025》，该计划遵循"大数据治国"的理念，通过数据分析和预测来进行国家政策的决策，致力于利用大数据分析、物联网等主动预测市民和企业的需求，从而优化公共服务[19]。同时，新加坡政府于 2016 年成立了政府技术署（GOVTECH），该部门主要负责向公众提供政府数字服务，并开发支持智能国家计划的基础设施。2017 年，新加坡政府成立了智慧国家与数字政府办公室（SNDGO），主要负责智慧国相关项目的统筹规划，并对智慧国计划的相关事项进行决策，GOVTECH 是其执行机构。在这一阶段，新加坡政府更加侧重于智慧国中的"智慧"建设工作，强调在广泛应用人工智能和大数据技术等信息技术的同时，更加注重以数据共享的方式发挥人的主观能动性，以实现政府更为科学的决策和治理方式[19]。

2. 基本特点

第一，政府主导的发展模式。与其他国家相比，新加坡有自己独特的电子政务发展模式。在推动电子政务的进程中，新加坡政府起到了相当大的作用，采取了一系列措施，及时制定了国家 IT 计划、IT2000 计划、Infocomm21 以及电子政府行动计划等，分步骤重点推进电子政务的快速发展。1997 年，新加坡政府提出：在 5 年内为公众通过电话、电视、计算机等电子方式处理 1/4 的政府事务。同时，为推动电子政务的发展，新加坡政府充分考虑以公众和企业为中心，加强领导，作好周密的计划并配以严格的监控，不断改变政府服务的方式，整合政府的各项服务，从而提高政府信息应用能力。新加坡的电子政务系统完全由国家控制，没有私人参与，每年政府要花费大量资金，但电子政务的建立也节约了一笔办公费用，估计每年可省 2 300 万美元。现在使用频率最高的个人所得税上税服务每年可节约 34.3 万美元的办公费用，每处理一笔业务节约费用 1.54 美元。尤其需要指出的是，新加坡的互联网接入服务是由政府控制的三个网络业务提供商运作的，它们负责收费和维持网络运作效率，政府设置的服务器同时封锁了所有色情和政治敏感网址。

第二，建立电子公民中心。1999 年 4 月建立的电子公民中心（e-Citizen Center）是全世界迄今为止发展最为成熟的政府对公民的模式，被公认为是设计最好的、最充分考虑到居民要求的政府门户网站，在全球享有极高的评价。无论是查退休金情况还是申请奖学金，无论是为新买的摩托车上户还是填写专利申请表格，一天 24 小时，每时每刻公众都可以到电子公民中心的站点去完成。电子公民中心是一个三维虚拟社区，在这里可以实现所有政府机构的信息与服务的完整集成的传递。它要求各政府各机构、各组织间打破界限，集成各项信息、流程与系统，力争向公众提供一个无缝的在线服务与事务处理。在这个社区中，人们可以完成自己的虚拟人生，而政府部门都是人生旅途上的一个个站点。医疗保健、商务、法律法规、交通、家庭、住房、招聘等信息部门都在你人生之路两边的建筑物里，在人生之路上，可以找到从出生到死亡所需的所有政府信息。例如，在"国防大厦"里面，年轻人可以登记 2 年义务兵役。

该网站有三大特色：一是以人生的整个里程为依归，将物理世界中政府与公民的关系真实再现于虚拟的数字世界之中；二是以公民为中心，为公民提供一个完整集成的电子服务包；三是协同各部门、各机构的一站式、一窗口式服务，把每一个公民从出生到死亡整个生命过程需要跟政府打交道的事情全部归纳出来，然后分类并细化。比如：公民要结婚，就可以进到这个网站找"结婚登记"栏目，该栏目会提示用户应该准备哪些文件，应该一步一步怎么做，直到用户在网上完成结婚登记。对公民来说，根本不需要知道是哪个政府部门帮他做了什么事情，只要自然地顺着这个网站的引导做，便把要办的事办完了。

2.2.6　韩国电子政务发展案例

1．发展概况

自 2011 年以来，韩国连续 11 年位居联合国电子政务排名前列，其电子政务建设已成为全球最佳典范之一[20]。韩国电子政务建设大致经历了五个阶段：

启动期（1979—1996 年）。20 世纪 70 年代后期，韩国政府开始推进行政业务的电算化，1979 年出台《关于行政业务电算化的规定》，在公共部门推进业务电算化，提升政府办事效率[21]。80 年代中期投入 2 亿美元启动"国家基础信息系统工程"，该工程覆盖了韩国政府的多个领域，促使政府简化了诸多办事流程，使公民能够不受时间、地域的限制获取各种文件，政府的办事效率得到了提升[22]。

基础期（1996—2000 年）。1996 年，韩国政府出台"促进信息化基本法"，为推进韩国政府各部门之间信息化发展提供了法律保障，投资 1 313 亿美元建设"韩国信息基础设施工程"，在大力发展基础设施的同时，建立相应的社会、文化环境，开启了政府在国家生活中扮演单纯提供信息角色的数字政府 1.0 时期[22]。1999 年，韩国政府提出"面向 21 世纪网络韩国计划"，推动韩国成为世界信息强国[21]。

数字政府 1.0 时期（2001—2007 年）。2001 年，韩国政府成立数字政府特别委员会，快速提升政府采购电子化发展水平，同时大规模实施电子政务工程，建立"一站式"电子政务门户网站[21]。数字政府特别委员会提出了 11 项数字政府的任务，建立了"一站式"的电子政务门户网站，向公众提供在线服务[22]。

数字政府 2.0 时期（2008—2012 年）。2008 年，韩国政府发布"国家信息化实施规划"，指明未来电子政务发展方向与具体实施计划，提出加强 Web 2.0 技术应用，强调以顾客为导向的一站式服务。发布《国家信息化基本规划》和《国家信息化实施规划（2009—2012）》，部署电子政务发展方向和具体的实施计划，2.0 时期政府角色表现为限制性地公开信息和参与民众互动[21, 22]。

数字政府 3.0 时期（2013 年至今）。2013 年 6 月，韩国政府根据建设透明的政府、有能力的政府、服务型政府的理念，宣布实施政府 3.0，启动了数字政府建设的新范式[22]。政府 3.0 更强调个性化政府服务，打破了政府 2.0 的限制性，与公众个性化双向沟通与交流，真正实现政府与公众之间的共享与合作[23]。

2. 建设重点

韩国的电子政务建设重点主要体现在以下几个方面[21]：

1）战略规划：强调延续性与专业执行机构

1996 年 6 月，韩国政府正式启动信息化基本促进计划，此后针对电子政务建设相继出台《21 世纪政府信息化计划》《电子政务办公远景计划 2006》《国家信息化基本规划》《电子政务 2020 基本计划（2016—2020）》等，并发布 "e-Korea""u-Korea""智能电子政务计划" 等规划，逐步将电子政务提升至国家战略高度。

韩国政府极为重视电子政务建设，持续设立不同类型的专业管理运行机构推动相关战略规划全面落实。2001 年，金大中总统设立 "电子政务特别委员会"，负责各级政府部门的资源整合与收集，指导数字政府建设。2003 年，卢武铉总统将电子政务相关的组织机构统一纳入国家行政自治部。2013 年至今，韩国政府又设置了 3.0 推进委员会等专业机构，并在内政部下设电子政务局，专门负责建设数字政府与移动政府。

2）发展理念：突出以公众为中心

为适应未来社会发展趋势，解决日益复杂的人口老龄化、社会两极化等社会问题，2011 年，韩国政府制定 "智慧政府实施计划"，将智慧政府定位为 "与公民一起实现世界顶级的电子政府"，强调通过与公众交流提供个性化服务。2013 年，韩国政府 3.0 明确提出建立服务型政府，通过信息技术为公众提供定制化服务，充分利用物联网和人工智能技术，保证政府可以及时为公众提供所需的行政服务，全面落实 "以公众为中心" 的政府服务理念。

2016 年，韩国政府积极落实 "政府 24" 示范服务计划，通过搭建 "政府 24" 行政平台提供通用证明服务（居民登记册、纳税证明）、"一站式服务"（面向怀孕、分娩、转产等生活活动）、"生命周期服务"（面向从婴儿到老人不同群体）等近 9 万项政府服务，确保一年 365 天、每天 24 小时随时随地发放证书及响应行政申请，及时、全面地满足公民日常生产与生活中的各类行政需求。截至 2021 年 7 月，"政府 24" 平台注册会员人数达 1 690 万（约占国民总数三分之一）。为进一步做好公民常规事项服务，韩国政府还搭建了 "国民秘书" 网站，设计 "国民秘书" 程序嵌入 Kakao Talk 与国民银行 App 等公民日常使用的掌上平台，以消息通知的形式及时推送交通、体检与疫苗接种等个人信息服务，并提供涵盖军务、公共资源开放共享等不同领域的 AI 咨询服务，为公民日常生活提供极大便利。

3）核心举措：开放共享各类数据信息

第一，政府通过多个渠道发布政务服务和公共管理信息，方便社会大众及时获取政府数据。公共数据门户网（data.go.kr）集中发布教育、公共行政、金融等部门的数据资料，为公民查询与使用不同政府部门数据提供统一入口。第二，主动对公众开放共享不涉及个人隐私和安全的政府数据，为公众监督政府运作提供数据支撑，公众亦能发表建设性意见并参与政策制定，促进透明型、廉洁型政府建设。第三，针对公众需求提供定制化的公共信息，提高公共服务的精细化水平。一方面，通过公共数据门户网、信息公开网等网站提供公共服务，方便公民与政府实时双向沟通；另一方面，韩国政府服务信息网（gov30.go.kr）推出公众一站式信息获取及公共服务，包括智能导航、突发灾难预防、老年人家庭医生等服务项目，满足公民个性化信息需求。第四，积极鼓励公共信息数据商用，允许企业利用政府数据创造就业岗位，降低失业率。韩国安全行政部统计显示，"政府3.0时期"通过开放政府数据创造了15万个就业岗位，产生了24万亿韩元的经济效益。

4）创新突破：强化数字化技术嵌入与融合

韩国政府积极运用信息技术加强统一平台与数据库建设，打造移动电子政务。通过建设24小时公共服务在线网、掌上政务服务平台，使公众能够及时获取公共信息，表达公共服务需求。为适应以人工智能、云计算等新一代信息通信技术为主导的数字化转型趋势，2020年11月，韩国政府发布数字新政推进计划，宣布政府将加快构建人工智能学习和大数据平台，着重培养人工智能领域的专业人才，并启用公共资金全力支持国内人工智能政务建设。同时重点推进"数字大坝"、智能政府等数字新政核心项目，计划到2025年所有公共部门系统转型为"云计算"形式。韩国5G发展全球排名前列，SKT、KT等韩国运营商在数字政府建设过程中发挥了重要作用，通过持续加强ICT基础设施建设，融合5G、物联网、数字孪生等新一代信息技术打造智慧城市，赋能政府提升数字化治理水平。

2.3 国外电子政务发展的特点与经验

通过对国外电子政务发展历程、发展趋势的梳理，以及对美国、加拿大、英国等国家电子政务建设的具体分析，可以总结出国外电子政务的发展特色与经验，在后续分析我国电子政府的发展时可形成对照。

2.3.1 国外电子政务发展的主要特点

从全球范围来看，各国政府推动下的电子政务发展呈现阶段性的特点。大多数国家的电子政务发展起步时间相似，并且目标都集中在简化政府管理流程、提高工作效率和树立形象等方面。这些国家的电子政务起点都是为了满足本国人民对政府经济事务管理和社会服务等要求。目前，国外电子政务的发展主要有以下几个重要特点[24]：

1. 领导人的政治意愿与具体实现的结合

电子政务代表了政府管理方式的一场革命。它不仅意味着政府管理工具的生产力性质的创新，同时也表明政府可以通过现代信息技术和网络环境提高办公效率、提升生产力、减少机构和人员的冗余，以及削减管理成本。这一新型生产力工具的应用还将不断改变政府管理结构和方式。这意味着电子政务的发展将引发传统官僚体系中的数字鸿沟所产生的恐惧，以及基于传统观念和习惯的抵制，传统官僚体制的利益部门化所形成的信息孤岛也将顽强抵制信息共享[24,25]。

事实上，电子政务在许多国家快速发展的背后，往往有国家或政府领导人的明智洞察、坚决的政治意愿和坚定的领导力的支持。越来越多的国家或政府领导人已经认识到电子政务是不可或缺的国家治理工具，而真正有效的电子政务必须满足公民的实际需求，获得广泛的公众支持[25]。这些领导人认识到电子政务对国家的生存和发展至关重要，因此，他们在政治层面明确了电子政务的目标，并绘制了实现这些目标的路线图[24]。同时，他们也确保了相应的执行机构和资源的落实。其中，最重要的是清晰地定义电子政务的目标，以及通过哪些具体举措或项目来实现这些目标。电子政务不仅仅是一个概念，也不是单一技术，它是一个庞大的系统工程，需要领导洞察力、政治决心以及切实的组织和实施[24]。

2．以用户为中心，引进客户关系管理技术

在 21 世纪的政府管理创新中，公众被视为政府的客户，以客户为中心成为基本理念。客户关系管理是企业界非常流行的一种技术，通过改善与客户的信息交流和互动，了解客户的消费习惯和行为方式，以达到留住客户、扩大市场占有率的目的。现在，这种技术也开始应用于电子政务中，以帮助政府管理与其客户，即企业和公民的关系。由于政府拥有比任何企业或单位更多的客户，引入客户关系管理到电子政务中，可以实现以用户为中心的设计，根据用户的意愿来构建政府的电子政务系统。这样可以帮助政府更好地为有特殊需求的客户提供服务，从而建立新的、更好的政府与企业、政府与公民之间的关系[24, 25]。

在电子政务的早期阶段，政府部门的网站通常是按照政府的组织结构和业务流程进行设计的，即以政府结构为中心[24]。然而，经过一段时间的实践发现，这种设计并不能有效提高政府对用户的服务水平。要真正为用户提供优质服务，必须以用户为中心，根据用户的需求和意愿来设计政府的网站[25]。以新加坡政府的电子公民中心为例，该网站的设计完全以公民为中心，根据一个公民从出生到丧葬的整个生命周期可能会遇到的、需要与政府打交道的各种问题来进行设计，为公民提供全方位、以公民为中心的政府服务[25, 26]。

3．门户网站成为主要趋势

政府门户网站已成为电子政务发展的基本形式。通过一个门户网站，用户可以访问政府的所有部门或任何向用户提供的服务项目[24]。对需要多个政府部门协作才能完成的事务处理，门户网站对用户来说非常便利。通过门户网站，用户与政府形成互动，用户不再需要了解政府错综复杂的官僚结构，只需在网上完成所需与政府互动的事务处理，

无须了解他们与哪些政府部门或官员进行了交流[24, 26]。这种通过门户网站实现用户与政府互动的方式为政府从工业社会向信息社会转型提供了一个过渡的机会[25]。

以美国联邦政府建立的门户网站 FirstGov 为例，这是一个简单且易用的单点入口联邦政府网站，为居民提供了便捷访问的方式。通过该网站，居民可以访问约 2 万个联邦政府各部门的网站，并搜索约 3 千万个网页。网站按行政、立法和司法提供了 16 个主题分类的政府信息，并可完成一些简单且低风险的业务处理。加拿大政府的门户网站（www.canada.gcca）也是一个相当成功的案例，它将用户划分为居民、企业和非加拿大公民三个类别，并根据每个类别的需求提供相应的服务项目[24]。

政府门户网站在公共事务快速响应方面也发挥了重要作用。新冠肺炎疫情期间，各国政府通过其国家门户网站等平台公开信息，快速响应公众需求。《2022 联合国电子政务调查报告》对 193 个会员国的国家门户网站调查显示，90%的会员国已经建立了专用的门户网站或者在其国家门户网站上创建了专有空间，用以解决疫情相关的问题，提供相关的公共服务，在信息和资源更新方面表现出极大的灵活性。很多国家的政府已开通了专门的防疫网站和应用程序，拥有强大电子政务系统的国家能够向公众、地方政府和医疗工作者提供明确的最新信息，同时还能与社会平台开展合作，减少错误信息的传播。

2.3.2　国外电子政务建设的基本经验

国外电子政务经过 70 余年的发展，形成了以政府业务流为主线，以规范化、标准化为主要方法，慎审规划、重视安全的电子政务建设经验，具体如下。

1．以政府业务流为主线发展电子政务

从国外的经验来看，不论是中央政府各部门还是地方政府，在推动电子政务发展时都将政府业务流程作为核心，并逐步实现政府业务流程的信息化，避免固化或强化现有的政府结构，而是通过信息化来实现政府的重构[24, 25]。

以政府业务流程为中心的电子政务发展本质上是利用信息技术对政府业务流程进行梳理。通过梳理出最紧迫的政府业务流程，优先实现其电子化和数字化，逐步完成梳理工作后，便可形成电子政务的整体结构。那些优先级较低的业务流程将成为需要转变的政府职能，而那些优先级较低的部门则需要进行政府机构的调整。

2．遵循慎审规划和小步快走的战略原则

发达国家的经验表明，电子政务的发展必须遵循审慎规划和小步快走的战略原则[25, 27]。大处着眼、小处着手、快速规模化（Think Big、Start Small、Scale Fast）是全球信息系统工程建设的一个共识原则[26]。这意味着在电子政务建设中，应有较宏观的目标设定，但初期行动要小、具体可行，并加快实现规模化发展。这是因为信息工程项目需要大量资金和技术支持，对项目管理有较高要求，且信息技术本身发展迅速，新设备和技术手

段不断更新。因此，在电子政务建设中，一步到位、一揽子的解决方案是不切实际和有害的[27]。

审慎规划是基于实际情况和对信息技术发展的预测，审慎地确定长期电子政务发展目标。这个规划应该是具体可测量的，而不是抽象的和概念化的。具体来说，规划应包括政府将执行的业务项目清单、哪些业务将实现信息化[27]；以及面向公民和企业提供的服务项目清单、哪些服务将实现上网的信息化服务。总体而言，规划需要有远景和足够的洞察力和想象力。

小步意味着在项目起步阶段选择小规模、容易实现和效果明显的项目，确保取得初战的胜利，赢得公众的支持和信任。快走是在已经积累了经验和效益的基础上，加快系统的扩张步伐，迅速实现该系统所应具备的经济和社会效益。这样，一方面可以充分享受信息化和信息技术带来的好处，另一方面，通过系统的快速发展，能够扩大影响力，并更大程度地获得政府和相关部门的支持[25]。

3．以规范化和标准化的方法发展电子政务

从国内外的信息化实践经验来看，电子政务建设必须依托标准化框架，特别是标准化的导向作用，以确保技术的协调一致和整体效能的实现。规范化和标准化是电子政务建设的基础工作，为实现互联互通、信息共享、业务协同和安全可靠提供前提条件。规范化和标准化还能够有效地连接各个业务环节，并为协同工作提供技术准则。通过标准化的协调和优化功能，可以确保电子政务建设高效运行，避免资源浪费，提升系统的安全性和可靠性。制定统一标准是实现互联互通、信息共享和业务协同的基础。除了在信息系统建设中非常重要的数据标准、技术标准和安全标准之外，我们也需要特别关注电子政务应用系统的规范化和标准化问题。如果每个政府部门或机构都按照自己的要求独立开发系统，不仅会浪费大量资源和时间，而且由于缺乏标准化和规模化，政府之间和部门之间的各种系统势必难以兼容，信息资源难以共享，后果则难以设想[25]。

实现电子政务的标准化需要侧重政府业务过程的规范化和数据模型的标准化。因此，在电子政务发展过程中，政府各个主管部门需要努力确定本部门电子政务的关键要素，并研究标准化和规范化问题，以引导本部门管理向规范化和标准化的方向发展，同时也促进与电子政务发展相关的信息技术和软件产业的形成和发展[25]。

根据国外经验，电子政务的标准化和规范化不一定依靠行政命令来实施，还可以通过技术政策引导和推动，也可以依靠市场作用，使市场份额较大的产品成为实际的标准或规范[24]。可以采用公开招标投标的方式，将主要的政府信息系统要素委托给合格的企业进行分包或整包。在系统原型开发完成后，通过评估和鉴定，形成该类系统解决方案的国家标准（或试行标准）或范本，以不同规模和价格为各级政府部门提供成套的系统（包括硬件和软件），并进行培训和推广应用。系统建成后的升级和维护也可以由系统承包企业负责，形成可持续发展的模式。

4. 加强电子政务的安全管理

首先，要在安全、成本和效率之间进行权衡。不同的电子政务应用系统对安全的要求是不同的，因此，不能将安全问题绝对化，更安全不一定就更好。在设计系统安全措施时，必须根据系统的实际需求权衡安全、成本和效率，并找到适度的平衡。就像一扇门需要多少把锁取决于门内放置了什么物品。过多的锁会增加安全的成本，并降低门的使用效率。因此，必须根据实际系统要求，实现适度的安全措施[24, 25]。

其次，要根据安全标准进行安全评估，制定有效的安全政策。任何系统在可行性论证阶段都必须依据电子政务安全评估的标准程序进行评估。需要确定哪些系统需要专网、哪些系统需要加密措施等，这些应该通过系统的安全评估来决定。安全评估应该综合考虑系统中信息的重要性、潜在威胁程度以及信息被侵害后可能造成的后果和补救措施成本等因素。只有通过系统的安全评估，才能确切确定系统所需的安全措施。

基于安全评估的结果，需要制定政府的电子政务安全政策。这个政策应该包括政府信息系统安全等级的分类、相应安全措施的要求、企业参与系统开发和运行的要求和约束、系统安全审计、安全问题报告制度和程序、紧急情况处理和应急措施等[24, 27]。

在电子政务安全政策的指导下，需要制定具体针对不同安全等级政府信息系统的安全标准，包括硬件、软件、人员、系统和物理安全的要求[27]。通过标准化，每个政府信息系统都能够参照标准进行执行，从而加强安全管理，节省人力和财力资源。这样的标准化不仅有利于安全管理，还有助于保障政府信息系统的安全性。

2.4 我国电子政务的发展

发展电子政务是政府适应信息社会变革、推进履职手段变革和创新的重要抓手，电子政务发展水平决定了政府社会管理、公共服务、市场监管和宏观调控等履职能力。大力推进国家电子政务发展是简政放权、放管结合和优化服务的重要途径，是推进国家治理体系和治理能力现代化的重要内容。电子政务在我国的发展已经走过近 40 年的历程，从"在政府管理中使用计算机"到"最多跑一次"，从政务上网到政务服务，电子政务的不断优化发展之路也是我国推进服务型政府的建设之路[28]。我国电子政务发展历程可大致分为三个阶段：萌芽期、孕育期和发展期。

2.4.1 萌芽期（1981—1996 年）

"六五"时期，我国已经明确提出要在政府管理中使用计算机，当时的国家计委、财政部等中央政府部门开始建立数据中心并开始进行电子数据处理。"七五"时期，我国建设了包括国家经济信息系统等十余个信息系统，43 个部委建立了信息中心，中央政府安装的大中型计算机已经达到 1 300 多台，微机超过 3 万台，数据库约 170 个。

从 20 世纪 80 年代开始，随着各级各类国家机构信息中心的建立与发展，隶属事业单位人事管理制度的政府信息技术人才队伍逐步形成。1983 年，原国家计委成立信息管理办公室，负责国家信息管理系统的规划和建设，以及相关总体方案、法律法规和标准化的研究工作。1986 年，国务院批准建设国家经济信息系统并组建国家经济信息中心。1987 年 1 月 24 日，原国家计委所属的计算中心、预测中心和信息管理办公室合并，组建国家经济信息中心，全面负责国家信息系统规划与建设工作。与此同时，中央其他政府部门也开始开展信息系统建设工作，此后，各级地方政府及有关部门相继建立信息中心。1988 年 1 月 22 日，国家经济信息中心更名为国家信息中心[29]。

1993 年，我国成立了国家经济信息化联席会议，统一领导和组织协调全国的信息化建设工作，领导小组下设办公室。国家经济信息化联席会议的成立，加强了信息化工作的统一领导，确立了推进信息化工程实施、以信息化带动产业发展的指导思想。次年，国家信息化专家组成立，专家组作为国家信息化建设的决策参谋机构，为建设国家信息化体系，推动国家信息化进程提出了许多重要建议[29]。

这一时期，电子政务建设进展最大标志是我国启动了金卡、金桥、金关工程建设。继美国提出信息高速公路计划之后，世界各地掀起信息高速公路建设的热潮，为适应全球建设信息高速公路的潮流，我国正式启动了金卡、金桥、金关等重大信息化工程，拉开了国民经济信息化的序幕。金桥工程目标是建立覆盖全国并与国务院各部委专用网连接的国家共用经济信息网。金关工程是对国家外贸企业的信息系统实行联网，推广电子数据交换技术，实行无纸贸易的外贸信息管理工程。金卡工程则是以推广使用"信息卡"和"现金卡"为目标的货币电子化工程。但是，这些都还只是电子政务发展的雏形，这一阶段也是电子政务发展的初级阶段[29, 30]。

2.4.2　孕育期（1996—2014 年）

1994 年，我国正式接入国际互联网，这为电子政务发展创造了良好的客观条件。1999 年，我国网络已呈现出中国科技网、中国公用计算机互联网、中国教育和科研计算机网、中国金桥网以及中国联通公用计算机互联网"五网奔腾"的局面[31]。20 世纪 90 年代中期、后期，随着信息网络技术的快速发展和信息基础设施的不断完善，中央各大部委机关、全国各省级政府部门和主要中心城市政府部门，率先开展内部办公自动化系统的建设，为电子政务向更高层次发展奠定了基础。

2001 年 8 月，为了进一步加强对推进我国信息化建设和维护国家信息安全工作的领导，国务院信息化工作办公室（简称国信办）成立，全国政府网站建设范围也已经延伸到乡镇级政府，并开始向社会发布政府部门信息，有的还尝试提供在线服务，数字福州等具有典型创新的电子政务发展模式开始涌现，政府专网、业务系统建设开始铺开。

国信办的成立对推进我国电子政务发展起到了巨大的作用，2001 年到 2006 年期间，国家信息化领导小组连续开了五次会议，发布了《关于我国电子政务建设指导意见》（中办发〔2002〕17 号文）、《关于加强信息安全保障工作的意见》《关于加强信息资源开发利用工作的若干意见》（中办发〔2004〕34 号）、《2006—2020 年国家信息化发展战略》，《关于推进国家电子政务网络建设的意见》（中办发〔2006〕18 号）、《电子政务总体框架》等若干个重点文件，涉及电子政务建设、信息安全、信息资源、信息化战略、电子政务网络和总体框架等，这些重要文件的发布奠定了我国电子政务发展的基础框架，为我国电子政务发展指明了方向，对日后推进电子政务发展起到了巨大指引作用[29]。

在 2001 至 2007 年这一时期，我国电子政务围绕"两网一站四库十二金"快速推进。一是启动了电子政务内网和外网建设，政务内网由党委、人大、政府、政协、法院、检察院的业务网络互联互通形成，主要满足各级政务部门内部办公、管理、协调、监督和决策的需要，同时满足副省级以上政务部门的特殊办公需要；政务外网主要满足各级政务部门社会管理、公共服务等面向社会服务的需要。二是全面推进中央、省、市、县四级政府网站建设，其中，中国政府网站于 2006 年 1 月 1 日正式开通，各级政府网站初步具备了简单的政府信息公开、办事流程在线查询和政民互动等功能。三是启动了人口、法人、自然资源和空间地理、宏观经济四大基础数据库建设。四是全面开启了"十二金"工程建设，完善已取得初步成效的办公业务资源系统、金关、金税和金融监督（含金卡）四个工程，启动和加快建设宏观经济管理、金财、金盾、金审、社会保障、金农、金质和金水等八个业务系统工程建设。另外，这一时期，各级政府部门都纷纷启动内部办公 OA（办公自动化）建设，但由于政务和信息技术融合深度不够，政务 OA 办公成效有限[29]。

2008 年，国信办并入工业和信息化部，与电子政务相关职能被合并到了工信部信息化推进司。工信部承担国家电子政务推进工作期间，在电子政务宣传推进、县级电子政务公共服务平台、电子政务云计算平台、电子政务发展水平评估、电子政务人才培训等方面做了大量工作。在工信部信息化推进司电子政务处的积极推动下，2011 年 9 月，全国政务公开领导小组发布了《关于开展依托电子政务平台加强县级政府政务公开和政务服务试点工作的意见》，提出了在全国选择 100 个县（市、区）开展试点工作，用一年左右时间，建立和完善统一的电子政务平台，充分利用平台全面、准确发布政府信息公开事项，实时、规范办理便民服务事项，并实现电子监察全覆盖，为在全国全面推行奠定基础、积累经验。2011 年 12 月，工信部发布了首个《国家电子政务"十二五"规划》，提出了以电子政务科学发展为主题，以深化应用和注重成效为主线，转变电子政务发展方式，加快推进国家电子政务，充分发挥电子政务应用成效，促进服务型、责任型政府建设，服务经济结构战略性调整，服务保障和改善民生，服务加强和创新社会管理，走一条立足国情、讲求实效、面向未来的电子政务发展道路。适应云计算发展形势，2013 年 2 月，工信部信息化推进司印发了《基于云计算的电子政务公共平台顶层设计指南》，提出了要积极推动云计算模式在电子政务中的应用，提高基础设施资源利用率，为减少重复浪费、避免各自为政和信息孤岛创建新的技术支撑体系。工信部信息化推进司在承担全国电子政务推进工作期间，开展了大量的全国电子政务基层调研和基层人才培训工作，为电子政务在基层发展发挥了巨大作用。尽管工信部在承担全国电子政务推进工作期间做了大量推进工作，但受限于全国电子政务复杂的管理体制机制，推进起来困难重重，尤其是在统筹规划布局和重大项目落实实施方面缺乏有效抓手[29]。

该时期电子政务发展呈现出以下几个特点：一是大力推进政务信息共享和业务协同。随着各级政府大力推进智慧城市建设，信息共享和业务协同需求日益迫切，各级政府部门围绕市政管理、应急救灾、公共安全、社区服务、市场监管、并联审批等业务主题，以多种模式推进信息共享和业务协同，涌现出了一批典型应用，极大地提升了政府社会管理、公共服务、市场监管和宏观调控能力。二是各级政府部门电子政务新技术应用情况比较显著。随着移动互联网发展，多数政府部门网站推出了手机版政府网站、政务微博和政务服务 App 应用等。后期，随着微信的普及及推广应用，政府部门纷纷利用微信公众号推进政务公开，极大地推进了政务信息公开。例如，2013 年 10 月 11 日，中国政府网正式开通腾讯微博以及官方微信。2013 年 12 月 18 日，中国政府网正式开通新浪微博和人民微博。另外，随着云计算技术发展，许多政府部门利用云计算平台来推进政务部门电子政务集约建设[29]。

2.4.3　发展期（2014 年至今）

为了统筹推进全国网络安全和信息化工作，2014 年 2 月，中央网络安全和信息化领导小组成立，负责全国网络安全和信息化推进工作，领导小组下设办公室，具体负责事务推进。此后，与电子政务统筹推进相关职能从工信部信息化推进司划归到中央网信办信息化发展局，由该局负责统筹推进全国电子政务发展工作，全国电子政务发展和推进工作进入了一个新时期[29]。

2016 年 10 月，习近平总书记主持中共中央政治局第三十六次集体学习时强调，我们要深刻认识互联网在国家管理和社会治理中的作用，以推行电子政务、建设新型智慧城市等为抓手，以数据集中和共享为途径，建设全国一体化的国家大数据中心。2016 年12 月，国务院印发《"十三五"国家信息化规划》，提出支持善治高效的国家治理体系构建、形成普惠便捷的信息惠民体系等重点工作，电子政务被列入 12 项优先行动。2018年 4 月，习近平总书记在全国网络安全和信息化工作会议上指出，要运用信息化手段推进政务公开、党务公开，加快推进电子政务，构建全流程一体化在线服务平台，更好解决企业和群众反映强烈的办事难、办事慢、办事繁的问题。2019 年 3 月，李克强总理在政府工作报告中指出，深入推进"互联网+政务服务"，使更多事项在网上办理，必须到现场办的也要力争做到"只进一扇门""最多跑一次"，加强政务服务标准化建设[28]。

2021 年 3 月发布的《中华人民共和国国民经济和社会发展第十四个五年规划和 2035年远景目标纲要》明确提出"加快数字化发展　建设数字中国"，要求加快建设数字经济、数字社会、数字政府，以数字化转型整体驱动生产方式、生活方式和治理方式变革。2022年 6 月，国务院印发《关于加强数字政府建设的指导意见》，系统谋划了数字政府建设的时间表、路线图、任务书，对政府数字化改革面临的主要矛盾、关键问题和战略要点进行统一部署，着力固根基、扬优势、补短板、强弱项，为加快数字政府建设、全面提升政府履职能力注入强劲动力[32]。

随着国家"互联网+"战略和行政体制改革的深化，政务领域成为"互联网+"战略推行的重要战场，各级各部门大力推进"互联网+"政务服务，不断优化服务流程，创新服务方式，推进数据共享，打通信息孤岛，全面推进一体化网上政务服务平台建设，最大程度利企便民，实现让企业和群众"少跑腿、好办事、不添堵"，电子政务发展进入"数据赋能、协同联动、服务优化、安全可控"的新阶段[29]。在国家的大力支持和推动下，我国电子政务取得了较大进展，市场规模持续扩大，数据显示，2014年到2021年期间，我国电子政务市场规模处于不断增长态势，随着我国政府治理精准化、公共服务便捷化和基础设施集约化水平越来越高，我国电子政务市场将在较长时间内保持较平稳增长。2022年电子政务市场规模为4 262亿元，同比增长7.44%。预计到2028年电子政务市场规模将增长至5 829.33亿元。

电子政务在我国的发展已经走过40多年的历程，从"在政府管理中使用计算机"到"最多跑一次"，电子政务的不断优化发展之路，也是我国推进服务型政府的建设之路。我国电子政务建设取得了巨大的成就，但是仍然存在着一些亟待解决的问题：一是条块分割的电子政务建设和发展模式造成了网络分割和信息孤岛，严重阻碍了各类政务服务信息共享和业务协同，影响着一站式电子政务服务体系建设；二是电子和政务融合深度不够，电子政务经济社会效益没有充分发挥，制约国家治理能力的提升。三是重复建设、投资浪费等现象依然大量存在，共建共享、集约建设的电子政务投资建设体系尚未形成。四是基础数据库、电子证照、电子合同、电子发票等基础配套资源服务滞后，使得一站式电子政务服务的发展受到一定制约[29]。

未来，随着国家行政体制改革推进、新一代信息技术的深度应用，以及公众对政务服务质量需求的提高，一体化电子政务建设将会进一步加速，并助力国家治理能力和治理体系现代化。

2.5 本章小结

电子政务是近几年来各级政府机关工作中经常出现的一个名词。本章首先介绍了国外电子政务发展历程，包括美国、加拿大、英国、澳大利亚、新加坡和韩国等国家电子政务发展情况。其次，介绍国外电子政务发展的特色与经验，从用户、政府和电子政务安全管理等方面展开。最后，从萌芽期、孕育期和发展期三个阶段介绍我国电子政务的发展。

思考与练习题

（1）简述目前电子政务的发展趋势。
（2）简述国外电子政务建设的主要特点。
（3）简述我国电子政务的发展历程。

参 考 文 献

［1］ 陈朝东，张伟. 国外电子政务：发展沿革、研究趋势及对中国的启示［J］. 上海行政学院学报，2022，23（06）：31-43.

［2］ 刘洪武. 吉林省电子政务知识管理构建模式及方案研究［D］. 长春：吉林大学，2010.

［3］ 姚水琼，齐胤植. 美国数字政府建设的实践研究与经验借鉴［J］. 治理研究，2019，35（06）：60-65.

［4］ 张居正，王凤科，张思洁. 美国电子政务发展对我国的启示［J］. 河南科技大学报（社会科学版），2021，39（06）：41-46.

［5］ 李杰. BOT 模式的政府信息化项目风险防控研究［D］. 北京：北京邮电大学，2011.

［6］ 张哲. 我国电子政务公共服务的现状、问题及对策研究［D］. 呼和浩特：内蒙古大学，2008.

［7］ 李思艺. 迈入技术与信任相融合的数字治理时代：加拿大数字政府建设的启示［J］. 情报理论与实践，2022，45（01）：205-212.

［8］ 陈雪. 加拿大电子政务启示［J］. 湖南农机，2010，37（05）：76-77.

［9］ 腾讯研究院. 英国数字政府建设为何领先？最新《数字服务标准》解读［EB/OL］.（2019-07-26）［2023-12-13］. https://www.tisi.org/15041.

［10］ 通信世界. 英国政府数字化转型的启示［EB/OL］.（2023-11-22）［2023-12-13］. http://www.cww.net.cn/article?id=584850.

［11］ 腾讯网. 英国更新《英国数字战略》发展数字经济的 6 个关键领域［EB/OL］.（2022-08-02）［2023-12-13］. https://new.qq.com/rain/a/20220802A07KP800.

［12］ 唐莹. 地方人大电子政务建设与实证研究［D］. 长沙：国防科学技术大学，2007.

［13］ 庞宇. 英国电子政务的发展转型及经验启示［J］. 电子政务，2018（02）：62-70.

［14］ 数据交易网. 漆晨曦专栏｜打破数据孤岛 推进数据开放共享［EB/OL］.（2022-11-13）［2023-12-13］. https://baijiahao.baidu.com/s?id=1749344220674129406.

［15］ 杨巧云，梁诗露，杨丹. 国外政府数字化转型政策比较研究［J］. 情报杂志，2021，40（10）：128-138.

[16] 乐思软件集成信息中心.澳大利亚电子政务战略演进及其启示[EB/OL].[2023-12-13].
　　　https://www.knowlesys.cn/InformationCenter/system/SI/1314.html.

[17] 胡税根，杨竞楠.新加坡数字政府建设的实践与经验借鉴［J］.治理研究，2019，
　　　35（06）：53-59.

[18] 杨学成.从新加坡"智慧国 2025"看大数据治国［J］.通信世界，2017（24）：
　　　9-21.

[19] 张新平，周艺晨，杨帆.数字法治政府建设：新加坡政府经验及其启示［J］.行
　　　政管理改革，2023（03）：66-75.

[20] 杨玉桢，翟怀技.大数据背景下智慧政府建设的优化路径［J］.科学发展，2022
　　　（11）：23-29.

[21] 李泰，何菁钦.韩国数字政府建设实践［J］.通信企业管理，2023（09）：22-24.

[22] 陈畴镛.韩国数字政府建设及其启示［J］.信息化建设，2018（06）：30-34.

[23] 布乃青.韩国政府 3.0 建设及其启示［J］.品牌研究，2019（01）：57，59.

[24] 电子政务.发达国家电子政府建设［J］.电子政务，2005（Z3）：100-113.

[25] 张智.资阳党政网规划设计及实现［D］.成都：电子科技大学，2007.

[26] 刘光容.中外电子政务发展的比较研究［D］.武汉：华中师范大学，2004.

[27] 唐莹.地方人大电子政务建设与实证研究［D］.长沙：国防科学技术大学，2007.

[28] 民政部信息中心.中国电子政务发展历程［EB/OL］.（2019-12-03）［2023-04-25].
　　　https://xxzx.mca.gov.cn/n783/c24362/content.html.

[29] 陆峰.电子政务三十年［J］.互联网经济，2016（Z2）：88-93.

[30] 吴江，李志更，乔立娜.政府信息官管理体制的改革构想［J］.行政管理改革，
　　　2010（06）：60-65.

[31] 翟云.改革开放 40 年来中国电子政务发展的理论演化与实践探索：从业务上网到
　　　服务上网［J］.电子政务，2018（12）：80-89.

[32] 张亚楠，马幸荣.数字化转型推动基层政府法治建设研究［J］.新东方，2023（04）：
　　　51-57.

第3章 电子政务发展的技术基础

电子政务的发展依赖于各种基础设施和关键技术的支持，这些基础设施和关键技术可以提供稳定、可靠的网络环境，为高效率的电子政务提供可靠的保障。例如，覆盖全国的高速宽带网络可为公众提供更加便捷的政务服务；政务信息共享平台可实现各级政府间的信息共享，提高政府的行政效率。

3.1 电子政务基础设施

电子政务基础设施是政府现代化的基础，它是使用现代电子计算机及其相关技术，为实现政务服务系统的高效运行，提高政务服务效能，简化政府服务流程，综合运用信息资源、计算机和网络资源、通信和数据库手段及安全管理规范等技术手段而建立的有机系统集成。简而言之，电子政务基础设施可以理解为为电子政务应用提供实现手段、技术支持和安全保障的计算机软硬件平台。电子政务基础设施既是政府数字化改革的重要基础，也是政府提供高效、便捷、安全服务的重要保障，能够使政府服务管理更加顺畅、有效。由于电子政务基础设施是以信息基础为依托，因而呈现出极强的技术特征，具体包含以下几个方面。

1. 广泛的适应性与渗透性

如今，信息技术不仅在生产制造、办公、通信、娱乐、医疗保健、教育、科研、军事、大众传播等多个方面发挥着重要作用，而且是信息化时代的关键要素，在政府管理活动中的应用越来越普及，推动着电子政务的发展。电子政务基础设施作为信息技术的组成部分，不仅能够使政府部门改善公共服务，方便群众办事，提高公共服务水平，还能让政府部门改进管理模式，提高管理效能和工作效率，实现更有效的决策。可以说，电子政务基础设施的应用正在引发政府管理的深刻变革，进而引导公众与政府间沟通方式的改变，以及官民关系的改善。可见，电子政务基础设施对人类社会有着广泛而深刻的影响。

2. 经济效益和社会效益显著

电子政务基础设施是政府采用电子技术提供公共服务的一种方式，它是实现政府服务智能化、网络化和多元化的重要手段。它有助于政府提高公共服务效能，实现政府服务的便捷化，提升政府服务水平和公众参与度，促进公共治理的协同发展。

电子政务基础设施的经济效益主要体现在两个方面：一方面，它可以提高政府的服务效率，减少政府的管理成本，实现政府服务的标准化、规范化，从而提高政府服务的满意度，改善企业和社会组织的服务水平；另一方面，它可以提高政府的预算使用效率，提高公共资源的有效利用率，从而有效地控制经济增长的速度，促进经济健康发展。电子政务基础设施的社会效益也非常显著：一方面，它可以提高公共服务的品质，改善公众的生活质量；另一方面，它可以提高公众的参与度，增强公众的参与意识，促进公众参与公共治理和公共决策，为公共利益服务。

3．极强的时效性

信息本身具有时效性，时间久远的信息无法产生应有的价值。同样，由于电子政务是一个持续发展的过程，由信息技术组成的电子政务基础设施也具有时效性。随着技术的发展，电子政务面临着越来越多的变化和挑战，如果电子政务基础设施不能及时跟上这些变化，就会导致电子政务效率的降低，甚至成为政府管理活动的累赘。因此，电子政务基础设施应该依据当前政府管理活动的实际需求适时发展，以满足不断变化的技术需求，保持电子政务的可操作性。对政府部门来说，一方面要主动适应新技术，以提高自身管理效率，使社会经济发展更加稳定、有序；另一方面，也应该清晰明确自身的需求，在此基础上作出适当的决策，以免因信息技术的高速发展而带来重大成本负担。

4．高风险性

在看到电子政务基础设施所带来的各种便捷的同时，也必须看到电子政务基础设施与生俱来的脆弱性，即信息技术的高风险性。无论是电子政务基础设施中的网络，还是数据库，甚至是操作系统，都有可能遭受人为的、意外的破坏。设想一下，假如电子政务的网络系统突然瘫痪，那么将会使得整个政务系统陷入停滞状态。由于政府管理对信息技术具有高度依赖性,信息技术的突然失灵会导致政府管理活动出现严重混乱的局面。因此，政府在使用电子政务基础设施时，必须注意它的脆弱性，并采取必要的安全措施，以防止发生风险。

综上所述，电子政务基础设施作为政府现代化的基础，既具有优势，也面临风险。在完善电子政务基础设施的过程中，必须兼顾优势和风险，不能因为过分强调其优势而忽略了其潜在的危险，从而造成严重后果。

3.1.1　网络基础设施

网络基础设施是指支持计算机网络正常运行的各种硬件、软件和设备的集合，它们构成了整个网络体系结构的基础。网络基础设施主要包括服务器、路由器、交换机、集线器等硬件设施以及操作系统和网络管理系统等软件。服务器、存储设备等硬件设施由网络传输介质和网络设备连接起来，形成基础网络层，实现传输、存储、处理和安全等基本功能。而系统软件则构成网络系统层，为信息资源平台提供数据存储和管理所必要的基础设施。因此，网络基础设施是实现电子政务系统的基本前提。

常见的网络基础设施主要包括以下几方面：

（1）服务器：用于存储和处理数据的计算机系统。它可以处理来自客户端的请求，并提供各种网络服务。在电子政务中，服务器扮演着核心角色，它用于存储、处理和提供诸如托管网站、管理数据库、支持在线申请和支付系统等各种服务，同时能够处理大量的用户请求。服务器的应用使政府能够实现高效的信息管理、数据共享和在线服务提供，推动电子政务的现代化，提高公共机构的运行效能，并增强政府与公众之间的互动性和便捷性。

（2）路由器：在不同的网络之间传递数据包，并决定数据包的最佳路径。在电子政务中，路由器起着至关重要的作用，通过连接政府机构内外网络，支持远程办公、确保网络安全、促进数据中心协同工作，为政府提供可靠的网络基础设施。

（3）交换机：用于在局域网中连接多个设备，并根据 MAC 地址转发数据。在电子政务中，交换机是关键网络设备，用于连接政府机构内部的多个计算机和设备，实现高效的数据传输和通信。通过构建局域网（Local Area Network，LAN），交换机促进了政府内部各部门间的即时数据交换，支持了公共服务平台的稳定运行。

（4）光纤和电缆：作为传输介质，用于连接设备和建立网络通信。在电子政务中，光纤和电缆等通信技术发挥着重要作用。光纤作为高带宽、低损耗的传输介质，广泛用于建设高速宽带网络，支持政府机构之间的远程办公、数据中心连接以及大规模信息传输。电缆则用于构建局域网和连接各种设备，为政府内部提供可靠的通信基础设施。

（5）网络协议：定义了数据在网络中传输的方式和规则，如 TCP/IP 套件。常见的网络协议（如 TCP/IP）被广泛应用于数据传输和互联网通信，保障了公共服务的可靠性和安全性。这些协议提供了标准化的通信规范，使得不同系统和设备能够互相交流和协同工作，从而推动电子政务系统的互联互通。

（6）安全设备和软件：包括防病毒软件、入侵检测系统（Intrusion Detection System，IDS）、虚拟专用网络（Virtual Private Network，VPN）等，用于保护网络安全。防病毒软件帮助防范恶意软件攻击，入侵检测系统（IDS）监测和识别异常网络活动，提升对潜在威胁的感知。虚拟专用网络（VPN）则通过加密通信，确保政府机构内外的数据传输安全、可靠。这些安全设备和软件的应用有效地降低了网络风险，保障了电子政务系统的稳定运行，同时增强了对公共数据和服务的保护，维护了政府信息系统的可信度。

（7）监控和管理工具：用于监视和管理网络性能、配置设备和解决问题的软件或工具。这些软件和工具使政府机构能够迅速识别和应对网络瓶颈、设备故障或安全威胁，确保网络能高效运行。通过实时监控，政府能够优化资源利用，提高服务的可用性，并采取预防性措施以应对潜在的网络挑战，从而确保电子政务系统的稳健性和可靠性。

从整体看来，网络基础设施在电子政务中的应用主要可以分为三个方面：

第一，构建电子政务的基础设施。主要包括建立信息安全基础设施、建立应用服务基础设施和建立网络硬件基础设施。信息安全基础设施是指建立安全可靠的电子政务系统，包括系统安全审计、安全测试、信息安全管理等；应用服务基础设施是指建立电子政务的应用服务平台，安装和部署各种应用服务，如网站、数据库、系统管理等；网络硬件基础设施是指搭建安全可靠的网络环境，比如网络服务器、路由器、交换机、防火墙等。

第二，使用网络技术支持电子政务。包括网络安全技术、流程自动化技术、数据共享技术和知识管理技术。网络安全技术是指利用加密、数字签名、认证等技术，保障电子政务系统的安全可靠；流程自动化技术是指利用流程规划、流程控制等技术，自动完成电子政务的各种操作；数据共享技术是指利用数据库技术和 Web 技术等，实现各部门数据的共享和交换；知识管理技术是指利用知识获取、知识分析、知识应用等技术，实现知识的管理、分析和应用。

第三，实现电子政务的网络应用。主要包括政务门户网站、政务信息服务平台、电子政务协同平台和政务监督管理平台。政务门户网站是指政府及其部门的网站，它提供政府政策法规、新闻动态、网上服务等信息；政务信息服务平台是指为政府部门提供信息查询、信息分析、信息共享等服务的平台；电子政务协同平台是指为政府部门提供电子文件管理、任务管理、知识管理等协同办公服务的平台；政务监督管理平台是指为政府提供绩效考核、系统审计、安全管理等监督管理服务的平台。

网络基础设施在电子政务中的应用不仅可以提高政府的工作效率，而且可以加强政府的信息安全和管理水平，为政府实施更有效的电子政务提供有力的技术支持。

3.1.2　数据基础设施

数据基础设施是传统 IT 基础设施的演进，是以数据为中心，深度整合计算、存储、网络和软件资源，以充分挖掘数据价值为目标所设计建设的数据中心 IT 基础设施。数据基础设施涵盖接入、存储、计算、管理和数据使能五个领域，通过汇聚各方数据，提供"采—存—算—管—用"全生命周期的支撑能力，构建全方位的数据安全体系，打造开放的数据生态环境，让数据"存得下、流得动、用得好"，将数据资源转变为数据资产，以达到最大化数据价值的目的。简单来说，数据基础设施是指一个用于存储、处理和分发数据的系统，包括计算机硬件、软件、存储设备和网络。数据基础设施提供了一个可靠、安全、灵活的环境来处理和存储数据，使政府和企业可以有效地将数据转换成有用的信息，进而改善业务流程、提升业务活动和改善客户体验。因此，可以说数据基础设施是企业和政府单位利用数据进行决策和实施有效数据管理的必要基础。

数据基础设施由基础设施层和数据管理层组成，如图 3-1 所示，其中，基础设施层包括存储、计算、网络等硬件设施。数据管理层由操作系统、数据库系统及大数据系统组成，构成支撑数据存储及数据全生命周期管理的软件设施。数据管理层用于管理和组织数据，以便更好地利用和分析数据。

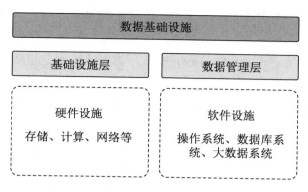

图 3-1　数据基础设施构架

在基础设施层，数据基础设施正在取代传统的硬件设施，通过引入多样性计算，极大地提升了计算的效率。数据基础设施的出现将单一的算力转变为多样性算力，从而实现多样性数据的匹配与处理，加快了计算的速度。存储也从单一类型转变为多样性的融合存储，有效解决了存储效率低、管理复杂等问题。数据基础设施引入了多样性计算，不仅能够快速地进行数据传输和加工，满足实时性要求，而且可以有效地支持政府管理数据，实现跨部门的数据共享，从而让数据发挥最大价值。数据基础设施的出现，实现了大规模数据的处理，极大地改变了计算的模式。

数据管理层在满足不断增长的数据应用需求方面发挥着重要作用。政府可以通过结合大数据系统和数据库系统提供的"采—存—算—管—用"全流程的软件支撑，从单一处理向多源数据智能协同、融合处理发展，实现数据价值的提升。大数据系统可以收集大量的原始数据，并对其进行结构化、清洗和存储，提升数据处理的效率；而数据库系统则可以提供更加专业的数据库管理和存储能力，帮助政府管理大量的结构化和非结构化数据。将大数据系统和数据库系统结合在一起，可以实现实时多源数据融合分析，为政府提供更多有价值的信息，智能数据应用可以被更好地赋能。这不仅可以提高数据处理的效率，还能为政府带来更多的收益。

数据基础设施的优势是可以支持大量数据的存储和处理，提高数据整合和分析的效率。为了保障数据的安全和隐私，数据基础设施需要建立全方位的安全架构，以确保数据端到端的安全性与合规性。此外，还需要构建开放的数据生态环境，推动数据的共享和开放，促进数据的有效利用，进而创造更大的价值。这将有助于建立一个更加安全、稳定的数据基础设施，为全社会发展带来积极影响。

3.1.3　信息安全基础设施

信息安全基础设施是指一组硬件、软件、策略和程序，它们共同构成一个网络安全系统，以保护网络中的数据和资源免受未经授权的访问和攻击。信息安全基础设施包括防火墙、访问控制技术、安全策略、加密技术、电子数据交换、身份认证系统等。

（1）防火墙：是一个由计算机硬件和软件组成的系统，部署于网络边界，是内部网络和外部网络之间的连接桥梁，同时对进出网络边界的数据进行保护，防止恶意入侵、恶意代码的传播等，保障内部网络数据的安全。防火墙技术是建立在网络技术和信息安全技术基础上的应用性安全技术，几乎所有的企业内部网络与外部网络（如因特网）相连接的边界都会放置防火墙，防火墙能够安全过滤和隔离外网攻击、入侵等有害的网络安全信息和行为。

（2）访问控制技术：是指防止对任何资源进行未授权的访问，从而使计算机系统在合法的范围内使用。访问控制技术是一种能够有效控制用户访问资源的技术，它的应用可以极大地提高电子政务的安全性。首先，访问控制技术可以有效地限制电子政务系统中的重要数据和资源的访问权限，以确保其保密性和安全性。例如，采用访问控制技术，可以设置不同级别的权限，限制不同职务的用户只能访问相应的数据和资源，从而防止用户误用公共资源，保护系统的安全性。其次，访问控制技术可以帮助政府实现"精准服务"。例如，当用户访问电子政务系统时，访问控制技术可以根据用户的身份、职务等信息，精准地向用户提供所需的服务，从而提高服务效率。最后，访问控制技术还可以帮助政府追踪电子政务系统中的数据和资源的使用情况，以更好地监督管理政务系统的运行情况。

（3）安全策略：是指在某个安全区域（一个安全区域通常是指属于某个组织的一系列处理和通信资源），用于所有与安全相关活动的一套规则。这些规则是由此安全区域所设立的一个安全权力机构建立的，并由安全控制机构来描述、实施或实现。电子政务的应用越来越多，安全策略的重要性也越来越凸显。一是制定安全政策。政府部门应该制定和实施安全策略，提高对网络系统安全和数据安全的重视，制定出台安全政策，明确信息安全责任，确定安全访问策略、安全存储策略等。二是建立安全机制。建立以安全技术为基础的安全控制机制，实施动态口令认证、数字签名认证、密码技术认证、证书认证、网络安全审计等安全技术，以防止网络攻击。三是强化安全管理。政府要强化网络安全管理，加强安全访问控制、安全存储控制、安全审计控制、安全备份控制等，以确保系统的安全运行。总之，电子政务的安全策略应紧紧围绕安全审计、安全访问、安全存储、安全备份等内容展开，从而有效地保护政府数据、保护用户隐私，保障政府电子政务系统的安全运行。

（4）加密技术：是电子政务中最重要的安全技术之一，它可以保护政府和公民的隐私，防止恶意攻击者窃取机密信息，从而保护政府的网络安全。电子政务的使用者可以使用密码来保护其信息的安全。政府机构可以使用密码保护数据库，防止未经授权的用户访问其信息。此外，政府机构还可以使用密码保护其网站，防止恶意攻击者攻击其网站。电子政务系统中使用的密码通常要求满足特定的安全标准。这些标准可以防止恶意攻击者破解密码，从而窃取机密信息。因此，政府机构应该定期更新其密码，确保其用户的账号安全。

（5）电子数据交换：是指按照同一规定的一套通用标准格式，将标准的经济信息通过通信网络传输，在贸易伙伴的电子计算机系统之间进行数据交换和自动处理。电子数据交换在电子政务中具有重要的作用。它可以实现政府部门之间的数据共享，使政府部门之间的数据交换更加便捷、及时和高效，大大缩短数据交换的时间，提高政府部门的工作效率。电子数据交换的使用减少了政府部门之间的文件传输以及人员沟通，从而节约了政府的经费。此外，政府部门通过使用电子数据交换可以更好地整合政府部门之间的信息，更好地开展信息共享，有利于政府提高信息化水平。

（6）身份认证系统：在电子政务中，身份认证系统是重要的一环。身份认证系统不仅可以确保政务活动的信息安全，而且可以帮助政府减少政务流程、提高效率。首先，身份认证系统可以确保参与政务活动的所有人都具有有效的身份，进而能够确保政务活动的信息安全。因此，它能有效地防止非法行为，保护政府的数据和信息安全。其次，政府利用身份认证系统以确保政务活动参与者的有效身份，极大地减少了政府的政务流程。最后，身份认证系统保障了政府政务活动的安全性，有利于提高政府活动的效率。

信息安全基础设施在确保电子政务系统的安全性方面发挥着重要的作用。信息安全基础设施能够让公众和政府机构安全地互动，保护电子政务系统免受非法黑客攻击或破坏，确保政府政策和数据安全可靠。此外，信息安全基础设施还可以保证信息的完整性、一致性和准确性，以及提供系统安全性的监督和管理。信息安全基础设施大大提高了电子政务的安全可靠性，有效地改善了政府服务，提高了社会的公正性和公平性。在电子政务中，信息安全基础设施的存在有助于政府机构实现协调、整合和有效管理，促使政府提升管理效率，改善公众服务，促进政府信息共享，进而提升公众的参与度。因此，在电子政务发展过程中，政府应注重信息安全基础设施的建设。

3.2　电子政务关键技术

电子政务通过利用 ICT，以支持和改进政府机构的运作和公共服务提供的方式，其所涉及的关键技术主要包括大数据技术、人工智能技术、区块链技术、云计算技术等。

3.2.1　大数据技术

1. 大数据的定义

大数据是一个较为抽象的概念，至今尚无确切的定义。比较典型的定义有以下几种[1]：

（1）麦肯锡全球研究对大数据的定义：大数据是一种规模大到在获取、存储、管理、分析方面大大超出了传统数据库软件工具能力范围的数据集合，具有海量的数据规模、快速的数据流转、多样的数据类型和价值密度低四大特征。

（2）维基百科对大数据的定义：大数据是指传统数据处理应用软件不足以处理的大或复杂的数据集。

（3）Gartner 研究机构对大数据的定义：大数据是指需要借助新的处理模式才能拥有更强决策力、洞察发现力和流程优化能力的具有海量、多样化和高增长率等特点的信息资产。

（4）国际数据公司（International Data Corporation，IDC）对大数据的定义：大数据一般会设计两种或两种以上的数据形式。它要收集超过 100TB 的数据量，并且是高速、实时的数据流，或者是从小数据开始，但数据量每年会增长 60%以上。

通过以上对大数据定义的分析，本书认为大数据是指规模庞大、无法在可以接受的时间内通过目前主流软件工具进行抓取、管理、处理的数据集合。

2．大数据的特征

大数据是具有体量大、结构多样、时效性强等特征的数据，处理大数据需要采用新型计算架构和智能算法等新技术。大数据从数据源到最终价值实现一般需要经过数据准备、数据存储与管理、数据分析和计算、数据治理和知识展现等过程，涉及数据模型、处理模型、计算理论以及与其相关的分布计算、分布存储平台技术、数据清洗和挖掘技术、流式计算和增量处理技术、数据质量控制等方面的研究。一般来说，大数据的主要特征包括[2, 3]：

（1）数据海量：大数据的数据体量巨大，从 TB 级别跃升到 PB 级别（1PB=1 024TB）、EB 级别（IEB=1 024PB），甚至达到 ZB 级别（1ZB=1 024EB）。数量巨大是大数据最显著的特征，而且数据量仍以前所未有的速度在持续增加。

（2）数据类型多样：大数据的数据类型繁多，一般分为结构化数据和非结构化数据。相对以往便于存储的以文本为主的结构化数据，非结构化数据越来越多，包括网络日志、音频、视频、图片、地理位置信息等，这些多类型的数据对数据的处理能力提出了更高要求。

（3）数据价值密度低：数据价值密度的高低与数据总量的大小成反比。以视频为例，一部 1 小时的视频，在连续不间断的监控中，有用数据可能仅有一两秒。如何通过强大的机器算法更迅速地完成数据的价值"提纯"，成为目前大数据背景下亟待解决的难题。

（4）数据处理速度快：随着计算机技术的发展，大数据的处理速度取得了巨大的进步。新一代的硬件，如多核处理器、图形处理器以及虚拟化技术，都大大提高了大数据的处理速度。此外，更加先进的软件、硬件以及新一代的云计算技术都能有效提高大数据的处理效率，从而提升了大数据的处理速度。

基于以上对大数据的分析，本书认为大数据技术是一种能够从海量的数据中提取出有价值的信息的技术。它利用可以存储、处理和分析海量数据的系统，运用各种分析工具提取出有用的信息，并将这些信息用于决策支持、预测分析等。大数据技术是一种新兴的技术，涉及数据处理和分析，它可以收集、清理、存储、分析和利用大量数据，以获得关于客户行为、社会趋势、市场趋势等方面的洞察。

3．大数据技术的特点

大数据技术的特点主要有以下几点：

（1）具有大规模和海量：大数据技术可以处理比传统技术更大规模和更多类型的数据，包括结构性数据，如关系型数据库、文本文件、网络数据流、电子表格、图像、视频和音频，以及非结构性数据，如微博、博客、社交网络、聊天室等。

（2）具有实时性和可审核性：大数据技术可以提供实时数据处理和分析能力，可以帮助政府和企业快速反应和作出准确的决策，以满足变化的市场需求。

（3）具有高可用性和可扩展性：大数据技术可以满足政府和企业不断增长的数据处理和分析需求，以及实时性能要求。此外，大数据技术还具有灵活性和可维护性，可以满足政府和企业不断变化的业务需求。

大数据技术的应用非常广泛，可以用来支持商业决策、研究现象和趋势、分析网络行为和趋势、进行营销和客户服务等。基于大数据技术的诸多优势，在电子商务领域，大数据技术主要用于网站数据进行分析、社会诚信系统的构建、信息共享平台与电子政务系统等。

随着政府部门事务性工作的不断增加，仅凭借人力对相关数据的收集、分类、整合和处理效率极低，且容易出现人为性错误，数据结果的主观性因素较大。在此情况下，依托大数据技术在多元数据收集、处理方面的优势，以及计算机网络技术下的信息共享平台建设，大数据技术能够帮助政府通过网络获取社会各领域的相关数据，并将这些数据整合形成海量的数据库资源。下面，本小节将以合肥市政务大数据平台的建设为例，分析大数据技术在电子政务中的应用。

4．大数据技术的应用案例

近年来，为解决政务信息化系统繁多且离散、数据交换和共享标准不一等问题，实现政务信息资源的整合共享和挖掘利用，合肥市数据资源局积极筹划和推进市大数据平台项目的建设工作[4]。

1）合肥市政务大数据平台项目概述

合肥市政务大数据平台建设项目旨在建立一个完整的大数据应用体系，以政务信息数据为基础，整合政府部门、企事业单位、社会组织、互联网企业等相关信息资源，实现政务数据的共享、交换、使用，构建大数据政务应用服务体系。此项目建立了覆盖合肥市的大数据计算中心，搭建起完备的大数据平台，并引入了行业应用服务，实现了大数据技术与业务的有机结合，实现了政务服务"智能化""可视化""精准化"，提升了政务服务水平，提高了政务决策效率[4]。

2）项目的主要任务

合肥市政务大数据平台建设的主要任务是搭建合肥市数据资源的核心枢纽，有效汇集、按需共享全市各部门数据信息，支撑数字政务和智慧城市建设的各项工作[5]。具体工作任务包括以下几点：一是实现全市信息资源整合及共享交换；二是形成完善的数据资源目录和规范的数据接口，数据组织模型如图3-2所示；三是贯彻"互联网+政务服务"要求，建设统一身份认证体系；四是深度挖掘政务数据资源价值，创新典型应用；五是建立健全的大数据安全保障体系[4]。

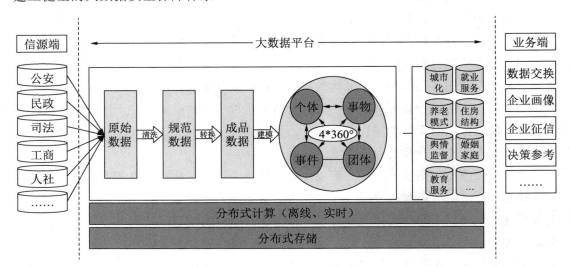

图 3-2　数据组织模型

3）项目主要建设内容

合肥市政务大数据平台项目建设内容要完成大数据平台的基础架构搭建，内容可概括为"一个政务共享数据中心、二套体系、五个平台，最终实现合肥市政务数据共享与开放的零距离"。

一个政务共享数据中心是指建设市级统一的政务共享数据中心，主要包括：建设汇集各单位业务系统数据的数据原始库；建设全市统一的经数据加工后可形成多主题的数据成品库；并构建人口库、法人库、电子证照库等主题应用库的支撑能力。

二套体系是指大数据标准规范体系和安全保障体系。大数据标准规范体系主要包括政务信息资源目录及公开信息资源目录、数据共享开放接口技术规范、政务信息资源目录编制指南、政务信息资源共享管理办法、政务信息资源审计和安全监督制度等各种制度及规范。安全保障体系主要包括网络安全防护体系、内部安全防护体系、身份认证和访问控制体系、安全分析审计体系。

五个平台主要包括：基于云架构的全市统一非涉密政务信息共享交换平台，用于实现合肥市各政府单位数据的汇集、共享与交换工作；用于实现"一数一源"，对海量数据进行转换、清洗、脱敏数据治理平台；用于承载合肥市统一的身份认证中心、政务服务总线等基础支撑功能的基础支撑平台；用于提供数据、接口、应用、文档、分析报告等多种开放服务的政务数据开放平台，构建数据开放门户，实现信息资源目录的开放管理；具有数据开发、数据可视化等功能的基于大数据和人工智能核心技术的大数据开发平台，提供基于大数据和人工智能算法组件的数据处理工具集[4, 5]。

4）项目建设成效

合肥市政务大数据平台经过建设取得了一系列成效。

一是基本建成了合肥市级政务大数据库。截至 2018 年底，共对接了近 70 家单位的 160 余个业务系统，入库数据达 1 872 类，125 亿余条，数据总量达 60TB。

二是建成政务信息共享交换平台。截至 2018 年底，交换平台共建成 9 个物理节点，创建逻辑节点 135 项，创建数据源 238 项，创建交换任务 2 587 条，通过交换平台共抽取数据 39.2 亿条。在安徽省率先完成市级政务信息资源共享门户与省级、国家级联调工作，打通了合肥市与安徽省、国家资源共享的通道。合肥市各单位可通过合肥市政务信息资源共享门户申请省平台和国家平台的资源，实现与省、国家级平台资源共享与交换。

三是建成政务数据治理平台。完成数据质量管理、数据规整管理、数据建模、数据安全管理、资源共享管理等核心功能建设。在数据质量监控方面，设置身份证号规则、姓名规则、统一社会信用代码规则、日期规则等 10 大类校验规则；在数据规整方面，设置大写转小写规则、字符转日期型规则、身份证号 15 位转 18 位等 11 类规则；在数据脱敏方面，设置替换、重排、截断、掩码、偏移等规则。截至 2018 年底，合肥市政府已通过数据治理平台对 58 家单位进行治理，维护了 1 703 张数据库表，数据量共计约 65 亿条。

四是建成政务数据开放平台。已完成政务数据开放平台前台门户和后台管理平台的基础功能建设。开放平台门户基于互联网环境，按照合肥市门户网站要求，针对大数据政务开放平台进行整改，并接入“中国合肥”门户网站。截至 2018 年 12 月，合肥市各单位已上报开放目录 588 条，其中 585 条已提供数据。

五是建成政务大数据开发平台。已建成基于大数据和人工智能核心技术的政务大数据开发平台。针对不同的业务场景，用户可以基于平台提供的开发套件与行业服务商的能力，将多方产品集成形成行业解决方案。用户可以申请资源目录共享门户的资源或者私有数据源，在开发平台中使用可视化的工具进行数据分析，产生数据分析结果并对外提供服务。

六是建成统一身份认证中心。已建成覆盖全市范围内所有的政府工作人员、自然人、法人，实现统一的身份认证、用户与机构管理、权限管理及安全管理。目前，统一身份认证已对接 10 个市级业务系统，包括合肥市统一政务信息处理平台、合肥市“互联网+政务服务”系统、合肥市信用平台、合肥市城市令管理后台、政务大数据工单系统、社管智慧社区、社管易企网、社管易社网、社管统计分析系统、社管电子监察系统。截止 2018 年底，统一身份认证平台登记人员 10 622 条，登记单位 3 956 个。

七是建成基础支撑平台。完成大数据用户权限管理、政务服务总线、统一消息中心、应用审计中心、运行监控中心、电子签章平台六大模块内容建设。其中，政务服务总线（Government Service Bus，GSB）已为互联网+提供 50 多个服务接口；合肥市多个项目与统一消息对接，如合肥市信息平台、合肥市综合服务管理平台（合肥通）、中小学报名系统等；电子签章平台已用于合肥市电子证照库建设，支撑电子证照的签章。

八是建成电子证照管理平台。根据国家"互联网+政务服务"的政策指导、安徽省电子证照库建设规范，建立合肥市电子证照管理平台，并持续征集电子证照目录、模板和印章以及推动制证数据接入，为电子证照制作做好准备，以支撑互联网+政务服务的工作。截至 2018 年底，已梳理市、县级证照 132 类，其中 113 类已经开始对外提供数据；省、国家级证照 65 类，其中 13 类已经开始对外提供数据[4, 5]。

合肥市政务大数据平台以国家级政务大数据平台为基础进行了专项开发，以市政部门实际需求为导向，构建了一个覆盖社会治理、资源环境、经济发展、安全防范、社会人口、城市建设、公共服务等多个方面的政务大数据平台。合肥市政务大数据平台的建设为合肥市政府改善和重构政府部门管理体系提供了有力的技术支撑，并有效地提升了政府管理的效率，为政府提供更加高效和智能化的服务[4]。

3.2.2　人工智能技术

1. 人工智能技术的定义

人工智能（Artificial Intelligence，AI）的学术概念正式诞生于 1956 年在达特茅斯召开的人工智能研讨会，约翰·麦卡锡提出：人工智能就是要让机器的行为像人所表现的智能行为一样。随着人工智能技术的不断发展，其定义内涵也逐渐丰富充实，不同学者持有不同的理解和看法。尽管理解各有所异，但人工智能的定义可以被归纳为类人思考、类人行为、理性思考和理性行为四大类[6]。因此，人工智能可以被视为一种通过计算机或由计算机控制的机器来模拟、扩展和延伸人类智能，以感知环境信息、获取并利用知识的理论、方法、技术和应用系统。简单来说，人工智能是研究如何让计算机具有人类智能的技术领域。它旨在使计算机系统具有能够像人类一样思考和决策的能力，并能够完成更复杂的任务。有时，人工智能也被称为机器智能，因为它能够使机器像人类一样思考和决策。它的发展目标是创造出一种能够与人类思维相媲美的智能机器。

2. 人工智能技术的特点

随着技术的进步，人工智能不仅在理论、模型、算法和数据上迎来了快速迭代时段，而且也在技术成熟度上取得了显著进步。这一发展趋势表明，人工智能技术正处于创新和活跃的阶段，并显现出一系列新特点：

（1）技术跃迁快：越来越多的新技术的不断出现为人工智能技术创新、实践发展带来了前所未有的变革。人工智能技术的创新速度超乎人类想象，多学科动态交叉与技术群发式突破使得人工智能的复杂程度大大地提高。在移动互联网、大数据、超级计算、传感网、脑科学等新理论、新技术的驱动下，绝大多数的人、设备、信息等都被置于广域的网络环境中，使得人工智能技术在创新发展上更加迅速。另外，云计算、区块链、物联网、多媒体等其他类型技术的持续突破也为人工智能技术的进一步发展提供了强大的动力。科技发展正以前所未有的速度和力度推动人工智能技术的创新实践，给社会带来巨大的变革。

（2）转化链条短：人工智能技术的转化链条短是指从科技研究成果到实际应用的过程变得更加短暂和高效，从而大大提高了人工智能技术的应用效率。人工智能技术的发展让科技创新进程大大加快，从科学发现到生产应用的时间，在 19 世纪可能需要 70 年，20 世纪两次世界大战期间缩短至 40 年，而到现在只需要 2 至 3 年甚至更短的时间就能完成。与传统技术不同，人工智能技术的很多基础性研究可以在中间成果阶段就申请专利或转化为产品。产品上市之后，新一轮技术迭代也同时开始，科学发现和生产应用同步进行。并行开发的模式让人工智能技术大有进展，极大缩短了成果转化链条。

（3）产业渗透强：人工智能技术的成本不断下降，越来越多的政府和企业都能够接受并使用这项技术，这将加快人工智能技术的渗透速度。此外，现阶段人工智能技术的发展速度比任何时候都快，从机器学习到深度学习再到智能机器人，人工智能技术已经被广泛应用于各个行业领域中，深度渗透实际上已经成为必然。在智慧医疗领域，人工智能技术可以帮助医生们提供更加准确的诊断，利用人工智能技术可以快速检测病人的血液报告、影像检测报告，并且可以根据病人的病史和家族史来提供更为准确的疾病预测和治疗方案。在金融科技领域，人工智能技术可以帮助金融机构快速审核和完成贷款申请，通过大数据分析可以快速评估客户的信用风险，并且可以根据客户的消费习惯和偏好，为客户提供个性化的金融服务。在交通出行领域，人工智能技术可以帮助智能汽车自动驾驶，利用深度学习技术来检测和识别周围的物体，从而实现安全、高效的驾驶，还可以帮助网约车平台进行智能路线规划，提高出行效率。

（4）复杂程度高：在学科知识上，人工智能技术的研究领域涉及多个学科，是一种跨学科的技术，其中包括计算机科学、数学、物理学、心理学、神经科学等。这些学科之间有相互交叉和联系，要求研究者掌握多个学科的知识并能够在不同的学科之间建立起有效的联系，从而形成一个系统的知识结构，这就使得人工智能技术在学科知识上变得更加复杂。在技术领域上，人工智能研究汇聚了深度学习、算法研究、芯片制造、图像识别、自然语言处理、语音识别、推荐系统、搜索引擎等在内的多个研发领域，以及技术、经济、法律、伦理等多个方面；在发展主体上，人工智能技术是以人为主体的技术，它的发展需要考虑有关人的特征、行为、思维等方面，必须在复杂的人类心理学、社会学、心理学等学科之间进行协调，以便更好地理解人的行为特征；在开放需求上，人工智能技术的飞速进化和创新周期的缩短，离不开源源不断的数据输入和算法的及时更新，因此也对所有主体的开放和开源提出了更高的要求。

3．人工智能技术的应用案例

以上海市科学技术委员会网站上建设的智能客服机器人"海德先生"为例，我们能更好地理解人工智能技术在电子政务建设中的应用。

"上海科技"网站（https://www.stcsm.sh.gov.cn/）是上海市科学技术委员会的官方门户网站，在提高公共服务能力、帮助市民及时了解上海市政府在科技领域的最新资讯及相关政策、提高办事效率等方面做出了突出贡献，如图3-3所示。随着网站浏览量的不断增加，问询电话此起彼伏，令客服人员应接不暇，响应延迟的现象在所难免。其中，关于同一问题的重复回答极大地消耗了有限的人工客服资源。此外，单纯依靠人工服务无法保证 7×24 小时在线。随着业务交流的日益频繁，上海市科委对客服要求的标准进一步提高，工作日以外遗留的"盲区"亟待填补。

图 3-3　上海市科学技术委员会网站界面

"上海科技"网站亟须解决两个问题：一是进一步提高答复质量。将复杂且内容繁多的科技信息、政策法规及时准确传达给众多市民和企业，需要进一步提高答复的准确度和速度。二是进一步提高答复效率。随着网站的不断发展,有限的工作人员和有限的电话线路已无法满足市民的需求,迫切需要一个提高客服效率的解决方法。对此,"上海科技"网站利用人工智能技术建设了智能客服机器人"海德先生",成功解决了以上问题[7]。

"海德先生"智能客服机器人核心由智能客服引擎、后台管理系统和机器人交互端三部分构成,如图 3-4 所示。

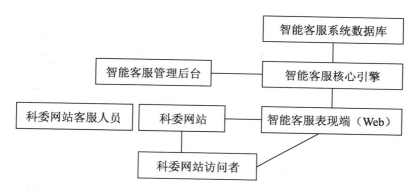

图 3-4　"海德先生"的总体架构

客服机器人智能引擎架构如图 3-5 所示。

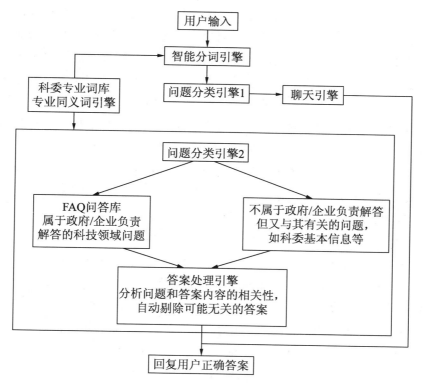

图 3-5　客服机器人智能引擎架构

(1) 智能分词引擎:利用后向前向匹配(Backward/Forward Matching)方法、期望最大化算法（Expectation Maximization）和隐马尔可夫模型（Hidden Markov Model）等基于字符串匹配和统计学的经典算法结合起来，开发出了一套高精度的智能分词软件[7]。

（2）语义分析引擎：在长期的自然语言处理开发的过程中，收集整理了近 10 万条常见问题，以及 1 万多组同义词，在使用机器自动分析和统计后，归纳出了 2 万条常见和非常见疑问句模板，并开发了一套专门进行疑问句分析分类和处理同义词词典的软件[7]。

（3）问题分类引擎：共包含 3 套问题分类系统，分别是朴素贝叶斯分类器（Naive Bayesian Classifier）、支持向量机分类器（Support Vector Machine Classifier）和最大熵分类器（Maximum Entropy Classifier）。这 3 种分类方法都是国际上使用很广泛的经典分类算法，"上海科技"网站在客服机器人智能引擎里使用的是最大熵分类器，该分类器具有分类速度快（微秒级）、分类准确度高（95%以上）等突出特点[7]。

（4）全文检索引擎：为了使检索更精确，"上海科技"网站将语义分析引擎整合到全文检索引擎中，通过分析用户问题的语义、提问对象以及问题和答案之间的联系，将最符合用户需求的答案返回给用户[7]。

（5）答案处理引擎：答案处理引擎包括基于语义分析的答案过滤模块和智能化答案组织模块两个部分，使用预先内置的小规模问答库和客服对话基本用语，将答案内容组织成更加人性化的回答，极大改善了用户体验，使客服机器人更容易被用户接受[7]。

鉴于客服行业的特殊性，该项目在建设过程中对"上海科技"网站内容做了详细的分析和研究，并对专业词汇做处理，同时把有关科技的常见问题（Frequently-Asked Questions，FAQ）导入系统，为机器人提供初步知识，然后进行前期效果测试。通过不断调整，使客服机器人引擎对专业知识的学习更简单，吸收更彻底，理解更深刻，定位更精确；同时为了使各种不同类型的知识不会彼此干扰，将智能引擎设计成能够对 4 种不同的知识（专业客服知识、客户基本属性、特定领域语言学知识和日常对话）进行单独处理。客户可以根据需要向智能引擎添加必要的知识。

客服机器人管理平台是工作人员控制和管理客服机器人的操作平台。管理人员可以通过基于 Web 的管理后台方便地管理客服系统的内容，调整客服系统的表现形式等操作。其具体功能包括：客服 FAQ 的增加、删除和修改；客服 FAQ 的批量导入，可从 Excel、Access、文本文件等多种形式的文件导入，并且可以选择是覆盖还是追加；FAQ 的处理策略，当数据库中没有与用户的提问相关的问题时，使用何种策略应对，可选择缺省回答、E-mail 给人工客服、转接人工客服（MSN 机器人支持）等多种方式；增加和修改机器人的欢迎语两条以上者，则会随机选择；增加和修改机器人的缺省回答两条以上者，则会随机选择；修改人工客服的信息，如 E-mail 地址；日志分析功能等。

"上海科技"网站智能客服机器人"海德先生"建设项目运行情况良好。该项目 2006 年 11 月 1 日开始运行，截至 2008 年 5 月，共有 9 618 人次在线提问，答复准确率为 86.22%。所有咨询问题均有日志记录，错误答复均能及时发现并更正。其中，无法回答和回答错误的问题，99%属于无意义的提问[7]。

此外，该项目取得了较好的实际效果：一是节省客服成本。工作人员重复回答客户问题的情况减少，不再忙于接电话，把有限的时间更多地投入网站建设中。二是 7×24 小时在线实时回复市民的提问，全年无休息，周六周日已无须安排值班人员。三是能同时解答多人在线咨询，按现有系统配置和网络带宽，可保证 200 人同时提问。四是提供实时答复，回复时间少于 1 秒，同时还会将无法回答的问题及时反馈给工作人员，确保用户的提问得到解决，增强用户满意度[7]。

基于人工智能技术建设的智能机器人能够快速整合信息资源，提供一站式服务，有效降低用户使用门槛，提高网站交互性和友好性，增强网站服务能力。因此，人工智能对提升中国电子政务建设水平具有非常显著的优势。

3.2.3 区块链技术

1. 区块链技术的概念

区块链的概念源自比特币。2008 年，在化名为中本聪（Satoshi Nakamoto）的人发表的《Bitcoin：A Peer-to-Peer Electronic Cash System》一文中，区块链作为比特币系统的核心技术被提出。区块链可以看作一个个区块组成的链条，每一个区块中保存了一定的信息，它们按照各自产生的时间顺序连接成链条。这个链条被保存在所有的服务器中，只要整个系统中有一台服务器可以工作，整条区块链就是安全的。这些服务器在区块链系统中被称为节点，它们为整个区块链系统提供存储空间和算力支持。如果要修改区块链中的信息，必须征得半数以上节点的同意并修改所有节点中的信息，而这些节点通常掌握在不同的主体手中，因此，篡改区块链中的信息是极其困难的。

区块链的本质是一个去中心化的公用账本数据库，其中存储的是一串按照时间先后顺序链接在一起的数据区块。狭义区块链是指将数据区块按照时间顺序依次相连组成的块链式数据结构，利用密码学方式保证数据不可被篡改和伪造，可以让数据更加安全，其本质是一种分布式账本。广义区块链技术是利用块链式数据结构验证与存储数据，利用分布式节点共识算法生成和更新数据，利用密码学的方式保证数据传输和访问的安全，利用由自动化脚本代码组成的智能合约来编程和操作数据的一种全新的分布式基础架构与计算范式。

2. 区块链技术的特征

相比于传统的网络，区块链技术具有以下几个特征[8]：

（1）去中心化：区块链技术的去中心化特点是指区块链网络不依赖于任何中央机构，它是由大量节点组成的分布式网络，每个节点都可以查看整个网络的状态和数据。这些节点可以通过网络上的共识机制来产生共识，从而使网络保持安全可靠。它的去中心化特点确保了区块链网络的安全性，使得其可以保护用户的隐私，同时也可以使得网络更加稳定、可靠。去中心化是区块链最突出最本质的特征。

（2）开放性：区块链技术的开放性特点是指它具有开放性，可以被任何人使用、参与和发行，并且是可信任的数据存储和传输机制。开放性是区块链技术的一个重要特性，它支持网络中所有参与者之间的信任关系，并使得参与者可以共同完成复杂的计算任务。区块链技术的这个特点使得它可以被任何人使用、参与和发行，并且不受任何中心化的权力约束，任何人都可以轻松地参与到网络中来，而不用担心被控制、受到监管，或者遭受操纵。

（3）独立性：区块链技术的这一特点意味着它不需要任何中央机构来支持，不会受到任何外部因素的影响。由于区块链不需要依赖任何中央机构来支持它，只需要参与者之间的协商即可，因此可以实现自我维护。区块链的独立性让其可以在不经过任何第三方确认的情况下实现自动执行的操作，从而节省时间和成本。

（4）安全性：只要不能掌控全部数据节点的51%，就无法肆意操控修改网络数据，这使区块链本身变得相对安全，避免了主观人为的数据变更。

（5）匿名性：区块链技术的匿名性是指使用该技术来进行交易时，参与者可以保持自己的真实身份信息不被公开披露。区块链技术实现匿名性的方式有三种：①使用匿名账户。这种方式下，区块链系统只会记录参与者的匿名账户，而不会记录其真实身份信息；②个体使用匿名交易。这种方式下，参与者在进行交易时，不会透露自己的真实身份信息，而是使用一种匿名的方式进行交易；③使用隐私保护技术。这种方式下，区块链系统会使用一种特殊的加密技术来保护参与者的真实身份信息，以防止被其他人获取和利用。

3. 区块链技术的应用案例

目前，区块链技术已被应用到电子政务领域，下面，以济南市为例对区块链技术的应用进行介绍。济南市大数据局充分利用区块链防篡改、防抵赖、隐私保护、可追溯等特点，创造性地提出"精准授权、智能加密、还数于民、价值传递"的新理念，建成全市统一的政务区块链平台——"泉城链"，如图3-6所示。这是全国首创的"政府数据上链+个人链上授权+社会链上使用+全程追溯监管"的政务数据可信共享新模式，实现"还数于民""精准授权"，保障企业和个人对公共数据的决定权和知情权，由企业和个人决定自己的公共数据是否向第三方提供。此次建成的泉城链平台是济南市利用区块链技术解决"数通"问题的一项重大创新举措。

依托济南政务云和济南市大数据平台，济南市建成泉城链、数字保险箱、数字资源管理平台等关键信息系统。其中，大数据平台汇集各部门数据，泉城链为广大企业和个人提供数据资产"账户"，数字保险箱作为"个人数据中心"，办事市民可随时从链上获取权威部门关于自身情况的信息，并像手机支付一样安全便捷地"消费"自己的数据资产，将数据自行授权给第三方使用，真正做到自己的数据自己掌握，让谁用自己说了算。而数字资源管理平台实现上链数据和应用的统一管理，并利用区块链追溯机制，实现数据流向监管、业务统计、结果反馈。"区块链+政务服务"可信服务平台界面如图3-7所示。

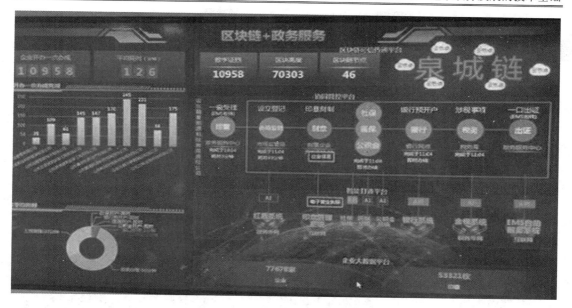

图 3-6 "区块链+政务服务"平台界面

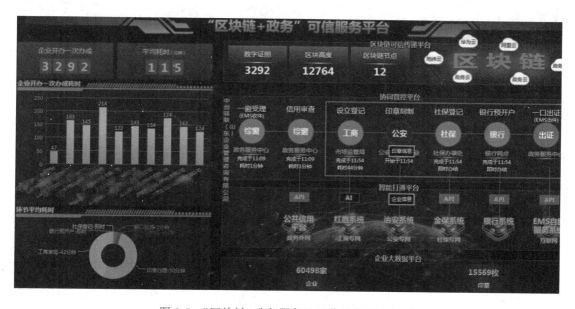

图 3-7 "区块链+政务服务"可信服务平台界面

　　"泉城链"上线启用后，济南市将逐步把"深藏闺中"的政务数据返还给企业和群众，实现政务数据自主管理。每一位市民、每一家企业都可以拥有一个"泉城链"账户和"数字保险箱"，在"链上"将数据自行授权给第三方使用。截至 2021 年 9 月，济南市基于泉城链已经实现 6 个部门 35 项数据资产向"个人"返还，齐鲁银行、农业银行、建设银行等 5 家银行积极利用数据开发金融创新产品，泉城市民和企业通过"数字保险箱"动动手指就可以向银行授权自己的数据，从而更便捷地获取贷款等金融服务。"泉城链+普惠金融"平台界面如图 3-8 所示。

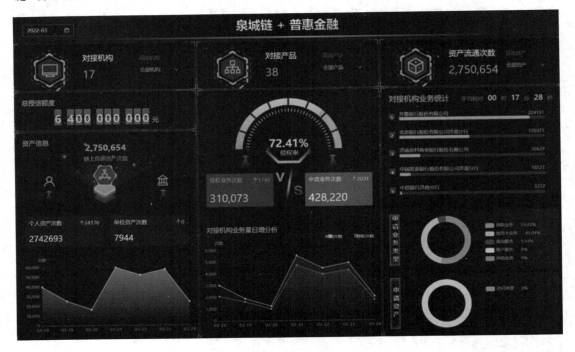

图 3-8 "泉城链+普惠金融"平台界面

作为济南市统一的政务区块链平台，"泉城链"与现有数据"集中共享"模式互为补充，有助于进一步加快政务数据流动，推动数据跨部门、跨行业、跨区域安全共享，助力政府"一次办成"改革，赋能政务服务、民生服务、商业服务和社会治理，最大限度提高数字泉城运行效率，持续推动济南营商环境优化提升，助力经济社会稳健发展。

3.2.4 云计算技术

1. 云计算技术的定义

2006 年，Google 最早提出云计算（Cloud Computing）的概念。2009 年，国际标准化组织（International Organization for Standardization，ISO）统计发现，关于云计算的定义已达 20 多种。目前，比较权威和被广泛认可的定义是美国国家标准技术研究所（National Institute of Standards and Technology，NIST）于 2011 年提出的，该所在云计算定义报告（SP800-145）中指出：云计算是一种模式，计算资源整合成可灵活配置的资源池，用户通过网络按需、便捷地使用资源池中的各项计算资源。其中，计算资源包括网络、计算、存储、应用、软件[9]。也就是说，云计算技术是一种使用互联网技术为用户提供计算服务的技术，它可以让用户在不拥有自己的计算资源的情况下，通过共享资源进行计算处理。这种技术可以极大地节约投入，提高工作效率，提高系统的可用性和可靠性，降低运营成本和管理成本。

2. 云计算技术的特点

云计算技术有以下几个特点：

（1）分布式计算：云计算技术的分布式计算特点是指云计算技术可以将大量的数据信息经过算法分解成多个小程序，并将这些程序进行并行处理，然后通过"云端"的服务集群调度数据资源，最后将处理结果反馈给用户，从而实现高效率、低成本的运算。"云计算"的"云端"由"计算云端"和"存储云端"组成，信息数据通过分布式计算和碎片化存储在服务器上，然后通过云端公司将数据调配给终端用户。它与传统的信息计算存储模式的最大不同在于，云端数据分布在各个不同的节点上，而这些节点又分布在不同服务器区域上。

（2）资源的无缝分配：云端服务提供商可以通过预设程序实现资源的自动配置，以满足用户的需求，或者在终端用户需要时通过人工提供必要的计算能力。这样，终端用户不必知道云计算技术的任何技术和原理，也不需要做任何操作就可以享受云服务提供的便利。

（3）资源的池化：云计算技术为计算资源设施提供了更大的整合空间，使得 CPU、存储设备等计算资源能够重新组织，形成新的资源池，这也是云计算技术发展的必然趋势。云计算资源池化旨在更好地管理和分配云端存储的信息数据，其中，重新整合的计算资源打破了地域的限制，使得云端资源可以分布在不同地区的服务集群上，终端用户通常并不知道自己调用的数据的具体地理位置。

（4）虚拟化：虚拟化的关键在于将服务器硬件资源虚拟化，其主要指通过虚拟化平台对庞大的信息数据资源进行管理和运营。数据中心由虚拟资源和物理 IT 资源组成，物理资源主要指构成云计算平台的硬件基础设施，其中包括 CPU、存储等硬件，而虚拟化平台是基于物理硬件的虚拟系统，其内部包括多个基于虚拟机的独立操作系统。这些虚拟化平台将网络资源和物理资源虚拟化为组件，从而更加易于计算、操作、分配、控制、发送和监控。

3. 云计算技术的应用案例

云计算技术在电子政务建设中发挥着重要作用，它不仅可以提高政务管理的效率，还可以降低管理成本，提高政务服务质量。以上海市为例，上海市政府积极利用云计算技术的优势转变电子政务发展方式，建立了基于云计算技术的市、区两级电子政务云平台，提升了政府管理能力和公共服务水平。

上海市政府规划了共享开放安全的全栈云智慧政府新架构，按照"集约高效、共享开放、安全可靠、按需服务"的原则，以"云网合一、云数联动"为构架，建成市、区两级电子政务云平台，实现市政府各部门基础设施共建共用、信息系统整体部署、数据资源汇聚共享、业务应用有效协同，开展政务大数据开发利用，打造上海"最强大脑"，为政府管理和公共服务提供有力支持，提高为民服务水平，提升政府现代化治理能力。

上海市电子政务云平台按照"三横两纵、云数联动"的总体框架进行建设，如图 3-9 所示。总体架构由设施资源层、中间平台层、业务应用层组成，在政务云管理体系和安全体系保障下，通过各类用户终端，为政府内部提供统一信息化支撑，向社会公众提供高效服务。

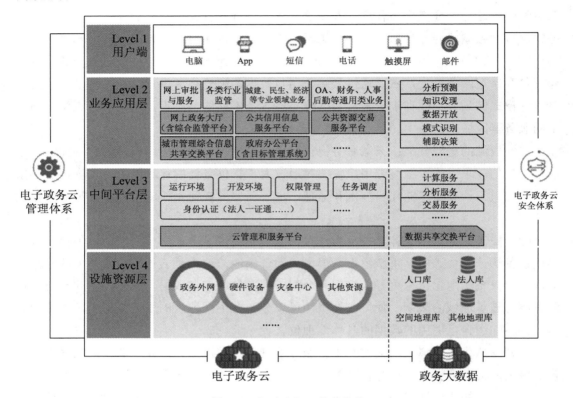

图 3-9　电子政务云总体架构

上海市电子政务云平台以"集中+分布"为建设原则，以政府购买服务方式，依托政务外网，统一为各部门提供服务。政务云体系共形成 5 个左右云分中心，云分中心向市级云中心整合。16 个区政府自主建设区级云，与市级云在逻辑上实现一体化。上海市最终形成"1+16"市区两级云体系，如图 3-10 所示。

上海市市级电子政务云平台在建设过程中，选取了 2 家电子政务云服务商搭建设施资源层，分别构建双活系统，明确管理责任边界，各自保障政务云平台可靠运行，同步推进 2 家云服务商政务云平台间的信息共享。同时，将云基础设施接入政务外网，优化承载电子政务云的传输网络，实现"云网合一"，对各委办局提供统一云服务，确保各委办局业务应用稳定可靠运行，满足各部门信息系统业务迁移及未来新增上云需求。

在应用迁移上云和统一的中间平台层的支撑下，数据的互联互通成为可能。上海大数据中心梳理全市数据目录，建设统一的数据交换平台，实现公共服务数据的统一存储，保障业务对数据实时性需求。

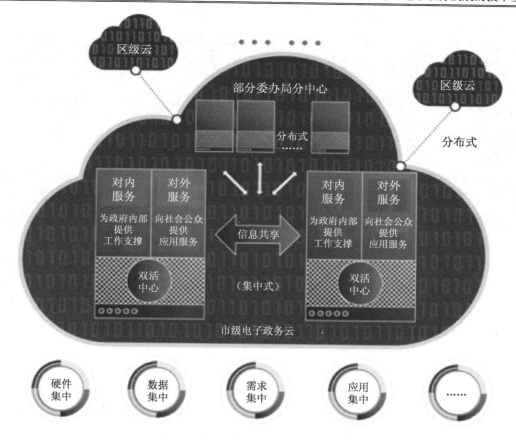

图 3-10　上海市市级电子政务云体系

　　截至 2018 年底，上海大数据中心已完成各部门 362 个信息系统的上云迁移，尤其是各个部门应用最多的人口、法人、空间地理和电子证照等四大"基础库"，已经完成全量归集；327 项涉企审批事项全覆盖的基础上，实现 100%全程网上办理，382 项涉企事项办理免交身份证和营业执照，从"群众跑腿"到"数据跑路"，实现一号申请、一窗受理、一网通办。

　　截至 2023 年 5 月，上海市公共数据开放平台已开放 51 个数据部门，包括 132 个数据开放机构、5 366 个数据集、73 个数据应用、44 006 个数据项及 20 多亿条数据。上海市公共数据开放平台界面如图 3-11 所示。

　　基于先进的云计算技术，上海市政府构建了一个安全可靠的政府信息共享平台，有力地支持了政府机构之间的数据共享、服务共享、工作共享，实现了跨部门的服务协同，提升了政府的服务效率和管理水平。未来，上海大数据中心将会持续探索大数据、人工智能、物联网等新技术，提升政府管理科学化、精细化、智能化水平，从"以部门为中心"向"以用户为中心"转变，上海电子政务正迈向可提供高效、智能、个性化服务的智慧政府阶段。

图 3-11　上海市公共数据开放平台界面

3.3　本章小结

电子政务的发展离不开电子政务基础设施和关键技术的支持。本章首先介绍了电子政务的基础设施，包括网络基础设施、数据基础设施和信息安全基础设施；然后介绍了实施电子政务所依赖的关键技术，主要有大数据技术、人工智能技术、区块链技术、云计算技术，并结合实际案例对每一项关键技术在电子政务中的应用进行了分析。

思考与练习题

（1）简述电子政务发展所需要的基础设施。

（2）简述大数据、人工智能、区块链、云计算技术的概念。

（3）简述大数据技术的特点。

参 考 文 献

[1] 丁云建．大数据浅谈 [J]．现代经济信息，2016（20）：312.

[2] 董晓婷．大数据的定义特征及其应用分析 [J]．硅谷，2013，6（11）：120，60.

[3] 刘明亮，宋跃武．信息系统项目管理师教程 [M]．北京：清华大学出版社，2023.

［4］搜狐网. 合肥市政务大数据平台建设案例［EB/OL］.（2019-07-21）［2023-04-25］. https://www.sohu.com/a/328196278_178670.

［5］林海. 合肥市政务大数据平台的建设思路和实践［J］. 电子技术与软件工程，2019（04）：136-138.

［6］Russell S J，Norvig P. Artificial intelligence：A modern approach［M］. London: Pearson Education，2010.

［7］李焱冬. 人工智能在电子政务建设中的实例应用初探［J］. 电子政务，2008（05）：87-93.

［8］姚忠将，葛敬国. 关于区块链原理及应用的综述［J］. 科研信息化技术与应用，2017，8（02）：3-17.

［9］王惠莅，杨晨，杨建军. 美国国家标准技术研究院信息安全标准化系列研究（十三）——美国 NIST 云计算安全标准跟踪及研究［J］. 信息技术与标准化，2012（06）：49-52.

第4章 电子政务与政府改革

电子政务在当代政府改革中发挥着重要的作用。随着信息技术的迅速发展，政府面临着更高效、更透明和更负责的要求。电子政务通过引入数字化、网络化和智能化等技术手段，重塑了政府与公众、企业之间的互动方式，实现了政府治理的现代化转型。电子政务推动政府从传统的行政管理向服务导向模式的转变，加强了政府与社会各界之间的沟通和协作。电子政务与政府改革相辅相成，共同构建了现代化、创新型的政府体系，为可持续发展和人民福祉做出了积极贡献。

4.1　电子政务与政府管理模式改革

电子政务是政府改革的重要组成部分，有助于政府改革的实施，同时，政府改革的实施又是电子政务的基础。电子政务的推行可以帮助政府降低服务成本，改善政府效率，提升政府服务水平，实现精细化管理。因此，电子政务与政府改革是相辅相成的，二者互为支持，共同推动服务型政府的建设。

4.1.1　现代行政理念

行政理念是指导行政制度设计及行政实际运作的理论基础和主导的价值观，是政府机构为实现服务于公众的宗旨而所采取的行政政策和行动的总体思想[1]。它是政府机构在解决实际问题时所遵循的原则和方针，既包括政府机构自身的行政机制，也包括政府机构与公众之间的关系。行政理念的发展历程从专制和恣意的行政理念转变为民主和服务的行政理念，它将个人理性选择汇集起来，同时体现了不同利益主体之间的理性交涉和互动关系，其目的是将行政理念渗透到行政管理和行政权力的行使中，以有效促进社会机制的运行。随着市场经济的建立和发展以及依法治国基本方略的实施，我国需要转变行政理念，确立民主行政理念、法治行政理念、服务行政理念、效能行政理念、透明行政理念、诚信行政理念、责任行政理念、有限行政理念等现代行政理念。

1. 民主行政理念

民主是现代社会的一项基本政治理念。从古希腊词源上理解，民主就是人民的统治。

在现代社会中，民主指政府的存在和掌握的权力来源于公民的同意和授予，政府应该围绕公民的利益而行动，以解决公共问题、达成公共目标、实现公共利益为目标，并保障公民的权利得到尊重和实现。这是政府作为民主政府的基本特征和要求，也是从规范的角度来界定的，即政府应当如何做、应当做什么。民主理念认为政府的法律、政策和行动应该符合公民的意愿和利益，公民的权利和自由应当得到尊重和保护。民主政治的关键是以人民为中心，以公民参与为核心，以实现公民权利为目标，以民主制度和法治体系为基础。它要求政府实行民主管理，充分尊重和保护公民的经济、政治、文化和社会权利，尊重公民的意志，强调公民参与政府决策的重要性，确保公民的参与能有效地发挥作用，以及政府的责任是要履行公民的权利。对于一个政府而言，民主不仅仅是一张选票，一种操作程序，它更是一种理念、一种思维方式、一种开放和包容性、一种责任和能力的有机结合。

2．法治行政理念

法治行政理念是指在行政管理中遵守宪法和法律，以及保护国家宪法规定的民主法治精神，运用法治思维来实施行政管理。这一理念意味着要保障法治精神在行政管理中的正当发挥，把法治作为行政管理的本位，以法治思维方式处理行政事务，以法治原则指导行政行为，通过法治手段进行行政监督。它具有高效性、公正性、权威性和稳定性等特点，是推动行政管理改革发展的有力支撑。法治行政理念的核心是建立一个法治型政府，即在行政管理中充分尊重宪法和法律的权威，以及保护国家宪法规定的民主法治精神，强调行政机关要依法行政，行政机关的行政行为必须遵守宪法和法律，以及依据宪法和法律确定的行政程序和行政手段。法治行政理念的应用有助于推动行政管理改革的发展，帮助政府改善行政管理的现状，激发行政管理的活力，有效控制行政管理的风险，使行政管理更加规范、高效、公正、权威，营造一个良性的行政管理环境，有利于维护国家宪法规定的民主法治精神，有利于促进社会政治的稳定发展。要实现依法行政，首先要有法可依。依法行政的前提是国家具备完善的行政法律规范，以体现人民的意志和利益，为行政主体行使法律提供依据。其次，行政主体要有适合依法行政的组织系统和具有较高法律素质的政府工作人员，并且具有依法行政的激情，这是基础。再次，依法行政必须具备良好的外部环境，包括政治、经济、文化等方面的因素。一个良好的法治政府要通过建立法律权威，使公民和政府、政府与社会之间的秩序能够有序地运行，要维护政府的廉洁正直，保证公民的基本权利，推动社会的和谐与进步。法治政府应该让法律成为社会公共秩序的基石，不断促进公平正义，提升全民生活质量。

3．服务行政理念

行政机关肩负着保护全体社会成员共同利益的使命，同时也是维护个人利益的守护者，行政机关所代表的公共利益，不是供其本身或其工作人员享受的特殊利益，而是分配给公众来享受的利益，是用于保障个人利益的利益。因此，行政机关从本质上来讲就是公众的服务者。政府存在的目的是为公民谋福利，为保障公民的基本权利得到实现而努力，为社会和公民的发展提供服务。服务行政理念的核心是以服务导向为核心，以提供有效、高效、便捷的服务为宗旨；视政府服务者为客户，建立国家服务体系；重视政府服务管理，完善服务内容；追求政府服务效率，提升服务质量；建立服务型政府，推动政府服务改革。服务行政理念的实施，有助于提高政府服务的质量和效率，提高行政效能，更好地满足人民群众的需求，实现社会的可持续发展。服务型政府是现代政府应秉持的一种改革理念，政府应根据公民的需求和社会发展的需求，采取有效的措施拟定合理的公共政策，以满足公民的服务需求，提供高质量的公共产品和服务。为此，政府应不断改进政策体制，创新服务模式，完善服务渠道，强化服务监督，确保服务质量，从而更好地推进服务型政府建设。

4．效能行政理念

行政效能是指政府或行政机构有效地满足公众期望的能力。它涉及政府或行政机构如何设计和实施政策，以及政策如何实现其目标。行政效能涉及政府和行政机构的多个方面，包括财政管理、行政服务、监管和法律制定等。效能行政理念是一种新的行政管理思想，把政府的行政服务改为以"效能"为核心，以"服务"为目标，以"精简"为方针，以"改革"为手段，以"绩效"为管理视角，以改善社会服务水平为核心任务，实现政府行政服务质量的持续改善。强调政府行政管理科学化，推动国家管理的高效化，改善政府的服务绩效，提高公众对政府的满意度，改善社会环境，创造更加公平、公正、合理的社会环境。在效能行政理念下，政府应该重视政策制定和执行过程中的效能，以实现有效的政策效果。首先，政府应该改进公共政策的设计，确保其与实际需求一致，并充分考虑政策的可操作性；其次，政府应该改善公共政策的实施，提高政府机构的效能，提高公共服务的质量，提高政府的服务效率；最后，政府应该建立一套完善的监督机制，以确保政策的有效执行，并对政策效果进行定期评估，从而提高政府的执行力。总之，在效能行政理念下，政府应该从政策设计、实施和监督等方面加强管理，以实现有效的政策效果。

5．透明行政理念

透明行政理念是指公共行政机构和公共政策实施者应尽可能公开的行政理念。透明行政理念要求行政权力运作的主体、依据、程序是公开的，公众可以依法参与，要求公共行政机构在履行公共职能时，必须尊重公众的参与权，坚持公开透明的原则，促进公众监督，提高公众满意度。政府秉持透明行政理念有助于政府提高公信力，增加公众对公共政策的信任度，保证政府的行为是公平公正的，从而提高政府的执行力。此外，政府秉持透明行政理念能够有效抑制腐败，提高政府机构的公正性和可负责性，使政府机构能够负责任地为公众服务。透明行政理念强调政府应该在透明化的管理中提升公民参与度，提高政府行政效率。政府在此理念下应该采取如下措施：一是开放政府信息，实行公开政府信息制度，把关键信息透明化，以便公众可以随时查询政府的工作和决定；二是营造民主治理环境，政府应该积极开展民主治理，倾听公众的呼声，并依法对其加以保护；三是提供公共服务，政府应该努力提升服务质量，依法办事，及时响应公众服务需求，营造公平、公正的服务环境；四是建立监督机制，让公众可以参与政府行政管理，政府应该把公众反馈作为重要参考，及时发现问题，并加以解决。这样，政府才能在透明行政理念下提高行政效率，实现政府的责任能力，向公众负责。

6．诚信行政理念

诚信行政理念是指行政机关和行政人员应以诚实、公正、公开的原则，以及负责任的态度来行使职权，履行行政职责，并以此贯彻落实行政职责，提高行政效能，以满足公众期望，更好地促进社会公平正义。尽管行政主体与相对人之间的服务与合作具有公共利益与个人利益一致的关系，但是相互信任仍然是他们之间合作的基础。行政机关秉持诚信行政理念，可以提升政府的公信力，增强公众对政府的信任，从而提高政府的管理效率和执行力，推动政府工作的顺利进行。诚信行政理念还可以推进政府依法行政，减少政府违法违规行为，改善政府组织机构的运行秩序，促进社会秩序的稳定和发展。近年来，一些行政机关行政规则随意多变、行政执法方式简单粗暴、行政行为不公开等诸如此类缺乏信用的行政行为，导致人们对政府的信心逐步下降，行政机关与行政相对人双方之间不能很好地沟通。因此，在诚信行政理念下，首先，政府应该制定清晰的诚信行政法律法规，明确行政的权限和责任，确保行政程序的公正性；其次，政府应该加强行政机构的监督，推行诚信行政，确保其正确执行法律法规；最后，政府应该加强宣传引导，建立健全诚信体系，营造诚信文化氛围，让公众更加重视诚信行为。

7．责任行政理念

责任行政理念是指行政机关在行政活动的过程中应依法明确执法责任、严格执法程序、考核执法质量和追究执法过错责任的一种观念。政府秉持责任行政理念，是为了实现政府的社会责任，提升政府的执行能力和执行效率，推动社会和谐、改善社会环境，实现政府的管理目标和政策目标。责任行政理念要求政府履行职责，承担责任，对社会负责，最大限度地满足人民群众的需求，提升政府的公信力，建立良好的政府形象，促进公共服务水平的提高。承担责任是政府的第一要义，行政机关行使权力的过程也是履行职责的过程。权力与责任是统一的，拥有多大的权力，就应承担多大的责任。有权必有责，用权受监督，违法要追究，侵权须赔偿。一些地方和部门出现腐败、市场秩序混乱、特大安全事故频繁发生等现象，总是与这些地方和部门有法不依、执法不严紧密相关。因此，在责任行政理念下，政府应该努力为人民服务，把人民的利益放在首位。政府应该采取有力的措施宣传和践行责任行政理念，强化政府责任意识，把责任行政放在政府一切活动的核心地位，加强政府的行政责任落实。同时，政府要坚持统筹兼顾的原则，做到不抛弃任何一个群体，依法公正、审慎地办事，切实履行自己的责任，完善服务人民的制度，不断改进和完善责任行政，努力把政府的工作做得更加规范、高效、公正。

8. 有限行政理念

现代社会事务复杂多变，需要政府采取有效的方式进行处理与解决，但这并不意味着政府要把所有的事情都包揽在自己身上。有限政府有以下几层含义：第一，从职能定位来讲，政府、社会和市场是三种不同的角色，政府要做的是建立优质的制度环境，以及进行宏观指导和社会管理，为社会提供公共服务。对那些可以由市场和社会来完成的事情，政府应该给予支持，让市场和社会自主发挥作用，推动社会的发展。第二，政府应该采取多种方式履行职能。政府应当履行职责，负责好自己份内的事情，但并不意味着政府需要亲自处理一切事务。政府可以利用其他力量、机制和手段来履行职责、实现目的。比如，在工程项目方面，政府可以将其外包给市场主体实施，政府只需要对中间过程进行监管，这样不仅能降低行政成本，也能帮助自身提高行政效率。第三，充分发挥非政府组织的积极作用。有限政府能够有效地控制自身的职能，确保政策的实施不会受到外部干扰，从而实现政府的有效运行。在现代社会中，市场、政府、非政府组织是推动社会运转的基本力量，非政府组织在一定程度上能够弥补市场失灵和政府失灵，政府应该有能力灵活地利用非政府组织，将其作为政府功能的一部分，在政府承担的职责范围内充分利用非政府组织以更好地实现自身的目标和任务。以上三点是从量的角度来界定有限政府，但从质的角度来讲，政府必须提高自身的治理能力。学习应成为政府的责任和习惯，打造学习型政府，增强政府自身的自律性和自我更新能力。在提高自身综合素质的基础上，政府要以积极进取的心态、创新的姿态积极推动公共政策的制定，提供更优质的公共产品和服务，引领社会健康风尚，推动社会进步，促进社会和谐发展。

4.1.2 国内行政管理体制改革

改革开放以来，我国的行政管理体制改革大致经历了八个阶段，主要包括以精兵简政为主题的 1982 年改革；以转变职能、提高政府宏观调控能力为主题的 1988 年改革；以撤并转为主题的 1993 年改革；以政企分离为主题的 1998 年的改革；以适应"入世"为主题的 2003 年改革；以实行大部制推动政府职能转变为主题的 2008 年改革等阶段；以向市场、社会放权并改善宏观管理为主题的 2013 年改革；以统筹党政群机构改革为主题的 2018 年改革。每次改革所处的环境不同，所面临的问题有很大的差异，但对解决当时面临的问题都发挥了重要的作用。从整体上看，中国行政管理体制改革走的是一条螺旋式上升的道路，从过去适应高度集中的计划经济体制到今天大体能适应社会主义市场经济的体制。为了更好地理解中国的行政管理体制改革，有必要对中国改革开放以来行政体制改革的过程做一个简要回顾。

党的十一届三中全会作出了把党和国家工作重心转移到经济建设上来、全面开创社会主义现代化建设新局面的重大战略决策。加快经济建设，首先遇到的障碍就是因高度集中的行政管理体制而导致的机构臃肿、部门林立、人浮于事、效率低下等问题。于是，中央决定从 1982 年起开展自上而下的各级政府机构改革。这次机构改革的主要举措有：一是明确规定各级各部门领导班子职数和结构，减少副职。二是废除领导干部职务终身制，建立干部离退休制度。三是精简政府机构，国务院工作部门由 100 个减为 61 个，地方各级政府机构精简 25% 左右。四是紧缩人员编制，总体按 25% 的比例精简，如国务院各工作部门人员由 51 000 多人核减为 38 300 人；同时按照大、中、小三类核定地方各级政府机构的人员编制。五是推进地市合并，实行了市领导县体制[2]。六是改革“政社合一”体制，恢复了乡政府建制。1982 年的改革是在党和国家工作重心全面转移到社会主义现代化建设上来的首次行政改革。这一阶段的改革首先在农村全面展开，逐步转向城市。在城市进行以增强企业活力为中心，以打破条块分割为目的，扩大中心城市经济管理权限的改革。行政体制也进行了改革，改变农村政社合一的“人民公社”体制，实行行政权与生产经营权分离。

1988 年改革的目标是变革在传统计划经济体制条件下逐步形成的政府职能配置结构和机构设置框架，将政府管理方式由直接管理为主转变为间接管理为主。与此相适应，这次改革的重点是转变政府经济管理职能，精简政府经济管理部门。改革的措施主要有：重组国家计委，将国家经委并入国家计委，同时撤销一批专业经济管理部门；将原先政府机构履行的部分职能转交给各种协会承担，厘清政府与企业、事业单位以及社团组织的关系；调整部门职责权限，将相同或相近的业务划归一个部门承担，减少部门间的相互扯皮现象。改革后，国务院工作部门由 81 个减为 68 个，人员编制裁减了近 8 千人[2]。1988 年的改革为社会主义市场经济体制的确立创造了条件，然而，本次改革却是按计划经济模式要求进行的，因此难免带有一定的局限性，政府职能转变未达到预期结果。

1992 年，党的十四大确立社会主义市场经济体制为中国经济体制改革的目标，提出政府的职能主要是“统筹规划，掌握政策，信息引导，组织协调，提供服务和检查监督”。1993 年机构改革围绕着建立社会主义市场经济体制这一目标主要采取了以下措施：一是切实转变政府职能，明确综合经济管理部门和专业经济管理部门各自的工作重点，将多数专业经济部门转为经济实体。二是着力理顺政府间关系，调整政府部门间关系，重点解决职责交叉、重叠问题；调整各级政府间关系，中央向地方下放部分权力。三是精简机构和人员。改革后，国务院工作部门由 86 个减为 59 个，“定员总数减少 20% 左右”；“省、自治区党政机构平均减少 13 个左右”，“人员编制总数精简 20%”；“直辖市党政机构平均减少 24 个左右”，“人员编制总数精简 15%”[2]。1993 年的改革，是探索建立与市场经济体制相配套的行政体制的新阶段。这一阶段的改革由侧重下放权力转向制度创新，由改革旧体制转向建立新体制。

1998 年的行政管理体制改革是在社会主义市场经济体制框架初步建立，市场机制在资源配置中的基础性作用明显增强的背景下进行的。这次改革在转变政府职能、实现政企分开方面有了较大的突破。改革主要从六个方面进行：进一步明确宏观调控部门和专业经济管理部门的职责分工；明晰政府职能的边界和权限划分，撤销了按条条设立的专业经济管理部门，国务院各部门转交给企业、社会组织和地方的职能达到200多项；向国有企业派出稽查特派员，负责监督国有企业的生产运营和盈亏状况；调整政府部门的职责分工，部门间调整、划转的职权达100多项；加强法制建设，推进政府机构、职能、编制、工作程序的法制化；精简机构和人员编制。改革后，国务院共设工作部门43个，部委减少了11个；部门内司局级机构减少了200多个；人员编制由3.2万人左右减为了1.6万人左右。地方各级政府机关的机构和人员编制也做了较大幅度的精简。1998年的改革是历次改革中力度最大、机构变化和人员调整最大的一次。根据党的十五大精神，本次改革的目标是建立办事高效、运转协调、行为规范的行政管理体制，完善国家公务员制度，建设高素质专业化行政管理干部队伍，逐步建立适应社会主义市场经济体制的中国特色行政管理体制[2]。

2001年，中国加入了世贸组织，这就要求政府为适应新形势对职能结构、组织结构、运行规则等进行全面的变革。为此，2003年行政管理体制改革更加关注政府职能转变，重点解决行政管理体制存在的突出矛盾。这次改革主要包括六项内容：改革国有资产管理体制，在中央、省、市（地）三级政府设立了国有资产监督管理委员会，专司国有资产监管职责；完善宏观调控体系，将国家发展计划委员会改组为国家发展和改革委员会，划入国务院体改办的职能和国家经贸委的部分职能，增强了其综合研究、总体指导、宏观调控的职责；健全金融监管体制，成立银行业监督管理委员会及其派出机构，对各类金融机构实施统一监督管理；深化流通管理体制改革，组建商务部，统一管理内外贸业务；加强食品安全和安全生产监管体系建设，组建了国家食品药品监督管理局；开启行政审批制度改革，大幅度取消和下放行政审批事项。改革后，国务院共设工作部门52个。2003年改革的目的在于解决行政管理体制中的突出矛盾问题，为促进改革开放和现代化建设提供组织保障。

党的十七大报告进一步强调加快行政管理体制改革，建设服务型政府，加快推进政企分开、政资分开、政事分开、政府与市场中介组织分开，规范行政行为，加强行政执法部门建设，减少和规范行政审批，减少政府对微观经济运行的干预。2008年2月，党的十七届二中全会通过了《关于深化行政管理体制改革的意见》，依据该意见提出了指导思想、总目标和主要任务。2008年行政管理体制改革侧重强化政府的社会管理和公共服务职能，探索实行职能有机统一的大部门体制。这次改革的主要内容有：加强和改善宏观调控，明确以发改委、财政部、人民银行等组成国家宏观调控部门，发挥统筹规划、政策导向作用，同时建立健全协调机制，形成了更加完善的宏观调控体系；增强社会管理和公共服务职能，组建环境保护部、住房和城乡建设部等部门；实施大部门体制，在整合的基础上综合设置职能相近部门，如组建人力资源和社会保障部、工业和信息产业部等。改革后，国务院共设工作部门49个。此次行政体制改革的重点是改善民生，加强与整合社会管理与公共服务部门。这次改革提出了建设服务型政府的新命题，明确了政府职能转变总方向，提出了探索实行大部门体制的新命题，至今我们依然享受着这些改革留下的宝贵财富。

2013 年行政管理体制改革的重点是向市场、社会放权，同时改善宏观管理，加强事中事后监管。这次改革的主要内容，一是实行铁路政企分开，将铁道部一拆为二，组建了国家铁路局和中国铁路总公司，分别履行行业行政管理和企业经营职责。二是稳步推进大部门体制改革，继续调整合并政府部门，如合并组建了国家卫生和计划生育委员会、国家新闻出版广电总局等。三是加大行政审批制度改革的力度，缩小了审批、核准、备案的范围，取消和下放了部分审批事项，简化了审批程序。四是加强基础性制度建设，建立了不动产统一登记制度、统一社会信用代码制度、决策后评估和纠错机制等。五是加强党中央对重大工作的统筹领导，成立了若干中央决策议事协调机构，同时整合了工作内容相关的党政机构，实行一个机构两块牌子。改革后，国务院共设工作部门 47 个。2013 年的改革以职能转变为核心继续简政放权、推进机构改革、完善制度机制、提高行政效能，稳步推进大部门制改革。对减少和下放投资审批事项、减少和下放生产经营活动审批事项、减少资质资格许可和认定、减少专项转移支付和收费、减少部门职责交叉和分散、改革工商登记制度、改革社会组织管理制度、改善和加强宏观管理、加强基础性制度建设、加强依法行政等方面作出重大部署。

2018 年，党的十九届三中全会通过了《中共中央关于深化党和国家机构改革的决定》，为行政管理体制改革指明了方向。2018 年行政管理体制改革的最大特点是统筹党政群机构改革，改革的主要内容，一是统筹设置党政机构，将中央议事协调领导小组改为委员会，并将一些中央决策议事协调机构的办事机构设在政府职能部门；同时强化党的归口统筹协调职能，对职能相近、联系紧密的党政机构实行合并设立或合署办公。二是继续推进大部门体制改革，优化政府机构设置和职能配置。根据经济社会发展的需要，新组建了应急管理部、退伍军人事务部等部门；扩大了一些政府部门的职能，如将农业部改建为农业农村部等；合并了一些政府部门，增强职能的综合性，如将文化部和国家旅游局合并组建了文化和旅游部等。三是继续推进以"放管服"为主要内容的行政审批制度改革，在减少微观管理和具体审批事务的同时，严格事中事后监管，创新监管方式，优化服务。四是进行税收征管体制改革，将省级和省级以下国税和地税机构合并，承担所辖区域的税收、非税收入征管等职责。改革后，国务院共设工作部门 40 个。2018 年行政体制改革是一场整体性、系统性、重构性的深刻变革，建梁架柱、大刀阔斧，涉及范围之广、力度规模之大、触及利益之深前所未有，将行政体制改革向纵深推进，对实现"两个一百年"奋斗目标和中华民族伟大复兴的"中国梦"提供了强力保障和支撑。

总之，我国的行政管理体制改革是伴随着经济体制改革和政治体制改革而进行的，它涉及上层建筑是否能更好适应经济基础的客观规律，且伴随着我国经济社会的发展而不断推进，并有利地促进了经济社会又好又快的发展。

改革开放以来进行的中国行政体制改革，是在推进经济体制改革、社会体制改革、文化体制改革和政治体制改革的情况下，对行政体制的性质、特点、规律、关系、目标和任务不断深化认识和逐步推进的探索过程，也是对建设中国特色社会主义的重大探索过程。实践证明，这个时期的改革和探索取得了很大成功，从根本上摒弃了高度集中的计划经济体制和行政管理模式，基本上建立了与社会主义市场经济相适应的行政体制。改革的内容主要包括以下几个方面：

1. 转变政府职能

改革开放以来，中国行政体制改革的核心是转变政府职能。这不仅是从传统的计划经济转向社会主义市场经济的必然要求，也是始终贯彻中国行政体制改革历程的主线。党的十四大提出，转变政府职能的根本途径是政企分开；党的十六大明确提出，政府职能主要是经济调节、市场监管、社会管理和公共服务；党的十八大以来，中国行政体制改革更是紧紧抓住政府职能转变这个"牛鼻子"，积极推行简政放权政策，使市场在资源配置中发挥决定性作用，更好地发挥政府职能，着力推进政府职能转变，要求政府不仅要营造良好的发展环境，更要提供优质的公共服务，维护社会公平正义，建立科学的政府机构架构，促进政府职能和政策的优化调整，最终实现政府的科学管理、效率运行。在40年的行政体制改革过程中，政府逐渐减少了对微观经济的控制与干预，企业也逐渐被确立为市场竞争主体，市场在资源配置中的决定性作用得到进一步加强，新型宏观调控体系逐步健全，社会管理和公共服务职能也逐渐得到加强。

2. 调整行政区划

改革开放以来，中国行政体制改革一直在不断地调整以适应经济社会的发展、城镇化进程和生产关系的变革。在行政区划改革方面，先后出台了建立特区、新建省（直辖市）、撤地建市、县改市、市领导县、县改区等一系列政策措施，增加了行政区划实践的丰富性，使中国行政体制变得更加灵活、更具有效性。这些改革措施，不仅提高了行政效率，而且推动了经济社会发展、促进了城镇化进程。受城镇化进程、中心城市空间拓展、人口集聚与增长、交通和通信条件改善以及政策因素，中国行政区划调整主要有五种模式：建制变更、行政区拆分、行政区合并、建制升格以及新设立行政区。其中，撤县设市的行政区划调整是中国改革开放以来最重要的一种行政区划调整模式。从1979年开始到1997年暂时结束，这一时期中央两次设市标准的调整，极大地影响了区划变更的进程和周期。

3. 改革政府组织结构

政府组织机构的科学配置是改革行政体制的重要组成部分，是实现政府职能的载体。政府组织机构的改革，不仅要求把握机构设置的实质性问题，也要求很好地处理它与社会发展、政府治理以及改革开放的关系，处理好职能转变和机构重组，以更有效地把握经济社会发展的新趋势。改革开放以来，已经先后进行了8次大的政府组织机构改革。政府组织机构改革的总体趋势和要求是根据经济社会发展和政府职能要求，明确划分政府部门之间的职能分工，合理界定政府部门职能，从纵向、横向两个方面改善行政组织结构，健全部门之间的协调配合机制，进一步优化行政组织结构，促进政府全面履行职能。通过合理调整机构设置，优化人员结构，既要解决有些部门机构臃肿、人浮于事的问题，又要解决有些部门因职能加强而出现的编制过少、人员不足问题，做到职能与机构相匹配、任务与人员编制相匹配。2008 年政府机构改革的一个重要特点，是积极推进大部门改革。这次改革旨在调整机构结构，以提高效率和有效性。对职能相近、管理分散的机构进行合并，对职责交叉重复、相互扯皮、长期难以协调解决的机构进行合并调整，以简化管理程序，提升效率。另外，对职能范围过宽、权力过分集中的机构进行适当分设，以缓解政府压力，改变部门结构失衡和运行中顾此失彼的现象。2013 年政府机构改革，进一步优化了部门设置，协调了部门关系，并建立起宏观调控部门、市场监管部门、社会管理和公共服务部门构成的政府机构框架。同时还完善了决策权、执行权和监督权之间统一协调的运行机制，使机构设置和职责体系更加合理健全。可以看出，政府组织机构改革始终以完善社会主义市场经济为目标，以经济体制改革为推动力，对行政管理体制进行调整与改革。比如，面对经济下行的压力，政府采取了积极的宏观调控措施，既确保经济稳增长，又保持就业形势总体稳定，同时还防止通货膨胀，使经济处于合理的区间，并且加大转变经济结构和调整经济结构的力度。同时，灵活运用预调和微调的手段，调整宏观经济政策，使其具有更强的针对性和协调性。

4．创新政府管理方式

改革开放以来，中国政府主动适应国内外环境变化和经济社会发展要求，采取积极措施，以人为本，坚持依法治国，深化政府职能转变，建立健全行政监督体系，以市场机制和现代科技成果为支撑，大力推进行政管理改革，努力实施简政放权，简化程序，改变政府管理模式，使行政管理方式更加科学化、人性化、简便化、效能化。通过加强政策引导、法规制定、经济激励、信息服务等方式来提高行政管理效率，实现科学发展。一是创新宏观调控方式。二是为了营造公平竞争的市场环境，政府要将管理由事前审批转向事中事后监管，不断堵塞监管缝隙和漏洞，加大对违法违规者的处罚力度，实行"宽进严管"的政策。三是推广政府购买服务，创新政府职能方式。四是在"互联网+政务服务"的背景下，利用电子政务平台实施管理和服务，诸如公众可以通过互联网获取政府的服务信息，政府可以更加快捷、便捷地回应公众的诉求，有效提升行政效率，降低管理成本，大大方便了人民群众。

5．推进法治政府建设

改革开放以来，中国在行政体制改革方面取得了重大成就，尤其是建设法治政府的成果显著。法治政府建设的主要变化是政府从全能、管制转变为有限、服务、法治。此外，公民的权利意识和法治观念得到加强，法治政府建设的进度也得到了极大推动，中国社会逐步走向法治，法治政府建设更加深入人心。法治政府的核心是依法行政，1989 年通过的《中华人民共和国行政诉讼法》是中国法治建设的里程碑。2004 年，中国政府发布《全面推进依法行政实施纲要》，明确提出 10 年内实现建设法治政府的目标，并且为了加快法治政府建设的步伐，陆续颁布实施了《中华人民共和国行政许可法》《中华人民共和国行政诉讼法》《中华人民共和国行政复议法实施条例》等一系列法律法规，以建立一个法治政府，让人民群众享受到法治的安全和保障。中国法治政府的法律制度框架已基本建立，为依法行政的法律法规体系的贯彻实施提供了有力基础，行政立法、执法和监督工作积极推进，政府建设和行政工作以法治为基础，通过不断完善法律法规，实行法治管权、管事、管人，加强政府机构建设，推动行政执法改革，加强行政执法组织体系的建设，实行行政执法程序化、规范化，完善行政监督制度，提高行政权力运行和行政行为实施的法制化、规范化、公开化水平，实现行政管理的有序运行和政府的公开透明。

6. 加强公务员队伍建设

改革开放以来，中国逐渐建立了现代国家公务员制度。国务院于 1993 年 4 月颁布了《国家公务员暂行条例》，并于同年 10 月起施行，这标志着中国公务员制度的初步建立。此后，全国各地都加强了公务员队伍建设，建立了规范的公务员体系，以提高政府的执行力和公信力。同时，也加强了公务员的素质和能力的培养，使其成为政府的重要组成部分，为实现社会主义现代化做出了积极贡献。随着国家公务员管理法律法规的不断完善，形成了具有中国特色的公务员制度体系，从公务员招录、历任管理、激励机制、退休规定等方面进行了调整与完善，政风建设和廉政建设也得到了进一步推进。公务员队伍的素质和能力明显提高，逐渐形成了一支勤政廉政、爱岗敬业、忠于职守、作风过硬的公务员队伍，为建设完善的中国特色社会主义行政体制提供了坚实的基础。

7. 推进反腐倡廉，建设廉洁政府

改革开放 40 多年，尤其近些年来，中国政府始终坚持不懈推动廉洁政府建设。廉洁不仅是政府道德的底线，也是政府公信力的支柱。近些年，政府加大了查办大案要案的力度，严厉惩治贪污腐败行为，加强法规制度建设，强化对领导干部的监督，严厉打击商业贿赂，纠正损害群众利益的不正之风，确保政府的廉洁、公正、公开，取得了明显的成效，为推动社会进步和发展营造了良好氛围。此外，为进一步加强反腐败和廉政建设，政府实施多项政策措施，如建立健全"四类制度"（职权制度、财务制度、奖惩制度和监督制度），采取有效措施防止腐败行为的发生。例如，政府设立监管机构，对有腐败嫌疑的官员进行严格的监督，对违规行为实行严厉惩戒；规范行政机关职能，限制行政自由裁量权；强化公共资源管理，实行公开招标、公平竞争等政策；实施全面动员，推进全社会反腐败运动等。另外，政府还把反腐败和廉政建设纳入国家发展总体规划，以促进经济和社会的健康发展，营造良好的投资环境和市场环境，提高国家形象和社会信任度。政府通过体制机制创新，不断加大改革力度，建设廉洁政府，切实落实行政审批制度改革、干部人事制度改革、司法体制和工作机制改革以

及财政、投资、金融、资源等体制改革；勇于接受监督，依法严厉打击腐败现象，切实推动廉洁文化建设；加强国际反腐败交流与合作，努力推进廉洁政府建设。反对腐败、建设廉洁政治是全人类的共同愿望，也是世界各国政府和政党面临的共同课题。中国将在国际和地区性反腐败交流与合作中发挥积极作用，为建设一个公正廉洁、和谐美好的世界而努力奋斗。

4.1.3　国际行政管理体制改革

西方基层政府在发动社会力量、整合阶层利益、普及公民教育、促进民主、推进工业化城市化等各方面都发挥着重要的作用。早在 20 世纪末，国外的学者们就密切关注基层政府的改革，相比政治体制改革，优先提出了实施行政管理改革，这对大多数的发展中国家现代化改革进程具有重要的现实意义。K. R. 霍普[3]提出通过对政府组织结构进行调整，优化政府工作流程，改变政府官员态度来开展行政体制改革。改革的任务是提高行政效率，重塑政府；改革的目标是实现国家的发展。目前，国外行政体制改革主要集中在两个方面：一方面是基层政府的职能，另一方面是基层政府改革的模式。

（1）基层政府的职能：西方国家政府职能理论经历了四个阶段，政府对经济不干预时期、政府对经济强干预时期、政府对经济放弃或者减少干预时期、政府对经济适度干预时期。政府职能转变体现了政府核心功能的转变，也表明了服务型政府已成为西方国家各级政府机构和职能转变的主流方向。目前，西方基层政府主要包含三大职能：第一，巩固国家政权基础，保障政治和社会秩序稳定，是其基本职能。第二，为居民提供公共服务，满足居民的需求。政府为居民提供的是服务而不是为其掌舵，应该追求公共利益。公务员不仅要回应居民的需求，更要注重与居民之间、居民与居民之间的信任与合作。第三，促进政府与民间、公共部门和私营部门的合作与互动，建立健全民主政治制度。罗伯特·利奇、罗伯特·罗茨[4]等学者提出了"地方治理"的思想。他们认为，基层政府应该由"地方政府"向"地方治理"转变，在公共服务供给中要发挥社会组织和公民的作用。

（2）基层政府改革的模式：西方国家的基层政府行政体制也进行了数次改革。纵观改革的主要方向，其核心是地方自治，即由居民自主管理自己的事务。关于基层政府的行政体制，主要有英美模式和法日模式两种观点。以英国、美国的基层治理模式为代表的英美模式强调基层自治，国家应该保障人民的自治。基层公务员是由居民直接或者间接选举产生的，不由上级和中央分配，对居民负责，但是基层政府在财政上服从中央政府。与英美的"人民自治"模式相比，法国和日本的模式主张"群体自治"，并提出地方自治属于国家主权所有，基层自治的最终决策权掌握在中央政府手中。基层公务员可以由居民选举产生，也可以由中央政府直接任命，有着基层公务员和中央官员的双重身份。中央政府监督和指导基层政府的立法、财政、行政等。

4.2 电子政务与政府业务流程再造

电子政务与政府业务流程再造相互融合，推动政府向数字化、智能化转型。通过引入信息技术，优化流程，提升效率，实现政府服务的便捷性与高效性。这种转变为构建现代化的政府提供了有力支撑，全面提升了政府的现代化治理能力。

4.2.1 政府业务流程再造的含义和特征

1990 年，美国著名企业管理大师、原麻省理工学院教授迈克尔·汉默提出业务流程再造（Business Process Re-Engineering，BPR）的概念。1993 年，迈克尔·汉默和咨询专家詹姆斯·钱皮合作出版了《企业重构——经营管理革命的宣言书》，系统阐述了 BPR 的基本概念，即"重新思考和彻底翻新企业的业务流程，充分利用信息技术，以实现成本、质量、服务、速度等表征企业业绩特征方面的显著改善，为企业业绩带来实质性的提升"[5]。业务流程再造就是从零开始重新设计、重新构建企业的业务流程，以实现更高效的组织运作。它也被称为"流程重构"，是一项系统的业务管理实践，是企业管理改革的重要手段。它的核心思想是超越传统的企业组织模式，重新考虑业务流程，并通过采用新技术以及新的管理方法来改善企业组织的效率和效果。它强调的是以客户为中心，基于企业的整体利益，重新设计业务流程，以实现更高的效率和更好的服务。

政府业务流程再造实际上是在企业业务流程再造的基础上发展起来的，其基本含义是指通过分析政府业务流程，采用系统工程思想，结合政府业务现有资源，通过政策研究和技术应用，结合新的技术手段，运用信息技术建立政府业务服务的信息化支撑，利用网络技术重新设计业务流程，实现政府业务过程的优化及重组，提高政府服务效率，降低政府服务成本，提升政府服务质量，以满足公众对政府高效、便捷、公正服务的要求。政府业务流程再造旨在更好地组织行政权力，实现服务型政府的建设，进而提高政府执政能力，实现社会现代化。通过研究理论和实践研究，可以更好地优化流程，提升政府管理水平，加强政府审批效率，推动政府职能转变，从而有效改善政府服务水平，创新政府管理体制，满足公众不同层面的需求。实施政府业务流程再造，不仅是现代政府管理的必然选择，也是全面提升政府能力的重要手段。政府业务流程再造具有丰富的内涵，主要包括三方面：

（1）政府业务流程再造是一项全面性的改革，旨在根据新的政府治理理念，以更先进的行政理念、目标、行为准则、治理模式和机制等对政府业务流程进行彻底的重新思考、分析和设计，以改变传统的政府社会管理和公共服务方式，实现政府管理效率的提升。政府业务流程再造不仅仅是对工作流程的简化或重组，更是把全面性的思考和变革应用到实践中，以提高政府行政效率。政府业务流程再造是一项改革，旨在改善政府部门之间、政府与企业、政府与社会组织、政府与公众之间的沟通和交流。它将影响政府组织结构、决策程序、运行机制等，推动政府自身的内部变革，以期达到维护公众权益、提高政府运行效率的目的。政府业务流程再造将改变政府部门的运作模式，促进政府与社会的互动，加强政府责任和公众权益的保障，实现政府服务公众、提高政府管理水平的宏伟目标。

（2）政府业务流程再造以用户为中心，把用户需求摆在第一位，致力于提供更快捷、更规范的流程，同时努力跨部门协调，提供更高效便捷的服务，以满足公共需求。它摆脱了以部门职能和计划为导向的传统政府行政流程，改"职能导向"为"需求导向"，实现政府的便捷化和智能化。政府业务流程再造的目的在于重新定位政府的工作重心，实现用户与政府的有效互动，不仅要求政府服务高效、质量优良，还要求政府能够考虑用户的人性化需求，提高用户对政府工作的满意度，从而提升政府部门的公信力，最终实现政府业务流程再造的价值追求。

（3）政府业务流程再造以信息技术为支撑，以电子政务建设为实现形式。政府业务流程再造是一种利用网络信息技术改进政府工作流程的模式，旨在改变传统政府业务流程中以职能分工与计划控制为中心的工作模式，让部门之间和部门内部的职责分工与层级界限得到突破。它把政府工作流程从分散式、串联式、封闭式、纸质公文流转式转变为集成式、并联式、公开式、电子公文网上处理等模式，以更有效、更灵活的方式改善政府服务效率。

现代政府业务流程再造的基本特征主要有以下三点：

一是强调面向公众的公共服务需求。政府业务流程再造强调面向公众的公共服务需求，重点目标是提高公共服务质量，满足公众的服务需求，提升政府服务水平。要想达到这一目标，首先要改善政府办公环境，消除冗余程序，减少政府机构之间的信息壁垒，让政府服务更加智能、具有持续性，并为公众提供简明易懂的服务，使政府服务更加透明、及时和可靠。此外，还要改进政府的服务体系，提高服务质量，建立更科学、更全面的政府服务标准，实行绩效考核，提高政府服务效率，以满足公众对政府服务的日益增长的需求。

二是注重实施跨部门的既有职能划分边界，重新设计流程。这样可以让各部门之间的合作更加高效，消除部门间的壁垒，减少有关部门和机构之间的重复工作，提高政府服务的效率。此外，政府业务流程再造还可以改变流程中各环节的参与者，使之更加灵活，让不同部门可以更好地分散责任，提高政府服务的质量和效率。

三是强调充分借助信息技术实现业务流程的再造工作。信息技术是政府业务流程再造工作的重要推动力，可以有效提升政府运作的效率，提高政府服务的质量和水平，有效改善政府的决策能力和管理水平。同时，信息技术还可以实现流程自动化和数据标准化，促进流程再造的实施。因此，强调充分借助信息技术实现业务流程的再造工作是政府业务流程再造的重要特征，这就要求政府要加强对信息技术的研究和应用，加快政府业务流程再造的进程。

4.2.2　政府业务流程再造的必然性

政府业务流程再造的必然性是由崭新的电子政务工作形式与陈旧的政府组织结构和管理模式之间的矛盾决定的。随着信息技术的迅猛发展，我国政府的组织结构和管理模式也面临着转型的挑战，需要采用信息网络化和系统联动一体化的解决方案，以提高管理效率，推动政府服务水平的提升。传统的政府组织结构和管理模式已经无法适应电子政务建设和发展的要求，推动政府组织结构和管理模式改革，进而推动政府业务流程改革势在必行。

我国政府组织结构是纵向层级制和横向职能制的矩阵结构，其中，纵向层级制指的是建立在国家统治体系基础上的组织架构，从中央到地方，依次形成由多层次的政府管理机构组成的纵向体系，每一下级层次对上一层次负责，整个系统形成一个金字塔状；横向职能制指的是建立在国家行政机关职能系统基础上的职能部门，形成由多个职能部门组成的横向体系，每一部门均直接对管理对象实施管理，每一部门行使单一和专门的管理职能，每一部门在全国范围内均构成一个相对独立的系统，在系统内部实施垂直领导。纵向层级制确保了政府管理结构的稳定性，横向职能制则实现了政府功能的分工和政策执行的高效性。矩阵结构将两种制度有机地结合起来，使政府组织架构更加合理，有利于政府各级部门之间的协调配合，更好地提升政府治理的效能。

电子政务把传统政府的许多业务从纸张形式转变为电子形式，企业、公众与政府的交接处不再是办公室、柜台或窗口，使政府与企业、公众之间的互动更加便捷。电子政务以公共服务需求为目标，实现了政府各部门的数据共享，让公众能够通过一个统一的接口获取政府服务，大大节省了时间和精力，充分改善了企业或公众获取政府服务的效率，随着科技的发展，电子政务已经成为政府管理的重要形式。政府有必要根据最新的技术发展情况，重新审视自身的业务流程，调整原有的部门和人员配置，建立一些新的部门和岗位，以便更好地实现电子政务的政策目标。当公众将办理业务所需的证明材料或其他文件一次性地传递给一个政府业务处理入口时，政府机构的内部业务处理可以并行式办公，系统自动协调以提高工作效率，这是实施电子政务所希望获得的效果。一站式服务只是电子政务并行式办公的一部分，更为重要的则是后台系统的协调统一工作。只有这样，电子政务才能真正做到简洁、高效、便捷，让公众真正获得政府服务的便利。电子政务的实现不仅是将现有的政府业务流程进行计算机模拟，更重要的是要对现有的政府业务流程进行改造。只有完成改造才能真正实现电子政务的成熟。

随着越来越多的政府服务转移至网上实现，电子政务对后台协调一致的业务流程要求与政府目前"条块分割"的组织结构和"金字塔型"的管理模式之间的矛盾将会越来越突出。加快政府职能转变，优化政府业务流程，是解决这一矛盾的唯一途径。这就要求政府要调整组织结构，更重要的是要实施政策，推动政府职能转变，以便为电子政务服务模式提供更完善的支持。另外，政府还应该运用最新的技术改善政府管理模式，提升行政效率，让政府服务更符合网络环境的需求。

4.2.3　电子政务与政府业务流程再造的关系

随着电子政务的广泛应用和推广，政府职能也正从过去的"管制型政府"向"服务型政府"转变，这一政府变革的首要环节是改变政府内部业务流程和治理结构，促进政府管理现代化、民主化、高效化。

一方面，电子政务是政府业务流程再造的实现形式和载体。电子政务建设不仅是一个技术发展的过程，更是一个政府业务流程再造的过程[6]。它以服务为核心，聚焦公众需求，以政府职能转变为导向，不断加快政府改革，实现政务服务更加便捷、高效、智能化的目标。电子政务的核心任务是加强政府组织体制改革，提升公共服务质量，提高政府服务效率，使政府服务更加便捷、高效、智能化，进而实现政府业务流程再造，为社会发展创造更加广阔的空间。电子政务的应用使得政府业务流程得以在信息网络平台上建立，极大地提升了政务流程的效率和有效性。同时，它还通过不断优化重组公共服务流程，推动政府有效服务于公众，促进了政务流程的再造，从而使政府服务水平得到了实质性的改善。

另一方面，政府业务流程再造既是政府电子政务解决方案的前提条件，也是实现电子政务解决方案的关键环节。政府业务流程的再造旨在更好地改进政府管理，提高公共服务质量，实现政府管理效率的提升。它可以有效地改变政府的操作模式，改善政府的服务能力和提升政府的服务效率。它既是实施电子政务的基础和前提，也是政府管理模式改革的关键。经过有效的再造和优化重组，电子政务可以有效地建立一个新的政府管理模式，实现政府职能转变、机构改革、政府治理观念改变等。

总之，电子政务建设与政府业务流程再造之间有着密不可分的关系，具体可从以下四个方面来说明。

（1）电子政务是政府业务流程再造的有利途径。电子政务是政府业务流程再造的重要内容和工具，它可以帮助政府实现现代化管理、民主化评价、公开透明以及高效运转。信息技术的进步强化了电子政务的作用，它不仅可以提升政府的应变能力，还能够改善沟通效率和效果，提高决策的质量和效率，节省行政成本，有助于建立服务型政府。此外，电子政务依靠信息技术重新定义政府业务流程，使传统、烦琐、低效率的政府服务流程得到简化、规范，从而提高政府服务质量，缩短政府服务时间，提升政府服务效率，有利于政府为公众提供更完善、更全面的服务。

（2）电子政务为政府业务流程再造提供技术保障。在电子政务环境下，政府的工作以人机融合为主，用信息技术代替了人力，构建标准、科学、合理的工作流程。这种电子政务的发展使得政府工作的信息流发生了巨大的变化，它将传统的阶梯型信息传递模式转变为政务流程型，这样一来，政府内部的信息不仅可以水平传播，而且可以实现跨部门间的信息传递。政府对机构设置进行重新组合，旨在更好地服务公众，使公众可以不用跑到政府办公室也可以获得政府的相关信息及服务。政府的内部资源得到整合，建立一个无缝的政府，使公众可以轻松地从网上获取全面的政府信息和服务，而不需要知道有哪些机构和部门，以及它们提供何种服务[7]。政府重新组织机构后，政府提供的服务更加完备、全面、灵活、便捷及无缝连接，从而更好地为公众提供服务。

（3）政府业务流程再造为电子政务提供理论依据和基础。政务流程再造是实施电子政务的关键，是实现政府改革、提高效率、节省行政成本、改善政府透明度的重要手段。它有助于政府实施以客户为中心的服务，改变以"中央集权"为主的管理方式，转变为精简、高效的并联式管理方式，形成以"企业家精神"为特色的服务型政府。为实现电子政府，必须深入改革政府的业务流程，比如改进行政审批流程，提高各级政务行政效率，简化行政程序；改善行政审批服务，规范行政审批服务流程，提高行政服务效率；建立互联网政务服务平台，推动政府各项行政服务实现电子化，实现政府的再造进程。在电子政务的建设和实施中，必须从根本上解决行政业务不规范、业务流程设计与实际流程不一致的问题，以有效、合理地再造政府业务流程为前提，重新设计政府职能，重新组织政府结构，并以此为基础构建电子政务。电子政务的建设需要依据客观规律，改变政府原有的设计思路，以科学的方式实施，从而确保电子政务可以有效地提高政府管理水平、提升公众服务满意度。只有重新设计出客观、科学的政府业务流程，才能保证电子政务的正确发展，实现政府管理的智能化和便捷化，提升政府公共服务能力，实现政府的现代化管理。

（4）政府业务流程再造是电子政务的有力支撑。电子政务流程是一个结构化的服务活动，它不仅是一系列活动的链条，还是一种政府为公众提供服务或产品的过程，具有起点、终点和目标。电子政务是基于现代信息技术和网络技术而提供的服务，它具有政府信息发布、政府业务受理、政府业务咨询等功能。然而，电子政务发展的初级阶段仅仅限于信息发布、表格下载等，未实现对业务的在线受理。在此阶段，电子政务的窗口服务功能也还没有完全得到政府业务流程的支持。电子政务系统应包括政府网站、政府内部业务信息系统以及专业数据库和信息资源库三个方面，这三个方面必须实现数据交换和业务互动。为此，必须建立一套标准、科学、合理的政府业务流程，以支持电子政务系统的完整运行。同时，为了提高电子政务的服务水平，满足公众的需求，还需要加强技术支持，提高电子政务的可用性和实用性，进一步完善政府业务流程，使政府的服务效率得到大幅度提升。

4.2.4 政府业务流程再造的两大转变

政府业务流程再造是当代中国政府服务改革的重要内容，其中包含两大转变。一方面，政府在组织运作模式上发生了转变；另一方面，实现了由对上级负责向对服务对象负责的转变。政府业务流程再造的两大转变旨在推动政府职能转变、提升政务服务水平，为建设现代化、智慧化的社会提供坚实的基础。

（1）实现组织运作模式的转变。公共组织业务流程再造的任务之一，即从任务职能型组织运作模式向工作流程型组织运作模式进行转变。针对行政业务流程，应重新排列管理职责和管理过程，突破组织壁垒，建立"无缝隙"式的一体化工作流程模式。以此为基础，可以将分散于各部门的职务和职责进行重新组合，取消一些不必要的管理环节，合并多余的部门及重叠的流程，从而达到行政业务流程整合、功能优化和增值的效果。此外，也可以对现有的行政业务流程进行科学设计，建立适应现代管理发展潮流的流程体系，实现行政业务流程的有效管理，提高业务流程的效力及效率。通过以上措施，可以实现任务职能型组织运作模式向工作流程型组织运作模式的有效转变，有助于公共组织的持续发展。

（2）实现由对上级负责向对服务对象负责的转变。顾客导向的政府服务是公共组织业务流程再造的重要要素，它旨在以快捷有效的方式最终解决问题，而非依赖局部任务的完成以及局部解决的结果对上级负责。因此，在公共组织业务流程再造的过程中，一方面要对一线行政人员进行充分授权，让他们有能力独立解决问题；另一方面要增强行政人员的使命感和自我控制意识，让他们具有责任心。此外，为了更好地服务于公众，政府还应积极推行政务公开，扩大公众参与，以增强公共组织对社会需求的感知和回应能力。因此，公共组织业务流程再造不仅会有效提高社会的运行效率，也会建立起一种新的服务模式，使政府服务更加接近公众，更具有可持续性。

4.2.5　政府业务流程再造的实施路径

信息技术应用对政府业务流程再造有重大意义，它能够促进公共管理的变革和创新。美国组织理论家 Barley 认为，信息技术可以激发社会永久性的变化，而这种变化又会修正或维持组织的形态[8]。现在，实现技术应用与政府业务流程再造的一体化已成为国际电子政务的普遍发展趋势。在我国，消除政府部门之间、各业务应用系统之间的鸿沟，形成跨部门、跨业务应用系统的网络化协同办公，实现资源共享和"一站式"服务，是社会发展的要求。因此，信息技术的应用和结果认同是政府业务流程再造的重要方法论，也是实现这一愿景的重要途径。

政府业务流程再造的另一个重要组成部分是政府公共管理的现代化。现代化的公共管理，需要政府部门采取更加科学的管理方法，推进流程自动化，增强政府部门的管理能力，提高政府部门的工作效率，改进政府服务质量，更好地满足社会的发展需求。因此，信息技术应用不仅仅是政府业务流程再造的重要方法论，更是政府公共管理的现代化的必要条件。信息技术应用在我国的政府电子政务中受到了越来越多的重视，也是政府电子政务取得成功的重要前提。

（1）以服务公众为导向，将供应推动模式转变为需求拉动模式。政府应从服务公众的角度出发，利用电子政务的技术和平台，围绕如何提高公共服务质量来组织流程，变供应推动模式为需求拉动模式。政府提供的推动模式服务，是基于它们对公众需求的主观预测而制定的，由于服务流和信息流是单向的，这种集中计划性的服务模式无法完全反映出公众真实的、个性化的需求。需求拉动模式更加注重以需求为导向，把客户的需求放在首位，从而更好地实现政府的公共服务精神，提供更加个性化的服务。具体而言，政府要求每个服务流程必须有一个明确的客户，并且每个流程只能在其客户发出需求信号时才提供所需服务，这样既可以提升服务效率，又可以满足客户个性化的需求。变供应推动模式为需求拉动模式，是政府朝着更高效、更具创新力的服务模式迈出的有效步伐。这一改变可以让政府更加贴近公众，更好地满足公众的个性化需求。变供应推动模式为需求拉动模式不仅改变了政府服务的提供模式，更改变了政府的职能定位，通过引入大数据、人工智能等新技术实现了政府的职能分担和服务升级，让政府服务更加便捷高效。变供应推动模式为需求拉动模式激发了政府改革的动力，倡导了公共服务精神，为政府业务流程再造提供了可行之路。

（2）以节约成本和提高效能为原则，系统清理和整合政府业务流程。政府业务流程应当既要兼顾政府的职能定位，又要兼顾公众的需求，运用信息技术有效固化程序性业务流程，而对那些非程序性业务则要求政府对流程进行再造，以适应信息技术的应用[9]。政府业务流程清理是改善政府行政管理水平的一种重要手段，它包括清除原有流程中非增值的环节，并对剩余流程进行简化和整合，以此提升政府的管理和服务水平。清理旨在消除不必要的等待、文件和信息传递、重复活动、反复审核等，以节约政府成本，提高政府效能。整合则是将性质相近的多个流程合并为一个流程，避免业务重叠和政出多门，使整个流程更加清晰顺畅。

（3）以业务流程为中心，增强政府业务流程的柔性化和并行化。以业务流程为中心，实际上就是利用信息技术改变传统以职能为核心的部门化、层级化、分散化的工作方式，使得多个部门和个人融入整体流程中。这样，可以使其工作更有效率，更负责任地满足公众的需求，也可以减少各部门之间的沟通和协调成本，极大地提升效率和改善服务质量。为增强政府业务流程的柔性和并行化，首先，需要使流程具有柔性，即同一个流程应当有多种变化形式。流程柔性化对提高流程效率至关重要。政府业务流程的柔性化可以有效减少流程复杂性，简化流程，提高处理速度。比如，在审批项目时，重大资金项目、一般资金项目和小项目的流程可以有不同的变形。流程柔性化可以使每种变形只处理相应的事项，从而形成一个完整的服务响应链，简单明了，处理速度也大大提高。此外，使用流程柔性化可以提高流程的灵活性和可拓展性，以应对不断变化的环境，提高政府的整体运营效率。其次，政府业务流程的管理也应得到重视，需要更加灵活和精细化。传统流程中存在许多人为的、硬性的直线顺序，更多的是串行方式，而实际上这些方式并非总是必要的，这就需要增强政府业务流程的并行化程度，使其变得更加灵活和精细化。比如，不同步骤可以同时进行，第一步的工作结果对第二、第三个步骤可能并无作用，而合并起来可能对第四、第五步有效，这样便缩短了审批时间，大大提高了政府服务的效率。另外，政府还可以采用技术手段实现业务流程的并行化，比如映射出现有流程，让系统更好地支持流程并行化，实现快速化、规范化和智能化。

（4）制定和完善政务规范，合理选择流程再造项目。政务规范的制定和完善对政府业务流程再造至关重要，制定并完善政务规范可以极大提高政府的管理效率和服务水平。在政府业务流程再造过程中，首先要根据不同政府部门的业务特点、业务需求，制定适合各部门的政务规范，以保证政府业务流程的有效运行。其次，要合理分配和划分各部门的职责，并对各类业务及其流程进行梳理和整合，以提升政府服务效率。此外，还要建立以业务办理事项或服务事项为中心的公共资源数据库和流程库，以及集成整合所有政府部门的业务应用系统，构建统一的政府部门管理与服务平台，以改善政府部门之间的协作和信息共享。政府业务流程再造的重要性不言而喻，只有经过系统的改革，才能有效地提升政府的管理效率和服务水平。

有效政府业务流程再造本质上是对政府管理过程的改革。在选择政府业务流程再造项目时，要善于运用帕累托定律（又名 80/20 原则）。为实现有效的政府业务流程再造，政府首先要关注那些关键流程。有些流程占据 20% 的政府业务流程，但是它们对政府整体的绩效发挥着 80% 的决定性作用。这些关键流程可以获得阶段性收益，或者对实现政府长远目标有重要影响。此外，政府需要充分利用信息技术建立以业务办理事项或服务事项为中心的公共资源数据库和流程库，以实现管理过程各个环节事务的计算机自动化处理和政府内部事务的网络化协同办公，推动政府业务流程的再造。另外，政府还应该充分利用信息技术实施综合的政务信息化，改善政府内部的行政管理，实现精细化管理，提高政府管理效率，为政府管理过程的再造提供更加智能化的基础服务。

（5）建设政府业务流程网关，打造"一站式"服务系统。政府业务流程网关（Governmental Process Gateway，GPG）的构建一方面可以采取对接功能的技术，把新系统与原有的"信息孤岛"连接起来，建立信息进出"信息孤岛"的渠道。另一方面，可以按照政府业务流程来整合信息，以政府业务流程为主线，逐步实施政府业务和职能的信息化，将实际应用和系统功能有机地结合起来，使各个职能部门既能够发挥自身作用，又可以在需要时进行协调工作，有效地处理突发事件。同时，GPG 还可以为政府提供一站式服务，以便及时解决政府部门和居民的服务需求。除了以上两点以外，GPG 还应该考虑其他因素，如信息安全、系统的稳定性、管理的便捷性等，以保证系统高效地运行。

"一站式"服务系统是国家电子政务应用系统的核心内容，其本质是服务的集成与整合。该服务系统采用浏览器连接服务器模式，可提供统一风格且个性化的用户界面，用户可以轻松地通过浏览器获得"一站式"服务，并且可以根据自身需求进行灵活定制，而不需要 IT 人员介入。社会公众只需登录一个统一标准的网站，就可完成所请求的具体政府业务内容。为了保证涉密政务网络的安全可靠，该系统将政务网络分为涉密的政务专网（内网）和公众业务服务网（外网）。政府部门工作人员通过政务专网对相应的应用系统进行访问，而企业以及社会公众则从外网进行访问。这样，"一站式"服务系统既可以满足政府涉密政务的安全性要求，又能使社会公众方便地通过多种接入手段享受政府提供的"一站式"服务。

4.2.6 政府业务流程再造存在的问题

当前政府业务流程在再造过程中还存在着一些问题，概括来说，主要有以下几点：

（1）政府部门工作人员对政府流程再造的性质和地位认识不足。各级行政机关和机关工作人员没有充分理解政府流程再造，未能充分认识到流程再造的性质和它对指导现实工作的重要作用。现实工作中已经开展的流程再造工作很多不是以流程再造理论为指导，而是仅仅只从电子化的角度出发，缺乏对流程再造的理论认知，使得流程再造的效果不够理想。

（2）没有排除传统权力运行机制障碍。政府流程再造要求对传统政府的行政理念、组织结构、行为方式等进行全面改革，以替换传统的权力运行模式，改善政府权力的行使方式，使之更加有效率、便捷、公正、透明。国家大力推行权力运行改革，但是目前开展的工作仅局限于表面改进，很少涉及权力运行体制机制层面。传统的"官本位"思想仍然存在，成为建设服务型政府的一大障碍。因此，必须改革权力运行体制机制，突破传统的权力制度，构建起服务型政府。

（3）信息化水平较低。在信息化发展的背景下，推行电子政务是政府业务流程再造的基础。但由于资金、设备等客观因素以及各级领导和工作人员计算机熟练程度等主观因素的制约，电子政务尚未得到充分推广，这在一定程度上影响了政府业务流程再造的实施。此外，尽管目前已经有很多的政府信息化工作得到开展，但这些工作仍然只是将现存的程序移植到网上，而没有真正充分地利用信息化的手段对行政职能、运行机制、执行程序等进行全面改革与再造，这严重阻碍了政府流程再造的开展与实施。

4.3 电子政务与国家治理能力现代化

电子政务作为依托于信息技术的新型管理模式，对国家治理体系和治理能力现代化具有重要的推动作用。电子政务对国家治理能力现代化的促进作用具体表现为以下几个方面。

4.3.1 提升政府治理能力

电子政务将传统政府行政管理与现代信息技术相结合，通过数字化、网络化和智能化的手段，实现政府机构的高效运作和公共服务的便捷提供。随着信息技术的迅猛发展，电子政务在提升政府治理能力方面发挥着重要作用。

（1）电子政务可以提高政府的信息化水平和决策水平。电子政务可以利用各种便利的信息技术，实现政府数据的集成和统一管理，提高政府的信息化水平，实现跨部门、跨地区的信息共享，加快政府决策的执行，大大减少政府决策的时间成本。

（2）电子政务可以提高政府服务效率和水平。实行电子政务以后，政府的行政组织结构中间管理层将缩减甚至取消，从而大大简化行政运作的环节和程序。通过网络，公众可以用交互的方式直接将要求、意见和建议反映到有关职能部门，并与职能部门一起共同落实和解决。电子政务的实施把各种证明或文件电子化，建立统一的信息资源库，各部门之间能够实、现信息共享，从而节省大量的时间和精力，提高办事效率和政府服务的质量，使公众能够得到更优质的服务。

（3）电子政务可以提高政府的公信力。电子政务可以实现政府服务的透明化，让公众能够通过电子政务渠道及时地了解政府的服务情况，增强公众对政府的信任，提高政府的公信力。

4.3.2　推进国家治理方式升级

电子政务实现了政府的信息化、数字化转型，能进一步提升政府效能，加强公共服务。为构建现代化、智慧化的治理体系提供的重要支持，对推进国家治理方式升级、提升国家治理能力具有重要的作用。

（1）互联网的开放性为公众参与政府治理提供了一个新的渠道，强化了公众的参与。公众可以通过微信、微博等网络平台更加便捷地参与政府治理，这不仅提高了公众对政府行为的反馈，而且也增强了公众参与政府治理的实质性，推动了政府治理的多元化，同时也有助于提高公众的政治参与意识和能力，使政府治理更加高效、公正，进而为我国社会提供更加全面的服务。

（2）基础数据库建设使国家治理更加客观有效。政府开展电子政务以大数据技术为基础，建设起基础数据库，实现政务信息的可视化、可查询、可分析，以及公众信息的收集、分析与应用，使国家治理更加客观、有效。政府实施基础数据库建设，利用大数据技术使政府核心业务数据库和基础信息数据库不断完善，政府和公众的决策行为更加科学、精准，政府便可以更有效地实现治理，提升国家的综合竞争力。

（3）电子政务平台使国家治理流程更加透明、科学。通过电子政务平台，政府的管理流程更加透明化和科学化，从而将传统的人格化管理转变为系统化的程序管理，政府的工作得到公众和媒体的多角度监督，有效防范"暗箱"操作和腐败行为的发生。

4.3.3　加快政府职能转变

电子政务通过数字化、智能化的手段实现了政府与公众、企业的互动，提升了政务服务的效率和质量，加快了政府职能的转变。这种转变促进了政府职能由行政管理向公共服务的转型，推动了现代化治理体系的建设，主要体现在以下几个方面：

（1）电子政务进一步加快了服务型政府建设。电子政务的发展促进了简政放权的进程，加快了政府从"管理型"向"服务型"转变的步伐，推动了服务型政府建设的进程。

（2）电子政务使政府服务更加丰富多样。随着信息技术的发展，电子政务为公众提供了一系列丰富多样的服务，它以统一的信息资源为基础，利用网络、多媒体等信息技术实现了多领域、多元化的政府服务。

（3）电子政务为公众提供更加专业和精准的政府服务。电子政务可以实现政府服务个性化定制，提高用户满意度，这需要基于用户偏好和智能化的数据分析，并且利用大数据技术深化政府和公众之间的互动，从而为公众提供更加专业、精准的政府服务。

4.3.4　促进国家治理结构转型

电子政务促进了国家治理结构的转型，强化了党的领导，加强了治理结构的扁平化和高效化，使得跨部门网络化联动在业务系统创新驱动下得到进一步加强。

（1）在强化党的领导的基础上有效推进治理结构转型。现代化的国家治理体系是以中国共产党统筹领导下的多方主体共同发挥作用的制度体系。电子政务通过问政平台和网络监督增强党的执政公信力和执行力，有助于进一步强化党的领导基础。同时，电子政务推动政府不断简政放权，有利于加快形成党领导下的多元主体协同发挥作用的新型治理结构。

（2）通过网络渠道促进治理结构扁平化和高效化。网络问政不仅提升了高层决策者、行政执行者和公众之间的直接沟通，同时也降低了行政程序的复杂程度，促使管理结构重新被组织，从而形成更为扁平化和高效化的治理结构。

（3）跨部门网络化联动在业务系统创新驱动下得到加强。随着电子政务环境的不断发展，跨部门联动平台的建立变得更加可行，进而可以有效地建立一种持续运营的工作机制。全国各地已经建立了行政审批大厅和网络审批平台，提供一站式的多部门审批服务和远程、网络审批，为公众提供更便捷的服务。

4.3.5　提升公务员素质

通过数字化工具和信息技术的应用，公务员能够更高效地处理事务、获取信息和与公众互动。这种转变推动了公务员队伍的现代化，提升了他们的能力与素质，为其更好地履行职责和服务社会做出了重要贡献。

（1）提高公务员的执行效率。电子政务的应用可以让公务员更好地利用有限的精力和时间，消除烦琐的文书办理环节，实现快速、有效的政务处理，从而大大提高公务员的工作效率。

（2）提高公务员的专业水平。电子政务可以更快捷地提供最新的政府信息，让公务员更有条理地学习和掌握政务知识，增强公务员的专业技能，进而提高公务员的业务能力和服务质量，更好地满足人民的需求。

（3）提高公务员的素质。公务员在电子政务中要具备较强的分析能力、处理能力和实践能力，以更好地利用信息技术来支持政府现代化办公和政务协作，实现政务信息资源的统筹、整合、优化，从而提升公务员的工作素质，使其更好地服务社会。公务员除了要有较强的专业能力外，还要具备良好的信息技术应用能力，在政务协作和办公过程中，公务员要结合信息技术，充分发挥自身的能力，实现政务效率的最大化。

（4）提高公务员的沟通能力。电子政务的使用已经彻底改变了传统的政务沟通方式，这就要求公务员必须具备较强的沟通能力，以更好地与其他部门、社会机构及公众进行交流沟通，从而提升服务水平。只有充分利用电子政务的优势，才能实现有效的政务沟通，为社会政治发展贡献力量。

4.4　电子政务与政务公开

随着信息技术的飞速发展，电子政务已成为现代政府转型的重要方向。电子政务不仅是政府信息化的体现，更是一种开放、透明、高效的行政管理方式。在这一背景下，政务公开成为推动政府与公众互动和建立信任的关键环节。通过电子政务平台和在线渠道，政府可以将更多的信息和服务提供给公众，使其更加便捷地了解政府工作和参与决策过程。同时，公众也可通过网络平台实时监督和反馈，促进政府的透明度和责任意识。与此同时，政务公开作为现代政府治理的核心要素正在经历着深刻的变革与升级，其在构建现代化治理体系中发挥着重要的作用。

4.4.1　政务公开的概念与内涵

政务公开主要指行政机关在行政活动中将"办事制度、程序、承办人以及办事结果"等内容公开[10]。也有的观点认为，政务公开就是让权力在阳光下运行，用制度管人，用制度管事，使国家机关信息公开，行政权力公开透明运行[11]。此外，还有的学者认为政务公开是指国家权力的议决和执行机关就与国家权力的运作相关的情况，依法向利益相关人予以告知并接受监督的行为[12]。

4.4.2　政务公开的发展背景

随着我国政务公开政策的制定和推动，政府不断加强对信息的公开、透明度的提升，为公众提供更多参与和监督的机会。同时，人民群众对政务公开的需求也不断上升，期望通过政务公开了解政府决策、行政管理的合法性和效果。

1. 国家政务公开的政策、法规演变

我国的政务公开工作启动较迟，仅有三十余年的时间。1987年，党的十三大提出发扬"从群众中来，到群众中去"的优良传统，提高领导机关活动的开放程度。1988年，我国开始在河北藁城推行"两公开一监督"制度，将程序和结果进行公开，并由公众监督。2007年，《中华人民共和国政府信息公开条例》经国务院审议通过，这标志着我国国家层面政务公开的法律体系初步建立。党的十八大以来，党中央、国务院对新时期的政务公开工作高度重视，并采取了一系列措施进一步推进全国各级政府的政务公开工作。2016年2月，《关于全面推进政务公开工作的意见》由中央两办印发，随后国务院对政务公开工作作出了具体部署，明确了政务公开的定义和制度。2019年4月，《中华人民共和国政府信息公开条例》经修订后发布，明确了政务公开"以公开为常态、不公开为例外"的原则。

2. 政府政务公开的机制

根据修订后的《中华人民共和国政府信息公开条例》，全国的政务信息公开工作由国务院办公厅统一管理。县级以上地方人民政府办公厅（室）是其行政区域具体开展工作的管理部门。实行垂直领导的部门的办公厅（室）负责其系统的相关信息公开工作。基层政府各部门在实际操作过程中，具体的政务公开工作由部门办公室或综合规划科负责。

3. 人民群众对政务公开的需求

随着经济社会的发展，人民群众对政务公开的需求日趋增长，政务公开的质量已经成为一个需要各级政府不断加以推动和提升的动态概念。为了满足人民群众高质量的政务公开需求，各级政府必须树立以人民为中心的政务公开工作理念，进一步贯彻"放管服"改革要求，加快基于大数据、云计算、人工智能等电子信息技术的应用，以"互联网+政务服务"为切入点和突破口，不断实现政务公开信息资源政治效益、社会效益和经济效益的最大化。

4.4.3 政务公开的发展历程

我国的政务公开萌芽于20世纪80年代的村务公开。1991年，中共中央和国务院在有关农村和农村工作的决定中规定了村务公开制度。在总结村务公开经验的基础上，中共中央、国务院决定在全国推行政务公开。根据我国政务公开发展的历史特点，可以将其划分为5个阶段：

（1）初步探索阶段：1988年3月，党的十三届二中全会从预防腐败入手，把政务公开作为强化权力监督、加强党风廉政建设的一项重要措施，提出各级党政机关在廉政建

设中尽可能地公开办事制度，以便得到群众的监督。这一阶段的特点是政务公开与反腐倡廉紧密结合，通过政务公开强化对公共权力的监督，防止政府官员滥用职权。

（2）开展试点阶段：1997 年 9 月，党的十五大从健全基层民主、加强民主监督的高度，深化了对政务公开的认识，把政务公开作为发展基层民主的一项重要工作来抓，提出"实行政务和财务公开，让群众参与讨论和决定基层公共事务和公益事业，对干部实行民主监督"。这一阶段所对应的特点是政务公开与基层民主相结合。通过在乡镇、县（市）政府推行政务公开试点，强化基层民主建设。

（3）逐步推广阶段：2002 年 11 月，党的十六大把政务公开作为社会主义民主法制建设的一项基础性工作，提出"认真推行政务公开，加强组织监督和民主监督""完善公开办事制度，保证人民群众依法直接行使民主权利"。这一阶段的特点是政务公开与社会主义民主法制建设相结合，并由乡镇和县级政府逐步向县（市）级政府和省部级行政机关推广。

（4）全面推行阶段：2006 年 10 月，党的十六届六中全会把政务公开作为促进和谐社会建设的重要制度保证，提出"深化政务公开，依法保障公民的知情权、参与权、表达权、监督权"。2007 年 4 月，国务院发布《中华人民共和国政府信息公开条例》，自 2008年 5 月 1 日起施行，这标志着我国政务公开进入法制化轨道。2010 年初，国务院办公厅下发《关于做好政府信息依申请公开工作的意见》。这一阶段的特点主要是全国各地区、各领域全面推行政务公开工作，政务公开逐步走向规范化和法制化。

（5）拓展深化阶段：2010 年 11 月，国务院印发《关于加强法治政府建设的意见》（国办〔2010〕33 号），提出"加大主动公开力度，重点推进财政预算、公共资源配置、重大建设项目批准和实施、社会公益事业建设等领域的政府信息公开"的要求。2011 年，中共中央办公厅、国务院办公厅联合下发《关于深化政务公开加强政务服务的意见》（中办发〔2011〕22 号），提出"主动、及时、准确公开财政预算决算、重大建设项目批准和实施、社会公益事业建设等领域的政府信息"。2012 年 5 月，国务院召开全国政府信息公开工作电视电话会议，对"三公"经费公开提出硬性要求，还要求重点推进保障性住房信息、食品安全信息、环境保护信息、招投标信息、生产安全事故信息、征地拆迁信息、价格和收费信息等领域信息公开工作。这一阶段的特点是重点领域政府信息公开提上议事日程，政务公开涉及的领域不断拓展，公开难度不断加大，这表明了国家对政务公开的信心和决心。党的十八大以来，党中央、国务院高度重视并继续推进政务公开工作。党的十八届三中全会提出，"完善党务、政务和各领域办事公开制度，推进决策公开、管理公开、服务公开、结果公开"。2016 年，中共中央办公厅、国务院办公厅公布了《关于全面推进政务公开工作的意见》，提出"公开透明是法治政府的基本特征。全面推进政务公开，让权力在阳光下运行，对于发展社会主义民主政治，提升国家治理能力，增强政府公信力执行力，保障人民群众知情权、参与权、表达权、监督权具有重要意义"。这是自中国实行改革开放，推行政务公开政策，启动信息公开法治建设以来，对政务公开性质、意义及其法理基础的一次精确阐述，反映了国家党政领导机关对政务公开和政府信息公开制度建设认识的深化与理念的提升。

经过多年发展，我国政务公开初步形成了行政权力公开透明运行、政府信息公开、公共企事业单位办事公开的工作格局，有力促进了政府职能的转变和经济社会的发展。

4.4.4 信息化背景下政务公开的变化

信息化是时代发展的大趋势，当前世界正在经历这场时代革命性变化，围绕着信息及信息技术，社会生活的各个领域都发生了巨大转变。在信息化时代，最重要的资源就是信息，人类的基本活动基本上都围绕着信息展开，海量的、丰富多样的信息已成为社会经济发展的决定因素。政府掌握了社会中绝大部分权威信息和重点领域信息，形成了纷繁复杂的政务信息，这些政务信息直接影响着广大人民群众生活的方方面面。随着服务型政府改革以及国家治理现代化进程的开启，中国政府大力推进政务公开工作，以满足人民群众日益增长的信息资源获取诉求。政务公开工作也被列为建设服务型政府、法治型政府的重要考量之一，更是构建社会主义和谐社会的一项基础性工作。信息化技术的快速发展对政务公开产生了深远的影响，给社会带来了许多变化，主要包括以下几个方面：

（1）数字化转型：中国政务公开从传统的纸质文件和办公方式逐渐转向数字化和在线化。政府部门建立了电子政务平台和网站，提供各种政务信息和服务。这使得公众可以更加方便地获取政府信息，如政策文件、行政决策、预算报告等，提高了政务公开的透明度和可及性。

（2）开放数据：随着信息化的推进，政府开始积极开放数据。政府部门将大量的统计数据、地理信息、经济指标等公开发布，以便公众、研究机构和企业利用这些数据进行分析和研究。这种开放数据的趋势促进了信息的共享和交流，为公众参与政策制定和社会监督提供了更多的机会。

（3）互动与参与：信息化时代，中国政府与公众之间的互动和参与得到了促进。政府通过社交媒体平台、在线问答等多种方式和媒介与公众进行交流，听取公众意见和建议，增加公众对政府工作的参与感。同时，政府还开展在线调查、网上公示等形式的民意征集，扩大公众参与政策制定的渠道。

（4）信息安全和隐私保护：随着信息化程度的提高，政府需要更加重视信息安全和隐私保护。政府采取了一系列措施，加强信息系统的安全性，保护公民的个人信息不被泄露和滥用。同时，相关法律、法规也得到了完善，明确了政府和企事业单位在信息收集、处理和使用方面的义务和责任。

（5）透明度和监督：信息化技术的应用提升了政务公开的透明度，也增加了公众对政府的监督力度。公众可以通过在线平台查询政府的工作进展、经费使用等情况，监督政府行为的合法性。此外，舆情监测和网络举报等技术手段也使得政府更加容易发现并及时回应公众的关切问题。

信息化技术的快速发展，深刻地改变了中国政务公开的形态和内容。随着政府逐步转向数字化和在线化，公众可以更加方便地获取政府信息和服务，政府与公众之间的互动和参与也得到了促进。同时，政府的信息安全和隐私保护得到重视，透明度和监督机制得到加强。这些变化不仅提高了政务公开的透明度和可及性，也促进了政府与公众之间的相互信任。

4.5　电子政务与政务服务

电子政务作为现代政府管理的重要手段，正在深刻地改变政务服务的方式和效能。随着信息技术的迅猛发展，政府部门越来越多地采用电子化和网络化的方式提供服务，从而实现了政务服务的便捷性、高效性和透明度。电子政务不仅仅是政府信息化的体现，更是提升政务服务质量、提供公众参与和监督机制的关键途径。

4.5.1　政务服务的概念与内涵

对政务服务的定义和内涵，目前国内尚没有统一认识。从行为角度看，政务服务是指各级政府及其所属部门，为公民、法人和其他组织依法办理行政许可、非行政许可审批和公共服务等行政管理事项的行为[12]。从过程角度看，政务服务是指在公民本位理念的指导下，以高效优质的公共产品和公共服务为目标，通过合理规范地协调运转，不断强化政府服务职能、实现公共利益的过程[13]。概括而言，政务服务是指各级政府及其所属部门或法律、法规授权的具有管理公共事务职能的组织，依公民、法人或者其他组织的申请，实施行政许可、行政确认等具有依申请实施特征的行政权力和公共服务事项的行为。

从理念上看，政务服务要求各级政府和官员必须树立"民本位、社会本位、权利本位"的思想，即人民是国家的主人，政府的权力来自人民，政府为人民服务是天职，人民利益至上，政府必须全心全意为人民服务，实现公共利益最大化。从政府职能范围看，政务服务要求政府职能是有限的，主要做市场和个人不能做、不愿做或做不好的事情，即主要提供维护性的公共服务和社会性的公共服务。维护性的公共服务主要包括维护市场经济秩序、保护财产权利和公民权利、保卫国家安全和社会安全，这是服务型政府的基石；社会性的公共服务主要指完善社会福利体系和健全社会保障制度，包括教育、医疗、卫生、环境保护、公共事业和社会保障等，社会性公共服务是服务型政府的主要体现。从政府运行机制看，政府只能在法律和人民授权的范围内行事和提供服务，要么有法律的明文规定，要么经过了一定的民主法定程序。从服务方式和手段看，政务服务要求各级政府及其部门必须使用先进的管理手段和方法，尽可能避免给公众带来不必要的麻烦，方便、快捷、高效、优质地为民服务，增强公众的亲切感和满意度。从政府行为后果看，政务服务因其自身的民主特性，要求政府工作人员必须为自己的行为和所提供的服务负责，对其失职行为，公民有权提出质询和责任追究。

4.5.2 政务服务的发展背景

提供公共服务是政府的基本职能。在大数据环境下，互联网对改变政府治理模式和服务方式产生了深远影响，创新政务服务模式、提升政府服务质量已成大势所趋。因此，国家颁布了一系列有关的政策文件。2014 年年初，国家发展与改革委员会等 12 个部门组织实施了信息惠民工程，强调以解决民生服务领域突出难题为核心，构建方便快捷、公平普惠、优质高效的政务服务信息体系，全面提升各级政府的政务服务水平。2016 年3 月，国家"十三五"规划纲要提出实施网络强国和国家大数据战略，推广"互联网+政务服务"，全面推进政务公开。同年，《政府工作报告》提出，要大力推行"互联网+政务服务"，实现部门间数据共享，让居民和企业少跑腿、好办事、不添堵。在现实生活中，基层群众办事、办证往往重复提交办事材料、往返跑腿，存在诸多不便。2016 年 4月，《推进"互联网+政务服务"开展信息惠民试点实施方案》提出，要解决群众"办证多、办事难"的问题，莫让群众办事"多头跑、重复跑、跨地跑"成为简政放权、放管结合、优化服务的绊脚石。

4.5.3 政务服务的发展历程

我国政务服务经历了多个阶段的演进和转变，从初期的基本公共服务到扩展的行政管理，再到优化的服务体验，目前更是体现出智慧化的发展趋势。我国政务服务始终以提高效率、满足公众需求为目标，通过引入信息技术、推行电子政务和智慧政务的理念，不断转型升级，为公民和企业提供更便捷、高效、智能的服务。我国政务服务的发展历程体现了政府与公众互动地演进和政府服务能力地不断提升，对促进社会进步、推动经济发展起着重要的作用。

（1）初级阶段（20 世纪 40 年代至 70 年代）：在这一阶段，我国政务服务主要以行政管理为主导，注重基本的公共服务，如户籍管理、教育和医疗等。由于当时社会主义建设和国家发展的需要，政务服务主要集中在满足基本生活需求和公共设施建设上。

（2）扩展阶段（20 世纪 80 年代至 90 年代）：随着改革开放的深入推进，我国政务服务逐渐向社会和市场需求扩展。政府开始关注经济发展和民生改善，提供更多的服务领域，如工商注册、税务登记、外贸审批等。政务服务窗口和行政机构逐步建立，为企业和个人提供行政审批和公共服务。

（3）优化阶段（21 世纪初至今）：进入 21 世纪，我国政务服务进入了优化阶段。政府以提高效率、优化服务为目标，通过简化行政程序、优化审批流程和推行"放管服"改革等举措，减少政府对市场和社会的干预，以公众需求为导向，为其提供更加高效、便捷的服务。政府部门逐渐建立了在线办事平台和电子政务系统,推动政务服务的数字化和网络化。

（4）智慧阶段（未来）：我国政务服务正朝着智慧化的方向发展。政府利用互联网、大数据、人工智能等新技术,推动政务服务的智能化和个性化。智慧政务服务将通过智能化的技术手段,提供个性化、智能化的服务,如智能办事指引、在线咨询机器人等。同时,政府部门也将加强数据整合和共享,提供更便捷、高效的跨部门服务。

综上所述,我国政府服务经历了从初级阶段到扩展阶段,再到优化阶段的发展过程。当前,政务服务正朝着智慧化的方向发展,通过数字化、智能化的手段提供更便捷、高效的服务,以满足不断增长的社会和公众需求。

4.5.4 信息化背景下政务服务的变化

随着信息化的发展,我国政务服务也在不断变化,从"在政府管理中使用计算机"到"最多跑一次",从政务上网到政务服务,电子政务的不断优化发展之路也是我国推进服务型政府的建设之路。

（1）电子化与在线化：信息化技术的应用使得政务服务逐渐电子化和在线化。政府部门建立了电子政务平台和网站,提供在线政务服务,如申请办理证件、查询行政信息、在线支付等。公众可以通过互联网和移动设备便捷地获取政府服务,提高服务的效率和便利性。

（2）一站式服务：政府推行"一网通办"和"一门式服务",整合了各个部门的服务事项,实现了一站式服务。公众只需通过一个平台或窗口即可办理多个事务,以避免烦琐的跑腿和信息重复提交,从而提高办事效率。

（3）数据共享和互联互通：信息化背景下,政府部门加强了数据的共享和互联互通。不同部门的数据可以相互调取和共享,以向公众提供综合和精准的政务服务。例如,公民申请某项服务时,相关数据可以自动获取,这便减少了信息重复填写的麻烦。

（4）智能化和人工智能应用：人工智能技术的发展为政务服务带来了智能化的改变。政府部门开始使用人工智能技术,如智能客服、智能推荐等,向公众提供个性化的服务和建议。公众可以通过语音识别、智能搜索等功能更加便捷地获取所需的政务信息。

（5）公众参与与反馈机制：信息化背景下,政府更加注重公众的参与和意见反馈。政府部门通过社交媒体、在线调查等方式征集公众意见,提供更多的参与渠道。同时,公众也可以通过在线平台提出建议和投诉,促进政府与公众之间的互动和沟通。

综上所述,在信息化背景下,中国政务服务发生了巨大的变化,从传统的线下服务转向电子化、在线化和智能化服务。这些变化提升了服务效率,方便了公众,同时也增强了公众参与和监督政府的能力。未来,随着科技的进一步发展,中国政务服务将继续朝着更加便利、高效和智能化的方向发展。

4.6　本　章　小　结

本章讨论了中国现代行政理念以及国内外行政体制改革情况，分析了电子政务环境下的政府业务流程再造的相关知识，包括归纳了政府业务流程再造的定义和特征、当前存在的问题、开展政府业务流程再造的必然性、电子政务与政府业务流程两者间的关系、政府业务流程的转变及其实施路径。基于对相关知识的阐述，进一步探讨了实施电子政务对提升国家治理能力现代化的促进作用，以及政务公开、政务服务两者的概念、发展背景、发展历程和信息化背景下两者所发生的变化。上述内容从多个方面详细地阐述了电子政务与政府改革的密切联系。

思考与练习题

（1）简述电子政务对国家治理能力现代化的促进作用。

（2）简述电子政务对政务公开的影响。

（3）简述电子政务对政务服务的影响。

参　考　文　献

[1] 李店标，刘楠. 略论现代行政理念 [J]. 工会论坛（山东省工会管理干部学院学报），2007（01）：132-133.

[2] 潘小娟. 中国政府改革七十年回顾与思考 [J]. 中国行政管理，2019（10）：25-32.

[3] K. R. 霍普，黄育馥. 发展中国家的政府腐败和行政改革 [J]. 国外社会科学，1988（09）：36-41.

[4] Leach R，Percy-Smith J. Local governance in Britain [M]. London: Bloomsbury Academic，2001.

[5] 董新宇，苏竣. 电子政务与政府流程再造——兼谈新公共管理 [J]. 公共管理学报，2004（04）：46-52，94.

[6] 赵晖，刘进源. 试论政府流程再造 [J]. 理论研究，2007，000（002）：61-63.

[7] 咸辉. 电子政务与政府业务流程再造 [J]. 西北师范大学学报（社会科学版），2008（06）：112-114.

[8] Barley S R. Technology as an Occasion for Structuring: Evidence from Observations of CT Scanners and the Social Order of Radiology Departments[J]. Administrative Science

Quarterly, 1986，31（01）：78-108.

［9］ 吴建南，孔晓勇．信息技术、内部流程与组织绩效——面向中国某市级政府部门的实证研究［J］．中山大学学报（社会科学版），2008（03）：142-150，208.

［10］ 赵俊峰．政务公开剖析［J］．行政与法，2001（01）：77-79.

［11］ 韩明轩．大连市政务公开的服务型政府建设研究［J］．学理论，2013，665（23）：17-18，37.

［12］ 罗辉．政务公开概念辨析［J］．中国地质大学学报（社会科学版），2002（02）：75-78.

［13］ 孔繁斌，郑家昊，刘明厚．充分利用政务服务中心建设深化行政管理体制改革［C］// 江苏省行政管理学会．政府管理实证研究：2012 江苏行政管理学会课题研究报告．南京：江苏人民出版社，2013：35-52.

第 5 章　电子政务与政府机关数字化

新时代我国互联网环境发生了根本性变化，移动网民数量和结构性变化要求各级政府加快建设电子政务一体化平台，通过整合、共享政务信息资源，以数字思维、数字技术驱动党政机关数字化发展，为公众更好地提供数字服务和在线服务。

5.1　政务信息资源整合共享

电子政务信息资源共享，主要指的是政府和其他公共行政部门在履行必要的政府职能，以及在提供公共服务的过程中收集各种电子政务信息，并由两个或两个以上的政府部门或者用户共享。随着计算机技术和网络技术发展的加快，信息共享的渠道也呈现出多样化。

5.1.1　政务信息资源界定

政务信息资源是政府在履行职能过程中产生或使用的信息。狭义政务信息资源是指一切产生于政府内部，或者虽然产生于政府外部但对政府活动有影响的信息资源的统称。广义政务信息资源是指政府行政工作中产生和利用的信息资源及其相关人员、设备、技术、环境和资金等要素的集合。政务信息资源包括政务部门为履行管理国家行政事务的职责而采集、加工、使用的信息资源；政务部门在业务过程中产生和生成的信息资源；由政务部门投资建设的信息资源，以及由政务部门直接管理的信息资源[1]。政务信息资源的物理介质包括文本、结构化数据和非结构化数据、电子地图、空间信息、图片、图形、图像、视频、音频等，以及其他形态的介质。

5.1.2　政务信息资源整合共享背景

政府数智化已成为我国政府治理体系与治理能力创新的重要组成部分，大数据在其中发挥着关键作用[2]。目前，大数据正全方位、宽领域地改变着人类的生活与生产方式，它正在快速发展为对数量巨大、来源分散、格式多样的数据进行采集、存储和关联分析，从中发现新知识、创造新价值、提升新能力的新一代信息技术和服务的业态，这对政府管理提出了全新的要求[3]。

面对社会发展的新形态，各国政府纷纷采取相应的措施。以美国为例，美国前总统奥巴马于 2009 年签署"开放政府指令"，指出政府应将大数据这一新概念纳入行政范围之内，要求联邦政府制定并公布提高政府透明性的方案。在此后的几年间，美国联邦政府颁布了"大数据研究和发展倡议""数字政府战略"等一系列与大数据有关的政策和文件，致力于推进将大数据技术应用于政府治理领域。以"大数据研究和发展倡议"为例，该文件指出，大数据计划的实施旨在帮助美国获得从海量复杂数据资源中提取知识的能力，借此提高国家应对紧迫挑战的能力。该倡议书的发布，标志着大数据已经上升成为美国在计算服务领域的国家战略。

我国在 2015 年印发的《促进大数据发展行动纲要》中指出，数据已成为国家基础性战略资源，大数据正日益对全球生产、流通、分配、消费活动，以及经济运行机制、社会生活方式和国家治理能力产生重要影响。同年出台的《中共中央关于制定国民经济和社会发展第十三个五年规划的建议》首次提出实施国家大数据战略，推进数据资源开放共享。2016 年，工信部出台《大数据产业发展规划（2016—2020 年）》，提出技术产品先进可控、应用能力显著增强、生态体系繁荣发展、支撑能力不断增强、数据安全保障有力等发展目标，并部署了一系列重点任务和重大工程，推动了国家大数据战略的实施与大数据产业的稳健、快速发展。

但是，数据在作为国家战略资源基础得到广泛重视的同时，其确权、质量、安全、隐私、流通管控、开放共享等也成为亟待解决的重要问题。缺乏系统化设计的政务大数据将产生数据治理的碎片化与割据化等问题，特别是在基层政务服务中，数据碎片化现象尤为突出，具体表现为基层政务服务的数据烟囱化、丛林化、鸿沟化。随着数据开放和流通技术及渠道的逐步完善，以及"放管服"改革的不断深入，数据跨政府部门的流动和应用已成为大势所趋。从信息技术角度看，现有技术体系在大数据背景下面临全新的挑战，亟需技术创新与体系完善；从发展环境的角度看，大数据产业的健康、有序发展需要良好的政务信息资源整合与环境共享。此外，数据资产地位的确立，以及相关的管理机制、共享开放政策、安全隐私保护等的建立，都需要国家层面的制度法规、标准规范、支撑技术方面的持续创新，以适应大数据大发展下的新环境[4]。

基于上述背景，为了从全局和根本上解决长期以来困扰我国政务信息化建设的"各自为政、条块分割、烟囱林立、信息孤岛"问题，国务院于 2017 年印发《政务信息系统整合共享实施方案》，大力推进政务信息的资源整合共享，这对加快转变政府职能，提高政务服务水平，便利群众办事创业，以及进一步激发市场活力和社会创造力具有重要意义。

5.1.3　政务信息资源整合共享相关概念

1. 政务信息资源整合

信息资源整合是指在一定的组织领导以及统一的规划下，通过采用先进的管理方法、系统思想和信息技术，使不同地域的信息形式、管理单位中分散存储和管理的各类信息资源，通过一定的手段形成结构有序、管理一体化、配置合理的整体[5]。共享是整合的基本出发点与根本归宿，信息资源整合的目的是更好地实现共享，让信息资源在流通的每个业务环节里都能获得价值增值，其本质是站在机制创新的高度提出和解决信息资源建设问题。

信息资源整合是一个过程，同时也是一个结果。从过程的角度看，它强调的是将孤立分散的信息资源一体化、整体化、系统化的行为过程；从结果的角度看，它强调的是信息资源的迅捷流通，高效利用以及最终获得的信息价值增大[6]。当前，电子政务信息资源的开发和利用正处于战略转型阶段，即从 IT（信息技术）为中心转向 IR（信息资源）为中心，从基础设施转向深入应用，从数量建设转向质量建设，从粗放配置转向追求效益[5]。电子政务中的信息资源整合概念不仅是缓解信息孤岛现象的权宜之计，也是重组国家政务信息资源，促进协同办公与政务流程再造，节约信息化建设成本的有效途径。

政务信息资源的类型各不相同，按照不同的作用和地位可分为结构化数据资源、应用资源和内容资源[6]。结构化数据资源是具有固定格式和明确含义的数据，主要存放在数据库中；应用资源是利用系统内的信息完成业务程序的途径，主要存在于各类政务信息系统中；内容资源是直接面向用户，为其提供直接服务的资源，包含各种半结构化、非结构化的信息，它们占据了信息资源的主要部分，主要存放在文件系统、图片库、报告库、文件库或网站中。从资源类型来看，政务信息资源整合至少应包含对数据、应用和内容资源的整合，同时与之对应的政务流程也需进行整合；此外，考虑到用户属性，电子政务还应具备友好的用户界面，用以向各类用户提供信息、服务，因此，政府网站等门户也需要进行整合。

2．政务信息资源共享

政务信息资源共享是指在统一的规划和领导下，在全社会全面进行信息资源共建的基础上，通过新建、整合或组织管理等方式，使政务信息资源公共化，并在全社会范围内公开，使包括政府部门、企事业单位、社会组织和社会公众在内的社会各界都有权力和机会获取所需的信息资源。信息资源共享是信息资源共建的目标与动力。

政务信息资源共享可以分为两大部分，一是政府内部政务资源共享，这是政府部门在电子政务环境下开展工作，部门之间进行协同办公，进而提高政府工作效率的基本条件；二是政务信息资源公开，包括公共信息资源向社会范围开放，以及其他有权限级别的信息资源分别向不同范围和授权级别的受众人群开放。

5.1.4 政务信息资源整合共享实践（以山东省为例）

山东省通过开展云上大整合、网络大统一和数据大汇聚三大攻坚行动破除"信息孤岛""数据烟囱"，初步构建了全省统一的云、网、数一体化服务体系，建设了覆盖政务服务、协同办公、数据共享开放等各领域的应用服务系统，有力推进了政府数字化转型，为推动制度创新、加快流程再造提供支撑和保障。在基础支撑方面，山东省重点打造"一个平台、一个号（码）、一张网络、一朵云"的服务支撑体系。

一个平台，是指打造"一体化大数据平台"，推动基础库、主题库、专题库和通用业务库"四库一体"数据资源体系建设，畅通全省统一的数据流通渠道，推动数据共享开放，为全省提供数据治理和开发利用全方位服务。

一个号（码），是指将身份证号码和统一社会信用代码作为唯一标识，面向公民和法人单位实行统一身份认证，有效解决企业和群众在办事过程中多次登录不同系统、重复录入信息等问题，实现"一号认证，全网通行"。同时，以"一号"为引导，建立电子证照"卡包"，推动证照、证明等相关数据的共享应用，逐步实现"记录一生，管理一生，服务一生"全生命周期服务。

一张网，是指全省统一的电子政务"一张网"，进一步优化网络架构，提升网络服务能力，承载全省各级各类业务应用，实现省、市、县、乡村五级全覆盖，为跨部门、跨层级、跨地区的数据通、业务通提供支撑。

一朵云，是指整合省、市政务云资源，承载汇聚各级各部门政务数据和应用，面向全省提供统一的云计算、云存储、云管控、云安全等云服务，打造全省"一朵云"政务云服务体系。

在业务应用方面，通过推动数据开发利用，促进大数据与业务工作深度融合，驱动业务重塑、制度创新和流程再造。

山东省通过整合政务信息资源，政府数据共享和开放水平大幅提升，应用成效逐步显现，基本完成"打破信息孤岛、拔掉数据烟囱"的阶段任务，政务信息资源整合共享建设状况整体上位于国内先进水平，在一些领域甚至全国领先，取得了显著成效：

一是初步形成政务数据共享交换体系和业务协同体系。山东省大多数政府部门形成了行业数据库，有些部门甚至集中搭建了省级关键数据库，这种数据库整合和共享的做法极大地提升了政府工作的绩效，并极大地方便了领导的决策过程。以法人数据库为例，市场监管部门、质量监督部门、税收部门、人社部门等各个部门的企业基本数据资源实现了整合和共享，大幅度地增强了个人和企业所得税的征缴效率。此外，人口基础信息数据库的建设也取得了显著成效，通过省级集中建设和集约化管理，提高了数据的利用效率，减少了运行和维护的成本，使数据品质和流转效率达到全国领先水平。同时，山东省还建成了省级宏观经济数据库，省级信用数据库"诚信山东"已接入 21 个各级各类融资信用服务平台，共入驻金融机构 2 692 家、企业 267 万家，为风险防范和信用评估提供了有力的依据。

二是全省统一的政务网络架构已现雏形。目前，山东省级电子政务外网已经延伸到国家电子政务外网以及三十多个省级政府机构，一些地市实现了外网节点部署与省级电子政务外网的连接和信息资源共享交换。各地市在电子政务外网部署方面也或多或少地完成了市、县、乡纵向全面连接，实现了跨级政务数据的快速传递和交流。同时，电子政务内网建设已经部署到全部省政府部门、直属机构以及省级党的机关、人大机关、政协机关、监察机关、审判机关、检察机关，此外还包括各市、县级政府，实现了政府内部信息的全面流转和高效管理。

5.2　数字机关

数字机关将数字化理念和数字技术应用到机关事务工作的全过程、全领域，推进机关事务工作管理流程再造、服务模式优化，保障效能提升，形成机关运行保障新模式。

山东省在全省范围开展数字机关建设，通过数字化提高机关自身运行效能，从而驱动公共服务、社会治理、宏观决策能力和水平提升，引领数字政府、数字社会建设。目前，山东省在推进数字机关建设时，对党政机关提出了以下要求。

推进机关运行标准化：健全完善全省统一的业务事项、数据资源、平台支撑、系统建设等标准规范。各级各部门以"三定"规定为依据，全面梳理职责业务事项、流程、系统、数据，做到"业务—系统—数据"相匹配，夯实机关数字化、协同化基础。

推进机关运行数字化：做大做强"山东通"协同办公平台，推动各级各部门自建系统与"山东通"集成对接，全面支撑机关办文、办会、办事"网上办、掌上办"，实现各级党政机关及工作人员移动办公应用全覆盖。依托"山东通"，大力推进各级各部门业务数字化，加快实现机关业务事项全流程线上办理。

推进机关运行协同化：针对跨部门、跨层级、跨区域事项办理材料多、环节繁、多次跑、时间长、效率低等堵点、难点问题，坚持刀刃向内，通过事项梳理、系统整合、数据共享，实施机关内部"一件事"集成改革，推动机关运行流程再造，用"数据链"再造"业务链"，让"数据跑"代替"人工跑"，实现机关内部事项高效、协同办理[7]。

推进机关运行智慧化：发挥"以数辅策"作用，建立健全大数据辅助决策机制，强化数据关联分析和挖掘应用，全面提升党政机关科学决策水平和施政履职能力。将高标准推进"一网统揽"综合慧治平台建设，加快构建省市一体、高效协同的经济社会运行态势感知体系和可视化指挥调度体系，为服务党委、政府综合指挥调度、风险防范预警、事件应对处置和科学决策提供有力支撑。

5.3　政府机关数字化典型案例——"浙政钉"

2017年，杭州、衢州等地开始试用钉钉，先行在政务移动办公、"全民网格"共管等领域发挥钉钉即时通信、消息提醒、协同办公等基础服务。同年，浙江省大数据发展管理局和阿里巴巴合作，开始研发政务钉钉——"浙政钉"。2018年5月，浙江省、市、县政府领导分别建立工作群，开展协同应用，标志着"浙政钉"正式上线运行[8]。2019年4月，浙江省委印发《中共浙江省委办公厅关于推广"浙政钉"移动办公应用的通知》，要求全省建成统一的移动办公平台，建设"掌上办公之省"。2020 年 6 月，"浙政钉"进行了大幅更新，借助健康码的推行，在先前五级治理组织的基础上增加了对小组（网格）的覆盖，解决了此前电子政务系统缺乏末梢服务能力的短板[9]。随着应用的推进，"浙政钉"逐步整合了政务通讯录、千人千面工作台、智能会议、移动办公等功能，帮助浙江省实现了省、市、县、乡、村五级机构组织在线，将全省 180 万公职人员接入一个平台进行工作沟通和办公协同，办公效率大大提升。

　　浙江省数字机关事务总体架构如图 5-1 所示。截至 2022 年 11 月，"浙政钉"注册用户数已达 180 万人，日活率达 84%。浙江省各地各部门基于"浙政钉"平台自建开发的应用数超 4 000 个，通过数据共享和跨部门协同来进行流程再造，构建形成数字政务创新生态，全面打造"数字化在线政府"，形成高效的响应闭环，显著提升政务服务效能[9]。例如，防汛、抗台等应急指挥，通过"浙政钉""钉钉一下"，便可实现一键触达、快速响应，闭环时间由以往的 500 分钟缩短到 5 分钟，效率提升 100 倍。"浙政钉"在经济运行、市场监管、社会管理、环境保护、公共服务、文化教育、基层减负等方面发挥着资源共享、数据共享、高效协同的重要作用，通过让数据多跑路，换取了群众和企业"最多跑一次"甚至"一次不用跑"，大大提升了政务办事及服务效率。

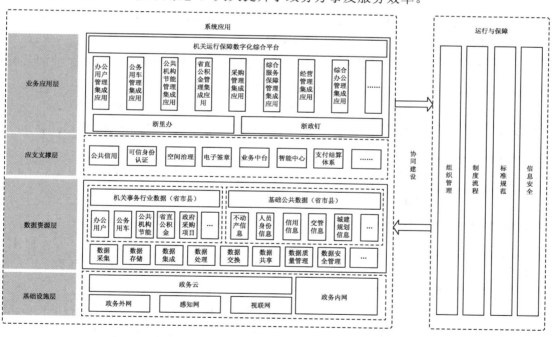

图 5-1　浙江省数字机关事务总体架构

5.4　本章小结

　　近年来，云计算、大数据、人工智能、区块链等新兴信息技术在政务领域不断深入应用，让人们看到信息技术的优势，也证明信息技术对有效提升国家治理体系现代化水平和提高治理能力具有显著的促进作用。本章首先介绍了政务信息资源共享的概念界定，相关背景以及山东省实践案例；其次介绍了数字机关及政务信息化项目管理；最后以"浙政钉"为例介绍了政府机关数字化实践应用。

思考与练习题

（1）简述政务信息资源的定义。
（2）简述我国开展政务信息系统整合共享的原因。
（3）简述数字机关的内涵。

参 考 文 献

[1] 孔守斌，王妙微，王博涵，等. 基于云平台的地方政务信息资源共享平台建设模式研究 [J]. 电子政务，2017（12）：46-53.

[2] 赵豪迈，付玉环. 大数据背景下政务信息资源整合与共享中主要问题的探讨 [J]. 图书情报导刊，2021，6（08）：25-32.

[3] 宋懿，安小米，范灵俊，等. 大数据时代政府信息资源共享的协同机制研究——基于宁波市海曙区政府信息资源中心的案例分析[J]. 情报理论与实践，2018，41（06）：64-69.

[4] 杨文，张斌. 总体国家安全观下的政务信息资源共享风险规避 [J]. 情报资料工作，2018（04）：64-70.

[5] 商晓帆. 电子政务信息资源整合与信息孤岛 [J]. 现代情报，2008（06）：18-20.

[6] 侯艳筠. 电子政务信息资源整合的概念与内容 [J]. 湖北档案，2006（06）：13-15.

[7] 李军，乔立民，王加强，等. 智慧政务框架下大数据共享的实现与应用研究 [J]. 电子政务，2019（02）：34-44.

[8] 浙江政务服务网. 浙政钉——掌上办公平台 [EB/OL]. [2023-04-25]. https://zld.zjzwfw.gov.cn/art/2020/4/10/art_1229004464_42545498.html?ivk_sa=1024320u.

[9] 史晨，马亮. 互联网企业助推数字政府建设——基于健康码与"浙政钉"的案例研究 [J]. 学习论坛，2020（08）：50-55.

[10] 翟云. 改革开放 40 年来中国电子政务发展的理论演化与实践探索：从业务上网到服务上网 [J]. 电子政务，2018（12）：80-89.

第6章　电子政务与公共服务数字化

信息技术的发展，在极大地推动社会生产力进步的同时，也推动着政府管理的创新。电子政务不是简单地将政务活动数字化，而是要面向公共服务和社会治理需求，对跨部门、跨行业的网络资源、数据资源和系统资源进行整合，推进政府业务协同、政务流程再造，提高服务能力和业务效能。在这一过程中，随着政府行政数字化改革的深入，公共服务数字化也成为必然趋势。

6.1　公共服务的概念

公共服务（Public Service）是现代政府的重要职责之一，是指由政府部门、国有企事业单位和相关中介机构履行法定职责，根据公民、法人或者其他组织的要求，为其提供帮助或者办理有关事务的行为[1]。

与经济学中公共产品可以分为纯公共产品和准公共产品相对应，公共管理领域中的公共服务一般可以分为基本公共服务和非基本公共服务。由政府提供的人民群众无偿享受的公共服务属于基本公共服务，如义务教育、基本医疗等，这些基本公共服务是社会建设的重点，是最普惠的民生需求，是社会公平的重要标准[2]；而由政府提供的需要政府与人民群众各自承担一部分成本的公共服务属于非基本公共服务，如高中教育。在实践中，为了提高供给绩效，政府通常还委托事业单位、公用企业等其他公共部门主体或者私人部门进行公共服务的生产。

公共服务满足公民生活、生存与发展的某种直接需求，能使公民受益或享受。例如，教育是公民及其被监护人所需要的，他们可以从受教育中得到某种满足，并有助于他们的人生发展。如果教育过程中使用了公共权力或资源，那么就属于教育公共服务。但是，诸如执法、监督、税收、登记注册及处罚等政府行为，虽然也同公民发生关系，也是公民从事经济发展与社会发展需要的政府工作，但这些类别的公共活动却并不是在满足公民的某种直接需求，公民也不会从中感到享受，而只是公民活动的间接公共需求的满足，所以，类似这样的政府行为都不是公共服务。

6.2 数字化公共服务的特点

提升公共服务数字化水平是我国"十四五"时期推进数字经济发展的重要内容。国务院发布的《"十四五"数字经济发展规划》提出，"要持续提升公共服务数字化水平，促进公共服务更加普惠均等[3]。"所谓数字化公共服务，就是要借助以互联网、云计算、大数据、人工智能等为代表的数字技术推动公共服务均等化、普惠化、高效化和便捷化，让广大人民群众共享数字经济发展成果。和传统的公共服务模式相比，数字化公共服务更突出数字化、智慧化、普惠化、高效化、精准化和智能化的服务特点。

6.2.1 数字化

在工业化时代，公共服务以供给为导向，数量、质量和效率长期滞后于现实需求，表现为延迟离散、资源独占、流程式，办一件事需要公众在多个部门"反复跑、多头跑"。进入数字化时代，公共服务正在以需求为导向发生着深刻的变革，表现为实时连续、共享普惠、场景式，办一件事甚至不用出门，"人跑"变成"数据跑"，服务状态实时公开透明，公共服务更加精准、个性化和跨界协同。

互联网、大数据、人工智能等新技术的发展构建了一个端到端连接的数字世界，让公共服务触手可及。在感知层面，通过泛在连接，促进环境、建筑、交通、地下管廊、水资源等公共资源互联互通，逐渐实现从陆域、海域、空域到天域，从人、地、事、物到组织、团体的全域覆盖、全维感知；在服务的"最后一公里"层面，通过政务 App、网站、微博、互联网城市服务、自助服务终端、热线电话等一系列媒介，打破时间、空间的束缚，将"遥不可及"的公共资源转化为"触手可及"的公共服务，实现各类服务一网通办、就近能办、异地可办。

此外，政府数字化转型构建了"数据归心"的一体化公共服务体系，推动了数字化公共服务的效能提升。政府数字化平台的建设是提升公共服务效能的重要基础。《数字中国发展报告（2022 年）》显示，全国一体化政务服务平台实名用户超过 10 亿人，完成了 1 万多项高频应用的标准化服务。截至 2022 年底，全国一体化政务数据共享枢纽已接入各级政务部门 5 951 个，发布各类数据资源 1.5 万类，累计支撑共享调用超 5 000 亿次。数据资源体系和一体化在线服务平台的建设、完善进一步消除了信息互联的障碍，使不同部门之间的数字端口更好联通，将公众、社会、企业等最关注的领域与问题摆在显著位置，以数据之间的融合共享支撑公共服务跑出"加速度"。同时，政务数据、社会公共数据、互联网商业数据和物联感知数据的汇聚、整合、共享和利用，实现了"数据归心、心中有数"。在此基础上，以大数据方法提升公共安全、环境保护、公共教育、卫生医疗、健康养老、住房保障等一系列公共服务的智慧能力，改进公共服务水平，推动"智慧社会"目标的实现。

6.2.2　智慧化

现代社会的复杂性、风险性显著提升，各种因素相互影响，给社会治理带来新的挑战。数字化技术能够把不同治理场景更好地整合统筹起来。以一些城市建构的"一网统管"体系为例，这一体系基本能够覆盖城市治理中的社会治理、交通治理、风险治理、环境治理等领域的多个治理场景，把城市运行中台系统、城市生命体征监管分析系统、城市轨道交通综合管理系统、大客流聚集管控系统、公共突发卫生应急事件管理系统等整合起来。在遥感技术、地理信息系统、传感器等相关技术的支持下，城市的"神经元"网络可以有效发挥作用，成为感知和预测风险的手段与提供风险信息的平台。这些新技术的应用可结合城市治理、基层治理中的突出问题以及人民群众的基本需求拓展数字化应用场景，进一步扩大数字化政务服务场景建设。同时，根据公共治理中出现的新问题及时调整应用场景，将服务端前移，通过提前识别潜在风险，形成城市问题预警与及时有效治理的良性循环。

根据《公共服务蓝皮书：中国城市基本公共服务力评价（2019）》，城市公共服务智慧化处于进行时，互联网、物联网、人工智能等助力下的智慧城市发展大趋势将为公共服务智慧化转型提供更大动力。具体实践中，腾讯的智慧城市解决方案"WeCity 未来城市"、阿里的智慧城市解决方案"ET 城市大脑"，以及华为的"1+1+N 智慧城市马斯洛模型"等，都在引领、实践和发展着城市公共服务智慧化的进程。此外，智慧交通、智慧安防、智慧文旅、智慧教育等新兴业态也已进入蓬勃发展阶段。公共服务智慧化将有助于公共服务的效率与品质持续提升，但也需要警惕智慧化转型过程中可能出现的大数据傲慢、算法歧视、专业化割裂、系统性偏误等问题[4]。

6.2.3　普惠化

我国社会的主要矛盾是人民日益增长的美好生活需要与不平衡不充分的发展之间的矛盾。数字技术的应用能有效促进区域之间、城乡之间的公共服务资源更加优化配置。

"十三五"以来，我国区域和城乡之间的数字接入鸿沟有所弥合，城乡地区互联网普及率差异从 2016 年底的 36%缩小到 2021 年 6 月的 19.1%。网络扶智取得显著成效，广大农村学校实现互联网接入，目前，全国中小学（含教学点）互联网接入率达到 100%，比 2012 年提高了 75 个百分点；99.9%的学校出口带宽达到 100Mb/s 以上，超过四分之三的学校实现了无线网络覆盖，99.5%的学校拥有多媒体教室。中小学数字化教学条件全面提档升级，基本形成了网络覆盖完全、线下多媒体教学空间和网络教学空间融合的泛在化学习环境，通过开展"专递课堂""名师课堂""同步课堂"等，让更多农村地区和贫困地区的孩子享受到更多优质教育资源。

6.2.4　高效化

数字技术与公共服务的深度融合有利于完善多级主体数据治理功能，提升公共服务供给效能。传统公共服务信息平台往往是满足特定部门需求的闭源式管理平台，在多级主体沟通、多部门合作中存在信息壁垒。基于数字技术，各级政府可以通过数字信息的交流、互动、分析，深入分解公共服务供给过程中的各个环节、步骤、流程，并通过流程再造更新服务工作标准，优化公共服务供给水平。通过搭建公共服务云平台、公共服务数据共享平台等，深入开发配套应用场景，拓展社会主体、市场主体参与公共服务供给的渠道，强化政府、市场、社会相互协作，有效减少因信息不对称而导致的公共服务效率不高的问题。

数字技术的嵌入为公共部门业务决策提供了强有力的技术支持，能够有效缓解公共服务的决策负担，提高数据资源的利用效率，推动实现公共服务高质量发展。通过整合信息平台，实现部门间信息流动的开放和共享，消解不同部门间合作的物理障碍。基于更为综合、开放、高效的信息平台，推动政府与公众的互动交流常态化，简化办事环节和流程，进而实现公共服务供给与需求表达之间的无缝对接，全面提升公共服务供给效率。通过"数据跑腿"辅助政府决策，搭建基于数据技术的教育资源服务平台、文化服务平台、医疗服务平台等公共服务平台，强化跨区域、跨城乡的公共服务合作与共享，促进区域间公共服务资源合理配置，提升高质量公共服务的覆盖率，促进公共服务高质量供给。

6.2.5　精准化

人民群众对美好生活的向往既体现为公共服务需求总量的持续增加，同时也体现为公共服务需求的多样化、异质化和多层次性等特征与发展趋向。不少地区对如何更有效地提供公共服务开展了持续探索，但囿于公共服务需求表达中双向互通机制的不完善、政府内跨部门信息流动受阻、地区间公共服务资源差异等因素影响，公共服务供给中供需偏差和失衡的问题尚未得到根本解决。数字技术具有注重个体需求、信息集成等特征，借助信息系统、数字平台等载体，通过对接个性需求、收集公众信息、促进多部门协作等功能，进而回应公众需要，有助于公共服务供给提高针对性、有效性，实现定制化。

公共服务供给精准化的实现需要精准的信息集成，需要充分利用数字技术，以科学、合法的手段高效采集、整合个人信息，通过信息挖掘、分析处理，实现关联分析、需求整合、精确匹配。我国政府在医疗、教育、社保、交通、养老等公共服务细分领域有着天然的数据优势，在此基础上，政府应进一步完善公共服务需求表达机制，精准对接需求，通过政府与社会之间的数据交流，使需求与供给达到匹配和平衡，提升公共服务资源配置效率和效果。以人工智能为代表的数字技术迅猛发展和广泛应用，有助于政府积极回应公众公共服务需求，优化公共服务供给[5]。

大数据驱动公共服务实现精准管理。公共服务需求不仅是公共服务供给的开端，更是公共服务体系建设的前提和基础。需求识别是获取公众需求并将其具体化、标准化、清晰化的过程。大数据技术能够科学识别、快速整合公共服务需求，通过深度挖掘和聚类分析刻画群体层面上需求内部的异质性，提高公共服务决策的前瞻性和预见性。例如，通过大数据公共服务平台，建立个人需求分析的算法模型，对义务教育、学生资助、就业服务、养老保险、医疗保障、卫生健康、生活救助、住房保障进行全生命周期画像，做到"千人千面"，实现全生命周期需求侧精细化、个性化管理；对人才、企业信息进行数据化重新解构，根据双方"画像"匹配度进行组合分配，实现人才—用人单位的精准匹配，同时也可为政府针对各类人才精准施策提供支撑；基于企业公开数据和简历信息构建企业画像，将企业情况与海量政策信息进行匹配计算，分析符合企业申报条件的政策，预估可申报资金以及具体政策的匹配度、申报期限、扶持方式等匹配报告，帮助企业精准匹配惠企政策。此外，物联网、人工智能等其他数字技术的应用也为公共服务的精准化提供了支撑。例如，利用窄带物联网等技术，对井盖位移缺失、液体满溢、甲烷气体超标等 3 种情况进行实时监控，将预警信息自动推送至管理平台，保障道路井盖安全。

6.2.6　智能化

在谋求高质量发展和推动共同富裕的背景下，城乡居民对完善公共服务体系建设的需求与日俱增，如何确保在有限的资源和要素条件下尽可能地满足多元化、异质性、多层次的公共服务需求成为亟待解决的问题。利用数字技术推动公共服务供给智能化已成为解决这一问题的重要手段。

公共服务供给智能化是指在数字技术支持下实现扩展、辅助的公共服务供给，这一阶段的公共服务供给更加科学化、系统化、多元化。在数字技术嵌入的基础上，公共服务供给智能化将有效解决资源供需不匹配问题。一方面，各类智能化基础设施建设和基础应用平台搭建日趋完善。例如，社区居民可以通过数字技术连接物业管理、养老服务、路网监控、医疗服务等，快速获取个人所需的公共服务资源。一些地方建设的未来社区已将社区智慧服务平台应用扩展到幼教、义务教育、劳动就业、文化体育、养老、医疗、交通等服务领域。另一方面，在各类资源整合平台，可通过语义模型、图像识别、决策树、深度神经网络等算法模型挖掘、分析、梳理各类公共服务需求，预测公共服务供给的质量与成效，提供智能化的决策建议和方案参考，辅助政府相关部门决策。例如，在城市交通领域，杭州"城市大脑"通过建立交通堵点、算法，及时发现城市交通堵点乱点，并结合视频检测、自动报警提供更有针对性和更高效的交通治理解决方案。同时，"城市大脑"基于大数据算法的分析，通过交通信号灯的实时配时优化，及时疏导堵点，最大程度保障道路畅通，提高交通出行效率。需要注意的是，公共服务供给智能化还有许多潜在应用场景有待开发和挖掘，未来还需逐步加强对各类细分公共服务资源供给分析模型的开发，适配不同应用场景，同时加强智能化人才的培养，推动公共服务供给智能化进程。

6.3　数字化公共服务的种类、发展趋势和应用场景

随着大数据、人工智能等新一代信息技术的广泛应用，公共服务在逐步转向数字化、智慧化、普惠化、高效化、精准化、智能化的同时，在政务服务、社会服务、数字城乡、数字生活等领域表现出不同的发展趋势，其应用场景也愈发丰富。

6.3.1　数字化公共服务的种类

近年来，大数据、人工智能等数字技术在向经济领域快速渗透的同时，也在迅速向公共服务领域延伸，这一变化进一步引发了公共服务的数字化转型。在这一过程中，政府部门与企业在公共服务领域积极互动，形成了外包、合作、补充等多种关系模式，政府开始从公共服务的直接提供者向合作者或监管者转变，从而塑造了不同种类的数字化公共服务。

（1）政府利用数字技术提升公共服务效能[6]。这是数字技术影响政府和公共服务的一种最基本和最常见的方式，如数字政府建设、城市基础设施数字化、数据驱动的决策等。在这种情况下，公共服务仍由政府部门提供，其基本属性不变，主要对公共服务的内容，如社会保障服务、行政审批服务等实现数字化、移动化和智能化提升。例如，政府部门通过大数据、区块链等技术开展政务服务"一网通办"建设，聚焦企业群众办事难点、痛点问题，进一步提升线上线下服务体验，创新办事方式，优化办理流程，为企业、群众提供更便捷的政务服务，创造更高品质的生活。

（2）对政府业务进行外包。政府业务外包是公共服务运营模式市场化的一种类型。一些政府部门将原本由公共部门运行的业务委托给企业运营，即运营模式从"政府所有政府运营"转向"政府所有合同商运营"，但数据等资源的产权仍归政府所有。例如，部分地区委托企业开发、运营智慧城市相关数字化平台，但是相关的数据资源仍属于公众或政府部门。

（3）公共部门与企业形成合作伙伴关系。部分政府部门利用企业在数据资源等方面的优势，采取利益共享、风险共担的合作机制，丰富公共服务内容，提高服务质量和效率。例如，杭州市政府与阿里巴巴合作开展"城市大脑"建设，将所有道路上的监控摄像头和信号灯接入城市大脑，每2分钟对城市道路交通状况进行一次扫描，实时感知在途交通量、延误指数、快速路车速等7项"交通体征"，根据车流量调节信号灯时长。中河—上塘高架、莫干山路及沿线区域，这两条号称杭州市区最拥堵的区域路段，一年间

平均延误分别降低了 15.3% 和 8.5%。如果通过新增拓宽道路、新建停车场等传统做法实现同样的成效，可能要花费数百亿元。"城市大脑"不仅缓解了城市交通拥堵问题，还提升了公共交通服务能力。根据"城市大脑"计算，结合区域特征及市民出行特点，杭州市在人员密集的丁桥镇开通了无固定站点、无固定走向的专属定制公交——"丁桥小蓝巴"，串联起丁桥区块的生活区、地铁站、商贸区、学校等生活场景。小蓝巴开通后，丁桥区域公共交通客流量提升 20%。

（4）商业服务对公共服务部分替代或作为补充。在一些领域，基于数字技术的商业模式创新服务开始对政府提供的服务进行部分替代，一些准公共服务部分转化为商品。例如，科研仪器设备开放共享平台原本多由各级政府投资，由事业单位运行。近年来，一些民营企业建立了营利性互联网平台，采取"线上+线下"的模式提供有偿服务，形成了政府投资和运营为主、民间资本投资运营为补充的科研仪器设备共享服务供给格局。

（5）商业服务完全替代准公共服务。在城市公共交通等领域，一些公共服务的范围和性质已发生根本变化，传统上由政府提供的公共服务已成为商业服务。例如，国内一些城市曾投资上亿元建设公共自行车系统，但由于费用高、网点少、还车难等问题导致使用率不高，未能广泛推广。民间资本投资经营的共享单车则采取分享经济模式，以市场需求为导向，短时间内迅速改变了人们的出行方式，替代了政府投资、国有企业经营的城市公共自行车出行系统，在实现政府部门绿色出行和疏解交通拥堵的公共目标的同时，也实现了其自身的商业目标。

（6）创新者进入行政垄断行业。公共交通和广播电视等公用事业领域并不属于严格意义上的公共服务，更多受到行政垄断保护。一些新兴的商业服务利用数字技术和商业模式创新进入行政垄断行业，促进了这些领域的市场竞争。例如，网约车、互联网媒体和虚拟运营商等的出现，打破了出租车、传统媒体和传统电信服务的垄断地位。

6.3.2　数字化公共服务的发展趋势

"十三五"时期以来，数字技术的渗透和普及推动了公共服务的高效化和便捷化。"十四五"规划和 2035 年远景目标纲要明确提出要"提高数字化政务服务效能"。将数字技术广泛应用于政府管理服务，不仅是建设数字中国的重要内容，也是推动数字化建设成果惠及广大人民群众的有效举措。为进一步使广大人民群众共享数字公共服务的红利，"十四五"规划提出了未来数字化公共服务的重点提升领域。

（1）政务服务领域，持续提高"互联网+政务服务"效能。"十三五"期间，各地区、各部门依托全国一体化政务服务平台，大力推进"一网通办"，为深化"放管服"改革、推进数字政府建设提供了有力支撑。截至 2022 年底，全国一体化政务服务平台实名注册用户超过 10 亿人，实现了工业产品生产许可证、异地就医结算备案、社会保障卡申领等事项的"跨省通办"。"十四五"时期应更注重提高政务服务的效能。一是加快政务服务标准化和智能化。以标准为引领，加快推进政务服务标准化、规范化、便利化，持续提升政务服务数字化、智能化水平，实现高频服务"一网通办"。各地要编制高频政务服务事项清单，推动清单事项"掌上可办"，使企业和群众办事更加便捷。二是推动数据共享和业务协同。建立健全政务数据共享协调机制，加快数字身份统一认证和电子证照等互信互认，促进流程优化和业务协同。依托全国一体化政务服务平台，推动跨部门、跨地域并联审批、联合监管和协同决策，推动政务服务实现"区域通办""跨省通办""无感漫游"等。三是推动政务服务纵深下沉。推动政务服务向基层深度拓展，提升服务便利化水平。继续强化省、市、县政务服务三级联动，同时加快服务资源重心下移，构建和完善覆盖省、市、县、乡、村五级网上政务服务体系，扩大网上政务服务"村村通"范围，加快线上线下融合。四是推动政务服务主动化和精准化。以需求为导向，重视政务数据的融合应用，从"人找服务"转向"服务找人"，深化大数据分析技术，增强基于大数据的事项办理需求预测预判能力，打造主动式、多层次的创新型服务场景。五是推动重点领域的数字化协同应用。站在社会经济全局角度，聚焦城市公共卫生、社会安全、应急管理等领域，深化数字技术应用，通过数据共享和跨部门协同，推动重大突发公共事件的快速响应和联动处置，增强实际应用成效。

（2）社会服务领域，加快提高社会服务数字化普惠水平。社会服务数字化水平的提升，对构建共建、共治、共享、共同富裕的民生发展格局具有重要意义。近年来，社会服务供给已经取得了突破式进展。"十四五"时期，需要进一步提升数字化社会服务的供给水平和覆盖范围。一是推进服务领域更加广泛。深入推进和发展智慧教育、数字健康服务、智慧文旅、智慧社区、社会保障服务数字化等，优化会展旅游、体育建设等服务资源数字化供给和网络化服务，促进优质资源深化应用、共享复用。强化就业、养老、儿童福利、托育、家政等民生领域供需对接，优化资源配置。发展智慧广电网络，加快推进全国有线电视网络整合和升级改造。二是促进社会服务更加普惠。深入开展电信普遍服务试点。着力瞄准革命地区、民族地区、边疆地区、脱贫地区，瞄准教育、医疗、社保、帮扶等重点服务内容，加快社会服务的远程供给水平和覆盖水平，助力基本公共服务均等化。加强信息无障碍建设，提升面向特殊群体的数字化社会服务能力，让更多人享受数字化带来的便利。推动社会服务和数字平台的深度融合，探索鼓励多领域跨界合作，激发社会参与活力。

（3）数字城乡领域，统筹推动新型智慧城市和数字乡村建设。新型智慧城市是新一代信息技术在城市应用的综合载体，是城市实现整体数字化转型和智能化发展的重要抓手。我国新型智慧城市建设近年取得了显著成效，"十四五"时期需要进一步推动数字城乡融合发展。一是持续推进新型智慧城市建设。强化智慧城市统筹规划与顶层设计，切实推动城市数据整合共享和业务协同，分级、分类推进新型智慧城市建设。结合城市实际需求，完善城市信息模型平台和运行管理服务平台，有条件的地市因地制宜，探索科学构建数字孪生城市。杜绝盲目跟风，强调应用成效，建设节约务实的新型智慧城市。鼓励社会力量参与，创新新型智慧城市建设、应用、运营等模式，建立健全智慧城市长效发展机制，推进智慧城市规划、设计、建设、运营协同，增强智慧城市建设的造血能力。二是提速数字乡村建设。完善农村地区信息和服务供给，提升信息惠农服务水平，构建乡村综合信息服务体系，推进农业生产生活数字化应用。推进乡村治理数字化，推进涉农服务事项线上线下一体化办理。健全城乡常住人口动态统计发布机制，促进城乡要素双向自由流动和公共资源合理配置，形成以城带乡、共建共享的数字城乡融合发展格局。

（4）数字生活领域，创新打造智慧共享的新型数字生活。数字经济发展将带动数字产业新业态蓬勃发展，进一步丰富公众的数字生活服务供给。工信部数据显示，2022 年前三季度，我国信息消费规模超 5 万亿元，对经济稳增长的作用日益显著，智能家居、可穿戴设备、汽车联网设备等新型消费受到市场欢迎。"十四五"时期应着力加大数字生活产品供给，提升群众生活便利性和幸福感。一是发展智慧社区。打通信息惠民"最后一公里"，加快既有住宅和社区设施数字化改造，探索优化智慧社区建设运营模式，推动智慧社区发展以建为主转向长效运营，促进有效市场和服务型政府有机结合。二是推进智能家居发展。引导促进家居产品与家居环境的智能互动，丰富数字家庭生活应用，让公众享受到数字化带来的便利生活。三是提升智慧体验促进信息消费。创新发展"云生活"服务，拓展社交、购物、阅读、娱乐、健身、展览等领域的微服务平台内容和智能应用。推动公共服务整合，提升场景消费体验。

6.3.3　数字化公共服务的应用场景

1．互联网医疗

1）互联网医疗概述

互联网医疗行业是以互联网为载体、以信息技术为手段（包括移动通信技术、云计算、物联网、大数据等），与传统医疗健康服务深度融合而形成的一种新型医疗健康服务业态的总称。从建设主体来看，目前互联网医疗主要有五种基本建设模式，包括互联网企业共建模式、IT 服务商共建模式、医药类企业共建模式、政府自建模式、医疗机构自建模式。从服务内容来看，目前互联网医疗主要有四大服务模式，包括非互动医疗健康信息服务模式、互动医疗健康信息服务模式、医药电商模式和健康监测管理模式。数字赋能医疗行业发展维护了公共服务在居民健康中的基础性作用，可以使不同地区人民群众平等地享受优质医疗资源。尤其是在新冠疫情期间，我国互联网医疗呈现出由政府、公立医院、互联网企业和患者组成的三角四方关系结构，满足了患者的多样性需求，并为其提供了方便快捷的就医体验。然而，互联网医疗发展同样面临挑战，主要包括制度环境和政策的束缚、医疗监管和法规体系的不健全、机构间信息交换及共享程度不高、相关配套条件和设施不成熟、大数据安全性不足等。

2）互联网医疗案例：灵医智惠

灵医智惠成立于 2018 年，是由"百度大脑"提供技术驱动的智能医疗品牌。基于其技术中台能力，灵医智惠主要为用户提供临床辅助决策、医疗大数据、眼底影像分析、智能诊前助手、慢病管理五大全场景医疗解决方案，如图 6-1 所示。作为 AI 医疗平台，灵医智惠的技术底层构建在"百度大脑"6.0 之上，同时与大量资深医疗团队合作，旨在为用户提供安全、合规、便捷的医疗服务。多面覆盖用户场景将成为"AI+医疗"的趋势，同时，场景之下触达患者，并保证医疗能力的输出成为关键。

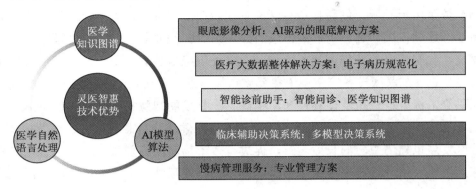

图 6-1　灵医智惠技术优势

为满足区域用户健康医疗大数据治理需求，灵医智惠推出了区域健康医疗大数据治理方案，如图 6-2 所示。该方案汇聚区域医疗、公共卫生、疾控等全维度健康医疗数据，提供便捷、高效的数据治理工具；并依托百度医疗知识中台和医疗 AI 中台能力，赋能数据清洗、融合、标化过程，对健康医疗数据进行语义理解和内涵数据质控，提升数据质量；生成数据资产目录，实现数据资产场景应用，并为区域健康医疗大数据应用提供数据服务统一门户，发挥数据价值。

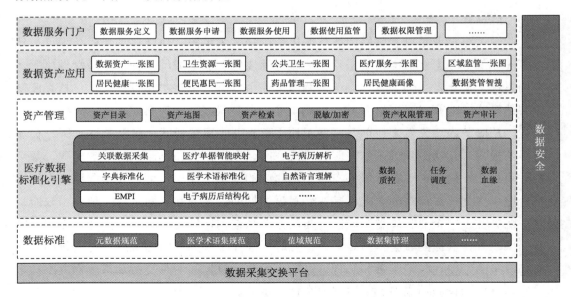

图 6-2　区域健康医疗大数据治理方案架构

2．在线教育

1）在线教育概述

在线教育是数字赋能融入教育行业的表现，是通过网络通信技术和设备对学生实施远程教学活动的教育模式。然而，在线教育也面临学生的积极性、学生对数字技术的掌握程度、以教师为中心的教学方法、教师缺乏经验、在线教学内容的设计、获取在线教学内容的权限等挑战。在线教育从出现之日起就伴随着争论，许多学者认为在线教育向众多不发达地区和弱势人群开放了大量优质资源，缩小了教育差距，促进了教育的平等发展。

2）在线教育案例：中国大学 MOOC

中国大学 MOOC（慕课）从 2013 年起步，中国教育部遵循"高校主体、政府支持、社会参与"的发展模式，支持各方建设了 30 余家综合类和专业类高等教育公共在线课程平台和技术平台，如图 6-3 所示。近年来，中国大学 MOOC 先后成立了在线教育研究中心，举办了中国慕课大会、世界慕课大会，发布了《中国慕课行动宣言》《慕课发展北京宣言》，推出了两个在线教学国际平台，系统推进慕课与在线教学的"建、用、学、管"，中国大学慕课与在线教育发展成效显著。

图 6-3　中国大学 MOOC 界面

从平台架构来看，MOOC 主要平台都包括以下几层：硬件基础设施层、数据层、中间件层、表现层（portal 门户）以及设备访问，如图 6-4 所示。

硬件基础设施和网络层都是标准化的产品，通常可采用云计算技术，通过虚拟化技术构造虚拟资源池，提供动态、弹性的资源扩展与配置，这样，在数十万学生学习一门课程的时候，就可以在短时间内完成部署工作。现在，可以采用 Openstack 或者 VMware 等云方案解决这一问题。

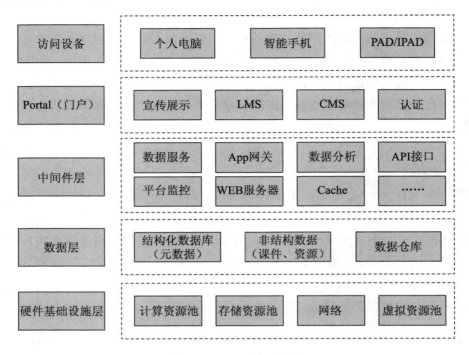

图 6-4　MOOC 体系架构

数据层主要用于教学资源（包括文本、视频、音频等非结构化数据）、用户数据、元数据（结构化数据）等的存储并提供访问，需要部署结构化数据库和非结构化数据库做支撑。MOOC 由于具有大规模的学习者，因此需要建立数据仓库，为智能化的数据分析和商业智能（Business Intelligence，BI）决策提供基础数据。

中间件层具有 Web 服务器中间件、高速缓冲存储器（Cache）、应用网关、数据服务、负载均衡、平台监控、应用程序编程接口（Application Programming Interface，API）等主要软件，用于为 MOOC 提供基础的系统软件支撑。此外，还有备份工具等作为灾备以应对突发事件的发生。

表现层中集成了学习管理系统（LMS）和内容管理系统（CMS）功能，宣传展示和认证登录管理等工作是一般的表现层产品中的基本功能。通过表现层，学生和教师可以实现注册、登录、学习、教学组织、测评等核心工作。

3. 智慧养老

1）智慧养老概述

在人口老龄化趋势下，借助数字技术开展养老服务势在必行。从智慧化养老的五个发展阶段来看，智慧养老服务内容可以分为五个部分：一是"互联网+"健康信息管理服务，二是"互联网+"生活照料服务，三是"互联网+"精神慰藉服务，四是"互联网+"

信息交互系统，五是"互联网+"养老产业延伸服务。随着研究的不断深入，智慧养老平台在老龄事业和老龄产业中的应用场景逐渐增多。总体来看，智慧养老平台主要包括以技术特征为平台的信息整合类和以市场特征为平台的业务运营类。智慧养老的主要功能包括在服务层面实现供需精准匹配，在组织层面实现智慧可视决策，在技术层面实现智能驱动。智慧养老技术的使用有助于节约社会资源，减少老人对医疗设备和专业医疗服务的使用，降低医院管理成本。同时，远程照料、提供健康信息也可以让老人增加对自身的控制感、减少社会隔离感、增强安全感。

2）智慧养老技术架构

从基层采集数据到顶层交互，智慧养老系统可分为五层：感知终端层、网络通信层、平台层、软件应用层、展示交互层，如图 6-5 所示。其中，平台层及软件应用层共同组成整个体系的灵魂，相当于人的大脑，是计算机指挥中心，平台相当于计算机的操作系统，连接各种设备，协调软硬件协同运行。软件应用层通过安装各种程序，让系统具有所需要的功能，包括人员管理、健康管理、意外报警处理等。

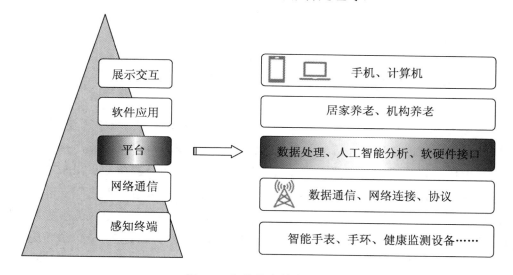

图 6-5 智慧养老技术架构

感知终端层相当于人的感觉器官，人通过触觉、视觉、听觉、味觉、嗅觉等感知信息，传给大脑。养老体系通过带有各种传感设备的智能产品采集数据信息，传给平台层的计算机系统。这些智能产品包括智能手表、手环、定位装置、健康监测设备、视频监控、语音识别装置、意外报警、机器人等。目前，这些设备还没有达到我们想实现的智能化程度，需要在技术上进一步完善和突破，工业和信息化部、民政部、国家卫生计生委印发《智慧健康养老产业发展行动计划（2021—2025 年）》，明确提出"推动智慧健康养老新技术研发"，包括多模态行为监测技术、跌倒防护技术、高精度定位技术等智能感知类技术。

网络通信层相当于人类神经系统将采集到的信息传送到系统的大脑也就是平台层，

同时也将计算机指挥中心的指令向上传递或向下反馈。养老机构的网络构建多是局域网，社区养老应该是以移动通信的方式为主，随着 5G 的普及，未来 5G 的应用前景最为广阔。

交互层通过智能终端如手机、计算机实现人机交互，或人与人之间的交互。比如父母与子女之间，医护人员与患者之间，看护人员与老人之间，以及相互之间的沟通协同。

随着技术发展，各层级间的边界将会逐渐模糊化，比如，人工智能的视频及语音设备在视频监控防止意外发生的同时，也能够与老人交流，处理老人的要求，既属于感知层也属于交互层，同时也有计算分析能力，可归为软件应用层。信息通信层联通整个养老体系，串穿从横向、纵向及端到端的连接。

6.4　电子政务建设实践案例

为响应国家对电子政务建设、政府数字化转型的倡议，进一步提高数字化公共服务的效能，近年来，各省开始进行移动政务服务平台的建设和推广。本节对在电子政务建设上走在前列的省份的移动政务服务平台情况进行介绍。

6.4.1　广东省"粤省事"

广东是全国政务服务移动化的倡导者和先行者。为推动"数字政府"建设，2018 年 5 月，广东省级各地市政务部门、数字广东公司、腾讯三大运营商以及行业优秀企业一起组成的项目团队共同开发并在全国首先推出了集成民生服务的微信小程序"粤省事"及服务号[7]，并于 2022 年 5 月正式上线"粤省事"App。"粤省事"三字一语双关，既凸显出广东一带的当地特色，也是"越来越省事方便"的谐音，亮出政务服务本地化和便捷性的特色[8]。该平台围绕"一站式，更省事"的理念，将超过 24 个广东厅局的多项政务服务整合统一至同一个线上平台，覆盖了公安、人社、教育、税务等近 800 项高频民生服务，真正做到让群众能够"一次不跑"，通过手机端实现"指尖办事"[9, 10]。

"粤省事"政务服务平台针对老年用户、残障人士提供了更为人性化的服务。针对老年用户和残障人士操作不熟悉、办理困难、花费时间长等问题，"粤省事"公众号对每一个上线的服务都附带了"手把手"教学推文，并在"粤省事"小程序上优化了社会养老补助、残疾人证申请、办理、补办等业务流程，还提供了非持证用户代办理的页面设置，既保障了用户信息的真实性，也照顾到各类人群的"指尖办事"，真正做到了贴心本地市民的人性化服务。2022 年 1 月，"粤省事"在语音搜索功能上进行了优化，例如，针对广东一带用户上线了粤语服务，还提供了四川、武汉、昆明、上海等地 23 种方言的智能语音识别。普通话不熟练的老年用户群体也能通过方言语音输入，更快定位需要办理的服务事项[7]。

2021 年 1 月 28 日，"粤省事"实名注册用户突破一亿，覆盖七成常住人口，1 113

项服务实现群众办事"零跑动",成为全国第一个实名用户破亿的省级移动政务服务平台,同时也是全国服务最全、用户最多、活跃度最高的省级移动政务服务平台[7]。下一步,"粤省事"将强化与实体办事大厅、政务服务一体机等线下服务场景的联动,以用户为中心,全面整合全社会的服务资源,构建泛在普惠的政务服务体系,不断提升企业、群众办事的便捷度和获得感。

6.4.2　浙江省"浙里办"

近年来,浙江省大力推动数字化改革,加快推进"一次办好""一网通办",打造掌上办事之省、掌上办公之省[11]。2014 年,基于浙江政务服务网一体化平台,优化迭代推出了"浙里办"App,明确"浙里办"App 为全省"掌上办事"的统一入口,要求各地、各部门基于"浙里办"App 统一开发并输出服务,并将原自建的各类政务 App 全面整合至"浙里办"App,依托"浙里办"App 实现行政权力和公共服务事项"应上尽上"[11]。作为掌上办事之省的核心载体,"浙里办"囊括"掌上办事""掌上咨询""掌上投诉"三大核心功能板块,以及查缴社保、提取公积金、交通违法处理和缴罚、缴学费等数百项便民服务应用。为进一步提升服务标准和服务效率,浙江省大数据局对全省数据进行了归集共享,督促各地、各部门围绕高频民生服务开展数据整合共享,切实减少办事过程中的"奇葩"证明、重复证明、烦琐证明等现象。此外,浙江省大数据局进一步优化了"浙里办"App 的界面设计和功能板块,创新引入智能服务(智能搜索、智能推荐、智能提醒等),使"浙里办"服务更暖心、更人性化[11]。

依托"浙里办",浙江省已形成了"网上一站办、大厅就近办、办事更便捷"的办事新模式。为了让老年人在内的弱势群体也能享受到"浙里办"便捷、贴心的服务,"浙里办"不断迭代升级、完善用户体验。在"浙里办"上,集助残、帮困、扶老、爱幼等暖心专题,180 多项大大小小的贴心服务为用户提供了畅通无阻的掌上办事通道。此外,为了给偏远山区、海岛等地居民提供便利化服务,"浙里办"还推出了"在线帮办""红色代办"等一系列帮办模式。工作人员化身为"教办员""代办员"上门帮助群众办事[12]。

截至 2023 年 6 月,"浙里办"注册用户数突破 1 亿,目前已汇聚 3 638 项依申请政务服务事项、2 000 余个便民惠企服务、"出生一件事""企业开办一件事"等 40 件多部门联办"一件事",推出身份证、驾驶证、道路运输证等 290 余类高频电子证照。未来,"浙里办"还将重点聚焦用户体验,用数字化理念、数字化思维持续提升政务服务水平,不断深化政务服务"一网通办"改革,全力推进"跨省通办",更大力度方便群众、企业办事,更大限度激发市场活力,助力数字化改革[12]。

6.4.3　上海市"随申办市民云"

随着移动端政务服务的兴起,上海也推出了"随申办市民云"App。"申"指上海,取"随身办"的谐音，寓意用户只需掏出手机，就能随时、随地、随身办理各类政务服务事项[13]。作为上海市"一网通办"项目在移动端的重要展现平台，"随申办市民云"App 发挥移动端"掌上办事"的特点，致力于推动政务服务向更高效、更精准、更智能方向发展，不断提升各委办局、企事业单位与个人办事的便捷度、体验度和满意度，以"服务对象便利办成一件事"的全流程为核心，推进上海市政务服务业务流程再造，减少市民在办事过程中的手续、资料和跑动，改善营商环境，增加市民的获得感和幸福感[14]。

"随申办市民云"App 有十大实用功能：一是专属服务包，只要在 App 上进行实名认证，就会有自己的专属页面，公积金、养老金、水电煤账单都可以一键查询，只要日常生活中能够想到的，在这里都能找到对应的服务，还可以添加到"我的收藏"中，以便下次直接使用；二是"亮证"功能，这也是目前这款 App 最有特色的功能之一，用户只需点一下按钮，政府办事人员扫码即可获取证照信息。个人证照主要包括身份证、居住证、驾驶证等常用的证照，企业证照主要包括营业执照、卫生许可证、经营许可证等高频证照；三是扩大"社区服务"，用户在注册后可以加入自己所在的街道，系统会根据所加入的街道推荐对应的社区服务，例如法律咨询中心、党建服务中心，用户也可以根据自己的需要进行搜索；四是及时掌握身边的时事热点，"随申办市民云"App 不仅实时提供天气信息、道路状况等，还会关注市民的热点话题，例如上海旅游节吃喝玩乐攻略，人才紧缺、"职等你来"等话题；五是我的卡包，这个功能可以将自己的相关证件都放入电子卡包，免去了每次出门都要带一堆卡的烦恼；六是办事流程介绍，去政府部门办理过事务的人都知道，纷繁复杂的流程最让人头疼，而且无休止的排队最耗费时间，"随申办市民云"App 不仅有详细的办事指南，还有各个办事点的实时流量情况，用户可以在家里了解办事点的人流情况，等到人少的时候再去办理，省时又省力；七是免费资源，"随申办市民云"App 提供很多具有吸引力的免费资源，例如"市民阅读"里面有很多免费的书籍，用户可以在 App 内直接阅读，App 内还有一些免费药具、母婴设施等服务；八是交通出行，通过"随申办市民云"App，自驾车主可以查询实时道路情况、目的地停车场和交通违章状况，乘坐公共交通可以查询交通卡余额、公交车到站信息等；九是家电维修项目，"随申办市民云"App 里，冰箱、洗衣机、空调等电器的维修电话一应俱全，渠道有保障，避免入坑，而且还有维修行业协会电话，以便人们监督和投诉；十是"一老一小"特色服务，这一服务旨在帮助解决家庭中最需要关心的群体问题，例如疫苗接种、养老机构、上海药店等服务[13]。

"随申办市民云"App 的数字身份识别码——"随申码"，已经渗透到"医、食、住、行、文、教、旅"等与公众个人息息相关的重点生活领域。截至 2023 年 12 月，"随申码"已累计使用超 188.6 亿次，用码人数超过 8 075.3 万人。在交通出行领域，上海市在全国率先实现"随申码"与地铁、公交乘车码"三码整合"，实现地面公交、地铁及轮渡等场景刷码乘坐；在健康医疗领域，扫"随申码"即可看病就医、买药结算，现已覆盖 3 000 多个医疗结算点，累计服务超过 7 210 万人次。在文化休闲领域，已实现扫"随申码"

快速入住宾旅馆；在上海图书馆扫"随申码"可过闸机、办证和借书等；在旅游场馆扫"随申码"即可通行。

6.4.4　福建省"闽政通"

为适应移动互联网发展趋势，创新网上政务服务模式，福建省建设了政务服务移动端统一平台——"闽政通"App。"闽政通"App 整合了全省各级政府部门面向公众和企业的服务资源，提供信息服务、办事服务和互动服务，推进"一号通认"和"一码通行"，实现政务服务从物理窗口、PC 端到移动端的转变。公众和企业可以随时随地获取所需服务，变"群众跑腿"为"掌上办事和信息跑路"，变"群众来回跑"为"部门协同办"，初步实现群众办事从"马上办"到"掌上办"。此外，"闽政通"App 还具有统一支付、统一身份认证功能，以智能化的方式聚合信息，对用户进行数字画像，用户的办件、预约、诉求、收藏等信息一目了然。同时，基于时间、空间、人群及实用性，推送优质精准的服务。

"闽政通"App 已建成开放式架构，接入全省行政审批、公共服务事项超过 22 万项，累计整合便民服务事项 25 类超过 1 300 项，完成九市一区和部分省直部门政务服务小程序入驻；建成福建省社会用户实名认证授权平台，已对接国家政务服务平台及省内超过 300 个政务服务平台，实现"一号通认"，基本建成全省一体化掌上便民服务大平台。截至 2021 年 12 月，"闽政通"App 注册用户数超过 5 252 万，占全省常住人口的 126.4%，月活跃用户超过 2 000 万，实现群众办事"马上就办"掌上办，不断优化办事创业和营商环境，全力打造能办事、快办事、办成事的"便利福建"。根据中国软件评测中心（工业和信息化部软件与集成电路促进中心）发布的"2021 年数字政府服务能力评估暨第二十届政府网站绩效评估结果"，福建省数字政府服务能力继续位居"优秀级"，"闽政通"App 在省级政务 App 调查评估中再次位列"优秀级"[15]。

6.4.5　重庆市"渝快办"

2018 年 11 月，重庆市移动政务服务平台"渝快办"正式上线运营，首批推出 300 多项老百姓最关心、最高频、最便捷的审批服务事项[16]，使政务服务"掌上办、指尖办"变得触手可得，增加了市场主体的活力，增添了群众生活的便利[17]。

"渝快办"政务服务平台将分布在重庆市 58 个业务部门、3 600 多项政务数据资源开放共享、流程优化再造和业务协同统一管理起来，打破各审批服务部门之间封闭运行的行政"壁垒"，实现信息集成、服务集成。市民只需一次注册，便可办理"渝快办"内的所有政务服务事项[14]。同时，平台还开通了在线缴费、邮政快递等服务，从而实现移动政务服务"指尖触达、掌上通办"的目的。自上线以来，"渝快办"政务服务平台覆盖了老百姓最关心、最迫切和最高频的审批服务事项 580 余项，涉及户政服务、社保服务、公积金和医疗卫生等 16 个领域、21 个公共服务提供部门，融合了 58 个市级部门、3 600 余项政务数据资源，为企业和群众办事提供了"一网式"掌上咨询、掌上办理、掌上查询和掌上评价的全流程在线服务[18]。

"渝快办"移动政务服务平台操作简便、系统流畅，服务事项遵循"材料极简、环节极简、费用极简"的原则，很多过去需要提供证明、现场核验的工作，现在通过网络自动核验完成，不需要办事人再单独填报，只需通过"实人+实名"身份认证核验，就可办理所有上线审批服务事项。此外，设在重庆市政府办公厅的重庆市"互联网+政务服务"指挥中心后台充分发挥"千里眼""透视镜"作用，对每一项审批服务事项进行全过程在线跟踪、监管，真正做到"基层群众在办、审批人员在干、监管平台在看"，让"散懒拖"和"吃卡要"无处遁形。

截至 2023 年 1 月，"渝快办"平台实名认证用户数达到 2 500 万人，月活跃用户超过 600 万人，累计办件总量超 2.5 亿件，市级行政许可事项"最多跑一次"比例超过 98%，办理时间普遍压缩一半以上。

6.4.6　山东省"爱山东"

作为山东省委、省政府全面优化营商环境、切实提升政务服务能力的重要载体，"爱山东"政务服务平台于 2019 年 1 月正式上线。上线以来，"爱山东"政务服务平台本着"以人为本，以用为大"的宗旨，紧盯企业、群众生产生活中的痛点，通过整合各级、各部门分散建设的移动端政务资源，实现高频业务"掌上办"、办事服务"掌上查"、电子证件"随身带"。

山东省政府办公厅印发的《数字山东 2020 行动方案》提出：大力推广"爱山东"App，实现"一部手机走齐鲁"。以"爱山东"为统一品牌，统筹规划建设"爱山东"政务服务平台。全面整合各级、各部门政务服务事项办事入口，2022 年 11 月底前，原则上政务服务事项办事入口全部统一至"爱山东"政务服务网和"爱山东"政务服务平台移动端。对不能纳入"爱山东"政务服务平台统一管理的事项，编制形成事项负面清单。持续推进水电气热、电信、公证、法律援助等更多领域服务应用进驻"爱山东"政务服务平台。至此，"爱山东"政务服务平台支撑保障能力大幅增强，政务服务场所功能持续优化，更多事项实现"网上办、掌上办、跨域办、就近办"，在线申办率达到 70%。企业和个人全生命周期"一件事"集成服务场景更加丰富，"爱山东"政务服务品牌美誉度和影响力进一步增强，省、市、县、乡四级政务服务能力和水平显著提升。

2022 年 7 月 21 日，"爱山东"移动端 3.0 版本正式上线运行，注册用户数突破 1 亿，平均日活数超过 800 万。经过近 4 年发展，"爱山东"已由单一的 App 端发展为 App、支付宝小程序、微信小程序多端并行的多元化服务平台，并持续为国家移动政务服务平台输送服务，全面打造"24 小时不打烊"掌上政府。2022 年 11 月 24 日，在第二届中国政务服务掌办指数发布会上，"爱山东"政务服务平台获评中国政务服务掌办指数"A"

级，获得"首屈一指"奖项，位居全国第三[19]。未来，"爱山东"将持续上线更多与群众密切相关的服务，从"可用能用"向"好用爱用"转变，让每一个山东人"生活轻松·更爱山东"。

6.4.7　河南省"豫事办"

"豫事办"是由河南省大数据管理局建设，为群众、企业提供公共服务和政务服务的移动端官方唯一总入口，于 2019 年 11 月 21 日上线运行。"豫事办"以老百姓"人生大小事"为服务核心，汇聚住建、人社、税务、教育、公安、卫健、民政等多个政府部门的政务服务，涵盖河南健康码、公积金服务、社保服务、司法服务等 2 000 余项便民事项，为全省老百姓提供覆盖"生老疾病、衣食住行、安居乐业"全生命周期的移动端便民服务，轻松实现政务服务事项的"掌上办""指尖办"，打造全省"移动办事"统一品牌[20]。

服务项目方面，"豫事办"的功能项目包括：

1．生老疾病

（1）疫苗接种：查询儿童信息、疫苗接种记录、疫苗接种计划等。

（2）社保缴费：灵活就业人员在社保经办机构登记社保信息后即可在本平台按月缴纳社保费；城乡居民无须核定社保费信息即可在本平台缴纳养老保险或医疗保险；需补缴往期社保的居民输入社保唯一流水号即可缴费。

（3）社会保障卡服务：为群众提供社保卡挂失、社保卡基础信息修改、社保卡状态查询等服务。

（4）预约挂号：提供基础医疗资源查询服务、门诊预约挂号服务。

（5）社保资格认证：在领取社会保险定期待遇之前需要认证，通过该功能认证后方可领取社会保险定期待遇。

2．安居乐业

（1）河南健康码：相关人员自行进行网上申报，经后台审核后，即可申领健康码，实现一次申报、全省通用，并与 31 个省份跨省互认。

（2）不动产管理：提供个人住房信息查询、不动产登记证书查询、不动产网签查询、二手房买卖办理、抵押信息查询等服务。

（3）高考服务：面向全省考生及家长提供高考成绩查询、高考录取查询服务。

3．衣食住行

（1）公积金服务：对接全省 17 个省辖市和济源示范区及省直管县公积金中心，实现 500 余项公积金查询及提取服务的接入。

（2）交警罚单缴费：处理已在交警部门开具处罚决定书的机动车违章。

（3）地铁乘车码：地铁乘车。

（4）生活缴费：电费、水费等日常生活缴费。

（5）发票查询：对增值税专用发票、通用机打平推式普通发票、通用机打卷式普通发票、通用手工普通发票、通用定额普通发票、企业冠名普通发票、特定业务普通发票等各类发票进行信息查询。

4．好差评

对政务服务相关部门、单位及其工作人员的服务质量（申请材料、跑趟次数、办理时间等）按"非常满意""满意""基本满意""不满意""非常不满意"五个等级进行评价。线上办件可进入"线上办件评价"模块直接评价。在各级实体政务大厅办理的证件，可通过"二维码扫码评价"模块扫描办理窗口的二维码进行评价[21]。

截至 2022 年底，"豫事办"注册用户数达到 7 530 万，上线 5 699 个事项，分别完成省定目标任务的 107.6%、142.5%。每天有 200 多万人通过"豫事办"办理相关业务，"豫事办"已成为全国用户最多、服务集成度最高、活跃度最热的省级移动政务服务平台之一。2022 年，"豫事办"新上线居民办电服务、新房及二手房契税申报、应急避难场所查询等 1 911 个高频服务事项，更好满足了群众的网上办事需求。各地市"豫事办"分厅上线 5 316 个深受群众欢迎、各具地方特色的政务服务事项和便民应用，有效促进了各地移动政务服务在"豫事办"上集中办理。在疫情防控期间，"豫事办"新上线健康码转码登记、入豫报备等 20 余个业务应用，汇聚纸质码、核酸报告、转码申诉、咨询热线等群众常用的服务，汇总全省核酸检测数据超过 70 亿条，健康码赋码、转码超过 1 500 万人次，制发场所码超过 580 万张，累计使用量突破 120 亿次，单日使用峰值 1.38 亿次，为助力疫情防控和企业复工复产发挥了积极作用。

6.5　本　章　小　结

本章首先对公共服务的概念进行了界定，伴随着政府数字化转型的潮流，政府公共服务也开始向数字化公共服务转型，呈现出数字化、智慧化、普惠化、高效化、精准化和智能化的特点。同时，数字技术对社会各方力量的渗透使得数字化公共服务的供给方不再仅是政府。通过互联网技术，政府部门与企业在公共服务领域积极互动，带来了不同种类的数字化公共服务，例如，政府利用数字技术提升公共服务效能、政府业务外包的公共服务等。此外，为使数字化公共服务更深入地惠及更广泛的人民群众。"十四五"规划总结了未来数字化公共服务的重点提升领域，包括政务服务领域、社会服务领域、数字城乡领域和数字生活领域，其中，互联网医疗、在线教育、智慧养老等数字化服务已成为当下热点。由于移动政务服务平台是数字化公共服务的重要提供途径，本章最后对广东省、浙江省、上海市、福建省等省份的移动政务服务平台情况进行了介绍。

思考与练习题

（1）简述数字化公共服务的特点。

（2）简述数字化公共服务的发展趋势。

（3）简述 2～3 种数字化公共服务的应用场景。

参 考 文 献

[1] 光明网．推行公共服务便捷化，切实转变政府职能［EB/OL］．（2016-01-14）
　　[2023-05-10]．https://www.gov.cn/zhengce/2016/01/14/content_5032926.htm.

[2] 范拥军，赵婷，张泗考．推进民生社会建设提升国家治理能力［J］．邢台学院学报，
　　2018，33（01）：34-36.

[3]《"十四五"数字经济发展规划》解读｜着力推动公共服务数字化 促进数字经济发
　　展红利全民共享[EB/OL]．（2022-01-21）[2023-05-10]．https://www.ndrc.gov.cn/xxgk/
　　jd/jd/202201/t20220121_1312588.html.

[4] 中国经济网．2019 年《公共服务蓝皮书》：公共服务智慧化进行时，智慧城市建设
　　将提供更大动力 [EB/OL]．（2020-06-16）[2023-05-10]．http://www.ce.cn/cysc/
　　zljd/gzd/202006/16/t20200616_35144943.shtml.

[5] 谭海波．数字技术赋能公共服务高质量发展[N]．中国社会科学报，2022-08-25（001）.

[6] 马名杰．积极利用数字技术推动公共服务市场化改革［N］．中国经济时报，
　　2018-03-29（005）.

[7] 骆婉玲．数字政府背景下"粤省事"信息服务平台发展现状研究［J］．江苏科技信
　　息，2022，39（19）：69-72.

[8] 邓咏涛．"体验为王"：融媒时代政务新媒体的创新路径——以"粤省事"为例[J]．传
　　媒，2019（20）：48-49.

[9] 曾百添，王梓铃，练雨铃，等．"数字政府"背景下广东省掌上政务普及现状及发
　　展对策——以"粤省事"小程序广州市使用情况为例［J］．青年与社会，2020（18）：
　　4-7.

[10] 数字广东"粤省事"团队：数字政府建设的领跑者［J］．黄金时代，2020（05）：48.

[11] 闵生．浙里办掌上办事平台服务便民［J］．民生周刊，2020（02）：60-61.

[12] 浙江日报．浙江政务服务网上线七年来不断刷新政务服务速度"浙里办"如何改
　　变"浙里"[EB/OL]．（2021-07-08）[2023-05-10]．https://zjnews.zjol.com.cn/202107/

t20210708_22769658.shtml.

［13］ 姜雪婷. 上海市"一网通办"政务服务平台建设研究［D］. 上海：东华大学，2021.

［14］ 潘俪."随申办市民云"强力助推"一网通办"［J］. 上海信息化，2019（06）：50-52.

［15］ ［福建省经济信息中心. 闽政通 App 获评"优秀级"省级政务 App[EB/OL].（2021-12-24）[2023-12-11]. https://xxzx.fj.gov.cn/xxgk/zxdt/202112/t20211224_5799469.htm.

［16］ 重庆："渝快办"移动政务上线 300 多项政务服务可在线办理［J］. 计算机与网络，2018，44（23）：1.

［17］ 王领明. 重庆市"互联网+政务服务"推进过程中的问题与对策研究［D］. 重庆：中共重庆市委党校，2021.

［18］ 人民网."渝快办"已覆盖公共服务事项 580 余项［EB/OL］.（2020-12-12）[2023-12-11]. http://cq.people.com.cn/n2/2020/1212/c365402-34470285.html.

［19］ 山东省人民政府."爱山东"获评中国政务服务掌办指数"A"级［EB/OL］.［2023-04-25］. http://www.shandong.gov.cn/art/2022/11/29/art_97564_565264.html.

［20］ 河南省行政审批和政务信息管理局."豫事办"是什么？"豫事办"能为您做什么？［EB/OL］.（2021-01-15）[2023-05-10]. https://dsj.henan.gov.cn/2021/01/15/2079786.html.

［21］ 河南省行政审批和政务信息管理局."豫事办"注册用户数达 7 530 万 成为全国用户最多省级移动政务服务平台之一［EB/OL］.（2023-02-16）[2023-04-25]. https://dsj.henan.gov.cn/2023/02-16/2690321.html.

第7章 电子政务的重要资源—— 政务数据

当前，数据已成为现代经济社会发展的重要生产要素，并推动着电子政务从强调"数字化手段治理"转向"用数据治理"，从而构建数字政府治理新模式。政府部门掌握着大量基础性、关键性的数据资源，涉及政府运行、经济发展、社会治理等各个领域，对政务数据的采集汇聚、共享开放、开发利用等过程不仅能够充分挖掘政务数据的内在价值，而且能够激发市场主体的创新活力，更能把不同主体吸引到数字政府建设中来。另外，通过数据的开放、共享，可以打通政府部门、企事业单位和社会组织的数据壁垒，使数据能够利用最大化和公共利益最大化。

7.1 政务数据概述

2016 年以来，国务院出台了《政务信息资源共享管理暂行办法》《国务院办公厅关于建立健全政务数据共享协调机制加快推进数据有序共享的意见》等一系列政策文件，加强顶层设计，统筹推进政务数据共享和应用工作。截至 2022 年 9 月，全国 31 个省、自治区、直辖市均已结合政务数据管理和发展要求明确政务数据主管部门，组织实施政务数据采集、归集、治理、共享、开放和安全保护等工作，统筹推进数据资源开发利用。覆盖国家、省、市、县等层级的政务数据目录体系初步形成，各地区的相关部门依托全国一体化政务服务平台汇聚编制政务数据目录超过 300 万条，信息项超过 2 000 万个[1]。人口、法人单位、空间地理和自然资源、宏观经济等基础库初步建成，在优化政务服务、改善营商环境方面发挥重要的支撑作用；医疗健康、社会保障、生态环保、应急管理、信用体系、安全生产等领域的主题库也为经济运行、政务服务、市场监管、社会治理等政府职责履行提供有力支撑。各地区积极探索政务数据管理模式，建设政务数据平台，统一归集、统一治理辖区内的政务数据，以数据共享支撑政府高效履职和数字化转型。截至 2022 年 10 月，我国已有 208 个省级和城市的地方政府上线了政府数据开放平台，其中省级平台 21 个（含省和自治区，不包括直辖市和港澳台），城市平台 187 个（含直辖市、副省级与地级行政区）。

7.1.1 政务数据的概念与分类

从广义角度讲，政务数据是指政府工作开展中产生、采集的数据，以及因管理服务需求而采集的外部大数据（如互联网舆论数据）。从狭义角度来看，政务数据就是政府所拥有和管理的数据，如公安、交通、医疗、卫生、就业、社保、地理、文化、教育、科技、环境、金融、统计、气象等。如果将政务数据与政府的服务和管理职能结合起来，我们就不难发现政务数据在数据的性质、量级、生产方面的关系存在的特点[1]。从拥有的独特数据类型来看，政府数据资产大致可分为以下五类独特数据：

（1）政府才有权利采集的数据，如资源类、税收类、财政类等数据；

（2）政府才有可能汇总或获取的数据，如生产建设、农业总产值、工业总产值等数据；

（3）因政府发起才产生的数据，如城市基建、交通基建、医院、教育师资等数据；

（4）政府的监管职责所拥有的大量数据，如人口普查、食品药品管理等数据；

（5）政府提供的服务的客户级消费和档案数据，如社保、水电、教育信息、医疗信息、交通路况、公安等数据。

从数据属性来看，政务数据可以分为自然信息类（地理、资源、气象、环境、水利等）、城市建设类（交通设施、旅游景点、住宅建设）、城市健康管理统计监察类（工商、税收、人口、机构、企业、商品）和服务与民生消费类（水、电、燃气、通信、医疗、出行）等。

7.1.2 政务数据采集技术

1. 政务数据采集技术简介

政务数据采集是指从传感器、智能设备、在线系统、离线系统、社交网络和互联网平台等渠道获取数据的过程。政务数据采集技术通过射频识别数据、传感器数据、社交网络数据、移动互联网数据等方式获得各种类型的结构化、半结构化、非结构化的海量数据[2]。

政务数据采集从数据源上可以分为 4 类：网络数据（包括网页、视频、音频、动画、图片等）、日志数据、数据库数据、其他数据（感知设备数据等）。针对不同的数据源，所采用的数据采集的方法和技术也不相同。

（1）网络数据采集：指通过网络爬虫或网站公开 API 等方式从网站上获取数据信息的过程。网络爬虫会从一个或若干初始网页的统一资源定位器（Uniform Resource Locator，URL）开始，获得各个网页上的内容，并且在抓取网页的过程中不断从当前页面上抽取新的 URL 放入队列，直到满足设置的停止条件为止。这样可将非结构化数据、半结构化数据从网页中提取出来，并以结构化的方式存储在本地的存储系统中。

（2）系统日志采集：主要指收集政府业务平台日常产生的大量日志数据，供离线和在线的大数据分析系统使用。高可用性、高可靠性、可扩展性是日志收集系统具有的基本特征。系统日志采集工具均采用分布式架构，能够满足每秒数百兆的日志数据采集和传输需求。

（3）数据库采集：MySQL 和 Oracle 是政府常用的关系型数据库。随着大数据时代的到来，Redis、MongoDB 和 HBase 等 NoSQL 数据库也常用于数据的采集。政府通过在采集端部署大量数据库，并在这些数据库之间进行负载均衡和分片来完成大数据采集工作。

（4）其他数据（感知设备等数据）采集：感知设备数据采集是指通过传感器、摄像头和其他智能终端自动采集信号、图片或录像来获取数据。大数据智能感知系统需要实现对结构化、半结构化、非结构化的海量数据的智能化识别、定位、跟踪、接入、传输、信号转换、监控、初步处理和管理等。其关键技术包括针对大数据源的智能识别、感知、适配、传输、接入等。

2. 政务数据预处理技术简介

初步采集到的数据往往存在不完整、含噪声、不一致等问题。为了避免影响后续存储、管理、分析、处理、挖掘等步骤，必须对这些数据进行预处理。通常，数据预处理包含数据清洗、数据集成、变换以及数据规约几个部分。

（1）数据清洗：保证数据质量的重要手段之一。并不是所有采集到的数据都是有价值的，有些数据并不是我们所关心的内容，有些甚至是完全错误的干扰项。因此，我们要对数据过滤、去噪，从而提取出有效的数据。

（2）数据集成：指把多个数据源中的数据整合并存储到一个一致的数据库中。这一过程需要着重解决三个问题：模式匹配、数据冗余、数据值冲突检测与处理。

（3）数据变换：为了更好地对数据源中的数据进行挖掘，数据变换是必然结果。数据变换主要指对数据进行规范化处理，以达到适用于挖掘的目的。其主要过程有平滑、聚集、数据泛化（使用高层的概念来替换低层或原始数据）、数据规范化以及属性构造等。

（4）数据规约：在数据集成与清洗后，能够得到整合了多数据源同时数据质量完好的数据集。但是，集成与清洗无法改变数据集的规模，依然需通过技术手段降低数据规模，这就是数据规约。数据规约就是缩小数据挖掘所需的数据集规模，具体方式有维度规约与数量规约。

7.1.3　政务数据存储与管理技术

政务数据存储与管理要用存储器把采集到的数据存储起来，建立相应的数据库，并进行管理和调用，主要解决政务数据的可存储、可表示、可处理、可靠性及有效传输等几个关键问题。在政务数据存储和管理发展过程中，有几种较为有效的存储和管理政务数据的方式：

（1）加密：加密技术是应对网络威胁的最基础也是最可行的途径之一，将所有内容转换为代码，并使用加密信息，只有收件人可以解码。如果没有其他的要求，则加密保护数据传输，增强在数据传输中有效地到达正确人群的机会。

（2）存储：通过对数据的存储、校准、整合及输出，对数据进行集中分层次管理，在保证数据时效性、生态性的同时，还能够对数据完成不同程度的处理。

（3）备份：由于云存储服务推动了数字化转型，使得云计算的应用越来越繁荣。数据可以随时随地进行访问，并在云存储服务上进行备份，这也意味着如果出现网络攻击，云端会采取将数据从 A 迁移到 B 甚至到 C 的方式来确保数据安全。

7.1.4 政务数据挖掘技术

简单地说，数据挖掘就是从大量数据中提取或"挖掘"知识的过程，有时也被人们称为知识挖掘、知识提取、知识发现、数据/模式分析等。它是现代数据库技术发展与人工智能（机器学习、模式识别）技术相结合的产物。在数据挖掘领域，数据挖掘功能发现的模式类别主要有关联规则、分类、聚类、概念描述和偏差检测等。这些模式也是政务数据挖掘所需要的[3]。例如，在税务部门可以利用数据挖掘的偏差检测对同一类型纳税人数据进行分析挖掘，可以发现偷税漏税问题。

电子政务中的数据挖掘是指为政府各种业务活动、工作、决策寻找知识，一般政务数据挖掘的过程应该包括数据准备、挖掘处理、知识表达和解释三个阶段。

（1）数据准备：为电子政务数据挖掘提供挖掘对象的阶段。主要指针对需求分析的结果做挖掘对象的准备工作，其主要内容有数据的预处理（如抽取、转化、净化、理解等）以及建立数据挖掘处理集等。通过数据准备可提高数据挖掘质量，减少数据的杂乱性、冗余性和不完整性。

（2）挖掘处理：挖掘操作是数据挖掘的核心，主要指通过算法引擎选择挖掘算法后，对数据准备阶段建立的数据挖掘处理集进行挖掘，从中发现感兴趣的知识。

（3）表达和解释：表达和解释是对挖掘结果进行分析，提取出最有价值的信息，以图表形式或其他可视化手段展现给用户。

7.2 政务数据治理

政务数据治理是数据治理在政务行业的应用，解决政务数据归集、数据资源建设、数据共享和数据应用等各种问题，以及保障数据安全。政务数据治理是从根本上建立数据标准和规范，统一数据资产管理，统一数据调度，保证数据可控、可用、可信的工程。

同时，以数据运营的方式从政务数据和社会数据中提升社会效益和经济效益，为数字政府和智慧城市的建设提供可信、可用的数据支撑。政务数据治理伴随着政务信息化、数字化建设浪潮，逐步演变成数字政府和新型智慧城市建设的必要和必需手段，并为政务服务、城市治理、经济发展等领域提供数据。

7.2.1　政务数据治理的内涵

广义的数据治理有两层含义：一是"用数据治理"，重在研究如何运用数据赋能经济、社会发展，充分发挥大数据在经济、社会各领域的作用，为数据赋能经济社会发展找出新方法和新路径；二是"对数据治理"，重在研究如何提高数据的可用性和价值，解决数据创制、使用、共享、交换、开放等环节中存在的一系列技术、制度和法律层面的问题，其目的是确保数据资产得到正确有效的管理，为"用数据治理"打下坚实的基础。

狭义的数据治理仅指"对数据治理"，从治理的内容来看，包括以"技术"为核心的企业级数据治理和以"规则"为核心的联盟级数据治理，是一套技术与管理相结合的制度体系，贯穿数据的整个生命周期[4]。前者专注于数据要素层面的技术治理，后者着眼于使用层面的制度治理，其目的是通过确立并实施一系列制度规则，对数据全生命周期的每一个环节进行有效管理和控制，进而提高数据的可用性、安全性、交融性，提升数据价值。

具体来说，政务数据治理是政府对其自身数据资产进行管理和控制的一系列活动的集合，涉及数据创制、保存、使用、交换、共享和开放等环节，是一个完整的包含标准、流程、工具和制度等要素的科学管理体系。政务数据治理是为了更好地利用数据开展决策、管理和服务。因此，政务数据治理不可能依靠某个政府部门来完成，也无法通过政府自身得到有效解决。加强数据治理既需要政府部门与 IT 企业进行协作，又需要政府各个部门围绕数据的全生命周期加强管理与控制，以改善数据的可靠性和质量，从而为关键业务数字化转型提供支持，并确保遵守法规，充分发挥数据在推进国家治理现代化进程中的基础性和创新性作用。

7.2.2　政务数据治理的 5 个阶段

基于数据全生命周期的视角，政务数据治理可分为汇聚、联通、管理、应用、评价五个阶段[5]，各阶段内容及特点具体如下：

（1）汇聚阶段：数据汇聚指按照确定的数据分析框架收集相关数据的过程，它为数据治理提供了素材和依据，是数据治理的开端。该阶段需要汇集政府部门内部、外部的全量数据，在实现数据"应汇尽汇"的同时，还需注意统一数据归口，确保政务数据质量。

（2）联通阶段：数据联通主要目的是打通数据之间的关系，使原本由独立主体分别治理的数据之间产生关联和映射，明确数据责任主体，确保数据的实时性、一致性，为后续的政务应用提供坚实的数据基础。

（3）管理阶段：数据管理指将管理过程产生的规范、流程等与信息化平台相结合，强调从源头治理数据，需确保元数据、质量、安全、业务逻辑等数据相关属性和信息的完整，通过元数据驱动数据的生产、处理及应用。

（4）应用阶段：数据应用以政务业务的需求为导向，基于数据支撑各项业务的开展，是数据治理工作的目标，也是政务数据价值释放的关键环节。政务数据经过汇聚、联通、管理，形成具备通用性基础，标准化、结构化的可用数据，如基础库、主题库、专题库等，为上层的政务应用提供数据支撑。

（5）评价阶段：数据评价以政务数据的实际应用效果为牵引，主要关注政务数据的完整性、时效性、唯一性、参照完整性、精确性、有效性、可信度、可访问性等指标，通过"以评促建、以评促用"促进政务数据治理水平实现螺旋式提升。

7.2.3 政务数据的潜在价值

相对其他行业，政务数据来源广泛，既包含各级政府部门因履职过程产生的数据资源，又包含服务过程中采集的外部数据资源。政务数据具备规模大、种类多、价值高的特点，跨部门的业务数据需求也越来越明显，加之政务信息化多年的建设成果，政务大数据汇集了各级政府部门的业务数据，数据种类众多，且事关百姓生活的方方面面，数据的潜在价值巨大[6]。

经济调节方面，利用大数据加强经济监测分析，提升研判能力。各地区通过运用政务数据可强化经济监测预警，可以加强覆盖经济运行全周期的统计监测和综合分析，提升对经济运行"形"和"势"的数字化研判能力。

市场监管方面，通过数据共享减轻企业负担，提升监管能力。利用前端填报合并、后端数据共享等方式，推进市场监管与人力资源社会保障、海关、商务等多部门业务协同，可实现企业年报事项"多报合一"，减轻企业负担，助力优化营商环境。各部门通过充分利用法人基础信息开展企业违规行为监管、行业动态监测和辅助决策分析，防范企业经营风险。

社会管理方面，推进城市运行"一网统管"和社会信用体系建设。以大数据算法建模、分析应用为手段，推进城市运行"一网统管"，可提高治理能力和水平。通过信用状况分析，有助于揭示社会主体信用优劣，警示社会主体信用风险，加强社会信用体系建设。

公共服务方面，促进政务服务模式创新，提升办事效率。各地区各部门深入挖掘、充分利用数据资源，可有效促进政务服务办理方式不断优化、办事效率不断提升，企业和群众的满意度、获得感不断提升。

生态环保方面，强化环境监测和应急处理能力。建设生态环保主题库，涵盖环境质量、污染源、环保产业、环保科技等数据，通过跨部门数据共享，可有效支撑环境质量监测、突发环境事件应急处置等事项处理。

7.2.4　政务数据治理的目标和要素

1. 政务数据治理的目标

政务数据治理的目标是通过构建公共数据端到端全生命周期的数据管理体系，形成统一的数据采集汇聚、共享开放、开发利用等过程的决策机制、流程和规则。基于高质量的数据，在确保安全合规的前提下，实现跨部门、跨业务、跨系统的数据流通。

通过构建统一的数据开发利用技术体系，提升政务数据管理、分析及服务能力，支撑政务大数据应用场景的快速设计和开发落地，最大化释放政务数据的价值。

2. 政务数据治理的关键要素

政务数据治理的关键要素包括数据战略制定、数据组织建设、数据制度规范、流程技术、数据应用服务、数据安全、数据运营与成熟度评估在内的一系列体现政务属性的流程架构，具体如下：

（1）数据战略制定：政务数据治理战略规划是数据治理环节的首要任务，也是数据战略的基础，指导数据战略的方向和原则。2022 年 10 月，国务院办公厅出台《全国一体化政务大数据体系建设指南》，明确了全国一体化政务大数据体系建设的目标任务、总体框架、主要内容和保障措施，为一段时期内政务数据治理的发展指明了方向。

（2）数据组织建设：组织建设开展于各项数据职能工作之前，也是各项数据职能工作开展的基础，强有力的组织架构是政务数据治理取得成功的有力保证。党的十八大以来，部分地方政府已开始先行探索成立数据行政管理机构（如山东省大数据局、浙江省大数据发展管理局等），以更好发挥政府数据治理职能。2023 年 3 月，中共中央、国务院印发《党和国家机构改革方案》，提出组建国家数据局，负责协调推进数据基础制度建设，统筹数据资源整合共享和开发利用，统筹推进数字中国、数字经济、数字社会规划和建设等，为提升我国大数据治理能力，推进国家治理体系和治理能力现代化提供了有力支撑。

（3）数据制度规范：制度规范是对政务数据治理工作的指导，政务数据治理制度体系应符合地区政府的数据战略，充分结合政务数据治理组织架构与治理现状，体现、贯彻和落实国家政务数据治理顶层设计要求，并逐步将政务数据治理体系纳入政府的治理实践中。在国家层面，《中华人民共和国网络安全法》《中华人民共和国数据安全法》等法律共同构筑了数据安全保护的基础性"法律堡垒"；在地方层面，目前已有约二十个省市公布了相关的大数据条例，如《山东省大数据发展促进条例》《上海市数据条例》等，以促进数据利用和产业发展为基本定位，最大程度促进包括政务数据在内的数据要素的流通和开发利用。

（4）流程技术：流程技术可指导政务数据治理的正确实施，包括汇聚整合、提炼加工、闭环处理、资产管理等一系列过程，建设成果汇聚成数据资产。政务数据资产包括原始库、基础库、主题库、专题库和指标库等在内的各种资产信息，为上层服务提供良好数据支持。

（5）数据应用服务：数据服务结合数据分析、数据挖掘技术，以及其他良好的产品工具，可为政府提供决策支持和服务保障。

（6）数据安全：数据安全是政务数据治理全流程的安全保障，是贯穿全流程的重要工作，需要从数据全生命周期的高度去考虑。数据安全通常包括数据采集安全、存储安全、共享安全、应用安全、销毁安全等全流程安全保障。

（7）数据运营与成熟度评估：政务数据运营在数据采集、存储、汇聚、应用加工之外，还需要持续运营保持数据的鲜活、流畅和持续服务，持续运营包括：统一工单管理、供需对接、运行监控和绩效评估等；成熟度评估是对政务数据治理全流程的评价，包括对战略规划、组织建设、制度规范、流程技术、数据资产建设、数据服务、数据安全和数据运营的各环节进行成熟度综合评估。

7.2.5 政务数据治理面临的问题

从数据治理的现状来看，政务数据治理是自政务系统正式运营开始便存在的，经过多年的发展虽然取得了一定成绩，但总体上仍处于起步上升阶段。当前政府在数据治理的实践中还面临着严峻的能力挑战，主要集中在政府数据治理的建设模型和实施路径还存在着思维认识碎片化与应用水平不高等问题，具体表现为：

1. 数据烟囱林立，数据孤岛丛生

由于历史原因，庞大的政府机构都是各部门各自为政、独立开展本单位信息化建设的，政务大数据无论是逻辑上还是物理上都是非常分散的，大量相同的信息在不同的部门被重复采集和存储，只是格式和内容略有不同，所以，在政府数据汇集过程中，存在"数据烟囱"林立、"数据孤岛"丛生等现象。

虽然当前政府各部门已经积累了很多数据资源，并实现了统一且完整的数据汇聚，但在实际开展政务大数据治理工作时却会遇到很多两难局面，如聚哪些、怎么聚、去哪些、留哪些，各种难点也会很多。

2. 数据分析过程中内外融合难，上下对接难

在政府各项决策的数据分析过程中，因为需要综合汇总的结构化数据与非结构化数据混杂，数据质量不高，数据标准不统一，所以难以用统一的数据模型或者数据算法完

成。在目前政务数据资源分散的情况下，社会治理所需要的简单统计指标难以完全靠计算机自动化生成，这就需要大量的人工上报和汇总工作，在政务数据分析过程中则难免会出现内外融合难、上下对接难等问题，这是对构建网络化、数据化、智能化的全天候在线的数字政府发展方向的巨大堵点。

3. 数据管理工作无序化现象严重

在政府数据管理和应用过程中，数据管理工作无序化现象严重，各政府部门"重本单位"，这困扰着政府数据治理的可持续发展。在实施数字政府过程中，要打破利益固化的体制壁垒，推进跨区域、跨层级、跨部门的数据平台建设必然会对各部门的思维习惯和工作习惯造成巨大冲击。

统一的数据标准和规范的数据管理必须得到各部门上下的全力配合才能有效落地，治理则不可避免地会让各部门感受到巨大的阵痛，而不治理则会让社会治理智能化和数字政府无法落地而长痛，长痛短痛都是切切实实存在的痛点。

7.3　政务数据应用

随着政务信息系统的不断深入整合和政务信息资源的共享开放，山东省加强各级各部门政务数据和社会数据汇聚共享，推动基础信息数据库、主题资源数据库、专题资源数据库以及通用业务数据库等一体化大数据平台建设，深化政务服务和协同办公应用，为群众提供一站式服务。期间，各地市涌现出一批政务数据应用的优秀案例实践。

7.3.1　济南市利用政务数据实现办理户口无纸质证明

针对群众跑腿开证明等问题，济南市公安局通过利用大数据，初步实现了无纸化证明办事。济南市公安局通过与济南市政府其他各部门建立数据共享机制，实现了本市 5 部门 7 类信息共享应用（包括 2018 年以来的人社部门的社保缴费信息、职称信息，民政部门的结婚登记信息，卫健部门的出生医学证明信息、死亡医学推断书信息，国土部门的不动产信息，市场监管部门的企业登记信息）。随着各部门业务数据的不断完善更新，能够共享的数据范围将不断扩大。在实际工作中，民警通过机器读取身份证即可实现联网查询共享信息，对需要提供上述证明的不再要求群众提供纸质材料。同时，群众在派出所办理业务时同步实现落户轨迹的留痕，便于群众在全市任一派出所查询户籍资料[7]。此外，济南公安机关还对历史档案进行电子扫描，逐步实现历史纸质档案的电子化，解决以往档案难以查找，历史档案长期保存破损、毁坏、难以辨认等问题。

7.3.2　青岛市推行政务服务事项"秒批""秒办"

青岛市住房公积金管理中心通过流程再造积极搭建起数字化平台，强化全领域深化数据共享，推动 18 家政务部门、27 家金融机构数据联网，利用婚姻、不动产、商贷还款等数据线上核验、智能审批，构建了"线下不排队、线上高效办"的智慧服务体系，实现住房公积金 45 项政务服务事项网上办理，其中 30 项"秒批秒办"。依托数据共享，住房公积金线上平台推出"网上帮办""跨省通办"等特色网办专区，打造线上办、掌上办、自助终端办理等"零见面"智慧服务矩阵，11 余万缴存单位、140 余万缴存职工享受到"全网办"的智慧化服务[8]。

7.3.3　淄博市利用政务数据助力缓解企业融资难问题

为有效解决中小微企业融资难、融资贵、融资慢问题，淄博市创新建设"集约高效、共享开放、安全可靠、按需服务"的智慧金融综合服务平台，并通过应用 146 类政务数据为企业全面动态精准画像，解决银企信息不对称问题，实现资金需求与金融资源供给有效对接。按照"政府主导、市场运行"原则，淄博智慧金融综合服务平台通过省、市共享交换平台汇聚市发改委、市公安局、市人社局、市自然资源局、市公积金、市自来水、市海关等 26 个部门的 146 类政务数据，运用大数据、互联网等理念和技术，为金融机构与企业建立完整的信用信息通道和综合信息服务，实现政府产业政策、金融机构信贷投向、企业融资需求、中介服务联动等多方信息快速传递、即时交流互动。自试运营以来，淄博市 36 家银行机构已全部入驻，4 家担保公司入驻，发布金融产品 115 个；入驻平台企业达到 2 581 家，发布融资需求 119 项共计 27.9 亿元，已发放 55 笔共计 7.28 亿元。2022 年底，平台接入企业已达 1.6 万户，同时还有 91 家金融机构。

7.3.4　东营市共享居民家庭经济数据破解救助核对难题

为让受助群众"少跑腿、零跑腿"，东营市建立居民家庭经济状况核对信息平台，实现社会救助家庭经济状况信息核对的业务协同，确保社会救助公平、公正实施。截至 2021 年底，社会救助数字平台汇集了 11 个部门（单位）的 42 项数据，社会救助综合管理系统实现了 12 个救助职能部门的 37 个救助事项"一门受理"。社会救助家庭经济状况核对系统联通了 17 个部门、50 类数据，实现了"一键核对"。建设了低收入人口数据库、一门受理救助联动平台、掌上救助"荧（营）光行"项目、动态监测和主动救助 5 个模块。通过共享社保、户籍、不动产、车辆等信息，平台自动核验社会救助申请人申报的家庭收入和财产，实现救助信息的实时自动比对。此外，东营市通过横向整合各部门、单位救助信息，逐步推动税务、银行等社会救助核对信息共享，丰富城乡居民家庭经济状况核对平台数据源，建立起跨部门、全过程、多方位的信息化、智能化核对平台，进一步提升精准救助和精准管理水平。

7.3.5　无锡市构建自然资源规划"一张图"大数据体系

无锡市自然资源和规划局根据部、省、市信息化建设相关要求，围绕高水平建成自然资源规划"全业务、大融合"信息化运行体系的目标，以业务应用为驱动，融合原国土资源、城乡规划、林业信息化成果，建成"一张图、一个平台、五大应用系统"，统筹推进自然资源规划、行政执法、政务服务、监管决策等各领域应用系统集约建设、协同联动，全面提升自然资源能力。建立"全网络、大数据"的自然资源规划"一张图"大数据体系，按照"不重不漏、一数一源"原则，全面梳理、分析、规划土地、地质、矿产、林业等各类数据，编制数据资源目录，制定统一规范的数据标准，形成"全覆盖、全业务、全时空"自然资源规划核心数据库。建立自然资源规划"一张图"平台，实现自然资源规划统一底图、底线和底板的管理使用。提供多源数据汇聚、服务共享、智能分析等工具，为行政审批、监测监管、决策分析等工作提供空间数据和信息技术保障，加快建立"用数据说话、用数据决策、用数据管理、用数据创新"的管理新机制[9]。

无锡自然资源规划一体化平台自上线以来实施成效显著。行政效能整体提速。以"锡地码"为链，打通全业务流程，形成内部协同审批机制。审批环节下降25%，收件材料减少35%，提升了行政审批效能。审批服务更加便捷。内部审批层面做到有效支撑"多审合一、多证合一"，承接用地审批权改革、征收制度改革和"拿地即开工"等一系列改革落地工作。社会公众层面做到"多让数据网上走，少让群众路上跑"。

7.3.6　汕尾市通过"民情地图"推进基层社会治理数字化

汕尾市通过建设社会治理民情地图，全面推进各部门相关业务的数字化转型，强化数字赋能和数字化治理，以数字化更好支撑、完善社会治理体系。通过建设"人、事、物、地、组织"基层治理五大要素专题库，摸清基层治理底数，打造基层治理工作的"数据底座"。通过机构革新、流程再造、资源整合、技术升级、数据赋能打造"条块结合"的基层治理平台，提升基层数字化、智慧化、智能化治理效能。通过网格事件全流程管理和闭环运作，实现所有基层治理要素及动态在地图上直观呈现和综合应用[9]。

社会治理民情地图解决方案主要依托大数据、互联网、云计算等智能互联技术，掌控基层治理基础数据，建设"数据+应用"基层管理平台，是"互联网+"基层治理的智能应用。民情地图总体包括基础支撑、核心驱动、场景应用三大部分。一是基础支撑，平台汇集整合各相关部门数据，将各类管理对象的基础信息形成专题库，为基层社会治理提供数据基础。二是核心驱动，平台可实现网格化运行管理及各类事件数据的上报处置，全面掌握要情动态。三是场景应用，面向各级领导和相关职能部门展示全市民情和要情动态，依托地理信息平台，汇聚各单位各类数据，利用矢量图、卫星影像图、3D 地图等多种地图形式，通过热力、聚合、打点分布等数据展示方式，实现基层治理要素在地图上的直观呈现和综合应用。

"民情地图"的应用实现了精准、动态、综合、高效治理，基层干部和网格员利用系统开展各类人员场所的巡查走访和各类事件的上报处置，广大群众能够通过"善美村居"参与村居事务和反映村情民意，区县和镇街社会治理中心利用系统及时受理、分拨事件，并对全辖区工作进行调度和督导，各职能部门利用系统落实相应治理工作并对相关事件进行处置反馈，各级领导利用系统全面掌控情况并精准决策指导，实现了底数情况全面掌握，管理流程全面打通，职责资源全面激活，治理工作全面落实。

7.3.7　苏州工业园区通过数字化手段支撑疫情防控

苏州工业园区疫防控一体化平台在园区数字政府"1+4+X"整体架构下依托"云网"底层算力和安全保障体系，综合使用数字化手段"构建一张图、织密一张网、建设一张表、打造一平台"，四措并举打造"点、线、面"结合的联动工作体系，破解疫情重点人员判定不准、底数不清、管控不细等难题，建设面向疫情防控指挥部、企业、社区等三级服务的疫情防控一体化平台[9]。

平台建设总体目标按照"统一、精准、高效""实用、好用、易用"的原则，运用大数据、物联网、云计算、人工智能等技术手段，补齐园区在疫情防控信息化方面的短板，为园区疫情防控工作提供有力保障，促进园区社会治理水平。疫情管控，闭环管理。按照平战结合的原则，对本土、境外输入涉疫人员、密接次密接人员、高中低风险地区来（返）苏人员管理全覆盖，建立扁平化、点对点的管控快速通道。打通疾控、交通、街道社区等多部门的数据信息，实现从流调、核实、转运、隔离、居家健康监测全过程闭环管理。数据透明，环环相扣。涉疫人员的基本信息、管控信息、核酸记录等均应统一采集并登记到平台，按"最小够用"原则结合业务在各部门、各环节进行数据流转，保障每条数据从推送到接收、从核查到管控一目了然。打通与"园区智能中枢"一体化大数据平台的数据通道，利用"大数据+网格化"的工作模式，实现基层工作人员在手机上的工单录入、数据回传等功能。打通多部门业务数据、联通市级防疫数据，建设一套园区疫情防控主题库及各类防疫专题库，实现数据准确、更新及时的园区疫情数据一本账，并持续运营。固化规程，工作顺畅。建立标准化业务规程，明确各部门、各组织的工作职责及要求，通过平台流程衔接各部门、各角色之间的工作，保障疫情防控相关工作顺利推进。科学调配，智能决策。建立优化机制，对疫情防控工作中发现的问题及时提出并结合数据进行分析，找到关键原因并给予解决，持续完善规程、平台功能，打造高效的疫情防控体系，让工作组织、人员调配决策安排更科学化、智能化。

通过疫情防控平台的应用，苏州工业园区实现了全园区 120 多万人口近 5 万家企业的疫情常态化管控，有效管控密接、次密接人员 3 万多人，入境人员 1 万多人，外卖骑手 1 万多名。使用高峰时期，平台在线人数超过 3 万人。平台建立多部门多专班管理机制，构建了从"人力密集"到"人机互动"的疫情管理新模式，打造区级疫情防控的"数字防疫样板"。

7.4　政府数据开放

党的十九届四中全会首次将数据纳入生产要素，2020 年 3 月，中共中央、国务院出台《关于构建更加完善的要素市场化配置体制机制的意见》，提出要加快培育数据要素市场，推进政府数据开放共享，提升社会数据资源价值。在国家战略和相关政策的推动下，政府数据开放已成为助推政府治理现代化必不可少的关键环节。基于当前数据开放的背景基础和现实挑战，应采用战略性的协同治理思维，以构建和培育数据开放生态系统为目标，兼顾影响因素和利益主体，开放和利用并重，从"理念、主体、技术、制度"等四个方面协同发力，真正实现从垂直性的科层制模式向网络化协同模式转变。

7.4.1　政府数据开放的概念

国际组织一般将政府数据开放定义为将政府及其部门所收集、存储的公共领域数据开放共享和利用的过程，但是具体的表述各不相同。例如，联合国在 2016 年发布了《联合国电子政务调查报告》，把开放政府数据定义为"主动公开政务信息，人人可以通过网络不受限制地获得、再利用和再分配这些信息"；世界银行对政府数据开放的定义则是，"政府开放数据是开放数据的一部分，是指政府产生的、收集和拥有的数据，在知识共享许可下发布，允许共享、分发、修改，甚至对其进行商业使用的具有正当归属的数据"[10]。

政府数据开放先行国家对政府数据开放的定义则倾向于政府数据开放的使用和利用，强调挖掘数据的经济、社会价值内涵。2012 年，英国政府公布的《开放数据白皮书》将开放政府数据定义为"公共领域的信息已经作为开放数据提供给公众使用的数据"。2015 年，八国集团首脑签署的《开放数据宪章》诞生，将开放数据界定为具备必要的技术和法律特性，从而能被任何人、在任何时间和地点进行自由利用、再利用和分发的电子数据。该宪章还提出了政府数据开放所应遵循的六大原则：默认开放；及时和全面；可获取和可利用；可比较和互操作性；致力于改善治理和公民参与；致力于包容性发展和创新[11]。

我国学者结合我国政务数据开放实践的特点，提出了具有中国特色的政府数据开放定义及内涵。有学者提出，政府数据是指所有产生于政府内部或产生于政府外部，但对政府活动、公共事务和公众生活有影响、有意义的数据资源的统称。有学者认为政府数据是指政府在履行职责过程中制作或获取的数据，可以增加数据要素市场的数据资源供给，盘活数据资源，提高政府治理能力与服务水平[12]。也有学者提出，政府数据开放并不是单个或者某个数据的开放，而是政府原始数据集的开放。政府数据深度开放更是政府数据流的开放。有学者则提出，可以根据对政府数据开放这一概念的拆解式辨析，将其定义为国家机关及经法律授权行使公共管理职能的各类社会组织依照法律规定向社会公众公开其所掌握的、用于记录与公共利益密切相关的各类事实的物理符号，公民可凭借制度化的合法途径，以便利顺畅的方式获知、取得和使用其中所需的数据，通过对这些数据进行比照分析，从中发现行政管理和决策活动中的问题或找出各种改善方案，并基于对数据分析结果的理解展开公共辩论或直接传达给各政府部门，要求其对此作出明确回应和改进[13]。

7.4.2 政府数据开放的意义

2019 年，党的十九届四中全会提出，"健全劳动、资本、土地、知识、技术、管理、数据等生产要素由市场评价贡献、按贡献决定报酬的机制"。这是我国首次将数据作为生产要素提出，也是对数据要素重要性的肯定[14]。将数据作为生产要素有重大的理论和制度价值。在保障国家秘密、商业秘密和个人隐私的前提下开放政府数据，让企业和社会对这些数据进行分析、利用，并将这些数据开发成各种应用，可以释放数据的社会经济价值，激发创新活力，发展数字经济，提升政府治理能力和公共服务水平。

西方国家的政府数据开放的主要动因在于复苏经济。自 2008 年全球经济危机爆发以来，西方国家长久以来占据的绝对经济优势不复存在，经济发展处于困境。而大数据在商业领域创新应用所取得的成就让西方国家看到了复苏经济的新机遇。欧盟于 2010 年提出"开放数据战略"，旨在通过对公共部门产生、收集的原始数据进行再利用，为信息产业提供数据材料，强调从开放政府数据的再利用中挖掘经济价值。据测算，欧盟公共机构产生、收集或承担的地理信息、统计数据、气象数据、公共资金资助研究项目、数字图书馆等数据资源全面开放的总经济效益，预计每年将会给欧盟经济带来 400 亿欧元的增长。美国的"开放政府指令"首要强调的是参与和透明度问题，而在后期则更加注重数据利用所带来的经济增长和创新。不同于欧美，日本开放政府数据战略的主要目标是提高透明度和信任度、促进公共参与和公共部门与私营部门之间的协作、经济刺激和政府高效率[15]。

在我国，政府数据开放为国家治理现代化提供了新工具、新范式。我们要把握大势、抢占先机，把智能化建设上升为重要的现代治理方式——智治，推进国家治理体系架构、运行机制、工作流程的智能化再造，实现政府决策科学化、社会治理精准化、公共服务高效化[16]。2021 年 8 月，中共中央、国务院印发《法治政府建设实施纲要（2021—2025年）》，提出要坚持运用互联网、大数据、人工智能等技术手段促进依法行政，着力实现政府治理信息化与法治化深度融合，优化、革新政府治理流程和方式，大力提升法治政府建设数字化水平。

综上所述，政府数据开放是政府信息公开在数字时代的延伸和跃进，是推动透明政府建设的更优选择。首先，数据开放有利于满足多样化的信息需求，有利于吸引社会各方对数据资源的潜在价值进行不同用途地挖掘，实现数据增值。其次，数据开放有利于提升政府行为的透明度，有利于破除简单政务公开和信息开放造成的公众碎片化认知，使基于数据的相关科学决策得以更好地实现。再次，数据开放有利于政府、公众交流合作，有利于避免政府由于信息壁垒和信息不对称造成的政府、公众交流困境，能够进行广泛、深入的政府、公众合作，进而保障政府动态的透明与公开。最后，数据开放能够提高政府的公信力，提升社会公众对政府的满意程度，增强政府的公信力。

7.4.3　政府数据开放治理

为把握大数据时代机遇，充分释放数据资源价值，各国政府纷纷推动数据开放实践，将政府数据开放制度确立为实现新一轮政府治理转型的重要治理工具。尽管如今"数据即资产"的概念已为业界广泛认可，但是数据本身是社会关系互动下的产物，数据资产的处理可能会侵犯个人隐私、泄露商业秘密甚至是威胁国家安全。因此，政府数据开放治理变得日益重要。

1. 政府数据开放应遵循的基本原则

政府数据开放必须遵循基本的原则，基本原则的确立有利于政府数据开放、共享、利用的高效率展开。政府数据开放原则应以政府数据、数据开放、数据利用三个核心内容展开，为发挥数据的作用提供根本保障。有学者经过比较研究发现，国际组织对开放政府数据的原则有异同点。相同之处：这些原则大都从用户角度出发，关注技术和法律等对政府数据使用具有限制的方面；都认为政府开放数据应当发布原始且未得到处理的数据，以便于数据获取和利用；非盈利组织美国阳光基金会（Sunlight Foundation）所确立的开放政府数据原则是在开放政府工作组所确立的八项原则内容的基础上，再增加永久性与使用成本这两项原则。不同之处：不同国际组织所制定的开放政府数据原则内容不尽相同，如开放政府工作组（Open Government Working Group）所确立的原则没有包含永久性、无额外限制、使用成本等；阳光基金会所确立的原则没有包含无额外限制性、再发布、可利用、需要姓名标识、不限目的等。

确立政府数据开放的基本原则应当依据三个主要标准：一是促进公众对政府数据资源的再利用，符合政府数据开放制度的目标定位，满足数据安全保障的要求；二是数据安全保护原则、需求导向原则、数据质量原则、自由使用原则、公众参与原则应被确定为政府数据开放的基本原则；三是数据安全保护原则旨在管控数据安全风险，保障数据开放与利用在安全可控的前提下进行。也有学者提出，政府数据开放的发展是一个复杂、渐进的过程。各地政府在进行数据开放建设时一方面要结合本地区实际情况，在对优劣势要素进行合理评估的基础上，把握关键因素对提升政府数据开放水平的引领性作用，另一方面要结合数据开放的具体发展阶段，认识各因素在政府数据开放发展不同阶段的作用，注重各因素与发展阶段的适配性。

2. 加强政府数据开放的法治保障

目前我国的政府数据开放处于起步阶段，在政府数据开放和共享方面已具备一定基础，但是也存在政府数据开放缺乏顶层设计、法律法规建设不完善、开放共享不足、数据安全保护不到位、创新应用领域不广等亟待解决的问题。大数据时代的政府数据开放、共享、开发确实可以提高经济社会效益，但是数据安全治理已经成为政府数据开放中亟需重视和解决的重大问题。从某种程度上来说，在政府数据开放的时代，如何做到数据开放与利用、开放与保护之间的平衡，已然成为国家治理现代化中亟待解决的一个核心和关键问题。因此，尽管政府数据开放意义重大，但是为了更好地实现其价值与意义，政府数据开放治理也是数据开放的应有之义。

透过数据治理实践可以看出，数据治理是指政府充分利用物联网、移动互联网、云计算、Web3.0等信息技术，收集、存储与统计分析和民生相关的海量数据，搭建政府数据资源开放与共享平台，为政府决策的精准化提供重要的技术支持与丰富的数据资源，实现政府治理的"智能化"，使政府由数据的"收集者"向"分析者"转变，由数据的"被索取者"向服务的"推送者"转变，决策由"预报"向"实报"与"精报"转变，提高政府数据治理的能力与水平。有学者提出，数据治理必定是一个复杂的规范集的治理过程。联系其需要解决的问题，若没有有效的规范体系，就无法实现数据的高质量、安全、可靠、协调，也无法实现数据管理和应用的合法、合规与效率。

政府数据治理的实施本质上是数据法规制度的有序组织和具体执行，是数据立法过程与执法方式的统一。站在制度逻辑的视角，数据质量不高、获取受阻、开放不足、平台割据、多头管理、安全与隐私保护失衡等问题，折射出既有数据制度体系需要更新完善和整体化推进的制度性问题。

为此，有学者提出加强政府数据开放治理的关键在于提升开放政府数据政策的强度：一是加强开放政府数据政策的顶层设计，提升法律政策的战略性、系统性和协同性，形成目标明确、规则清晰、操作性强的制度规范，通过法律政策、体制机制、组织结构、建设架构四位一体的顶层设计实现服务型政府目标；二是构建开放政府数据法律政策体系框架，加快推动、制定和完善政府数据开放法、数据安全法等与开放政府数据相关的法律法规，对政府数据开放共享、开发利用的目标、原则、范围、程序、标准等方面作出明确规定；三是建立健全政务数据共享协调机制，坚持依法依规、统筹协调、应用牵引、安全可控，以业务协同为重点，加强模式创新、技术创新、应用创新，全面构建政务数据共享和安全的制度体系、管理体系、技术体系，制定数据开放共享、业务流程再造、数字政府服务等方面的配套制度，修改和完善与开放政府数据要求不匹配的行政规范性文件。

7.5　本章小结

近年来，以大数据技术驱动的政务数据开发与利用，无论是在微观事件变化还是在宏观方向决策层面，都深刻地影响着政府治理的各领域、各环节。本章首先介绍了政务数据的分类、采集、存储及政务数据治理。然后结合各地政务数据治理情况，分别介绍了济南、青岛、淄博、东营、无锡、汕尾等数字政府先进城市的政务数据应用案例。最后介绍了政府数据开放的相关概念、政府数据开放的意义和政府数据开放的治理。

思考与练习题

（1）简述政府应优先开放哪些类型的政务数据。

（2）简述政府数据开放面临的问题。

（3）简述 2～3 种政府数据开放应用的场景。

参 考 文 献

[1] 霍小军，袁飚，舒春燕. 新形势下地方政府电子政务数据规划与建设研究 [J]. 电子政务，2106（11）：79-90.

[2] 陶雪娇，胡晓峰，刘洋. 大数据研究综述 [J]. 统仿真学报，2013（08）：143-146.

[3] 王鹏，丁艺，魏必. 整体政府视角下的政务信息资源共享影响因素——基于结构方程的实证研究 [J]. 电子政务，2019（09）：96-105.

[4] 张宇杰，安小米，张国庆. 政府大数据治理的成熟度评测指标体系构建 [J]. 情报资料工作，2018（01）：28-32.

[5] 徐建荣，韩翯，杨坤，等. 政务数据治理框架的探索与实践研究 [J]. 中国科技纵横，2022（19）：32-34，92.

[6] 牛正光，奉公. 应用大数据推动政府治理现代化的 SWOT 分析 [J]. 电子政务，2016（01）：96-102.

[7] 贾童舒，刘叶婷. 数据治理——提升城市现代化治理能力的新视角 [J]. 领导科学，2014，30（35）：4-7.

[8] 青岛西海岸新闻网. 45 项政务服务事项网上办、30 项 "秒批秒办"，青岛智慧服务体系让市民更舒心[EB/OL]. （2023-9-19）[2023-5-28]. https://www.xihaiannews.com/article/4428408.html.

[9] 中国信息通信研究院．数字政府典型案例汇编（2022 年）[EB/OL]．（2023-2-15）[2023-5-28]．http://www.caict.ac.cn/kxyj/qwfb/ztbg/202302/t20230215_415634.htm.

[10] 李涛．现代化视域中的政府数据开放：文献述评与研究展望［J］．社会科学动态，2022（12）：59-69.

[11] 郑磊．开放不等于公开、共享和交易：政府数据开放与相近概念的界定与辨析［J］．南京社会科学，2018（09）：83-91.

[12] 刘权．政府数据开放的立法路径[J]．暨南学报（哲学社会科学版），2021，43（01）：92-102.

[13] 沈亚平，许博雅．"大数据"时代政府数据开放制度建设路径研究［J］．四川大学学报（哲学社会科学版），2014（05）：111-118.

[14] 国务院办公厅．国务院办公厅关于印发全国一体化政务大数据体系建设指南的通知[EB/OL]．（2022-10-28）[2023-4-28]．https://www.gov.cn/zhengce/content/2022-10/28/content_5722322.htm?eqid=a697fda20001421c000000066497ea56.

[15] 夏义堃．开放政府数据战略的国际比较与中国的对策选择［J］．电子政务，2017（07）：45-56.

[16] 发展改革委．"十四五"推进国家政务信息化规划[EB/OL]．（2021-12-24）[2023-4-28]．https://www.gov.cn/zhengce/zhengceku/2022-01-06/content_5666746.htm.

第8章　电子政务安全与标准化

随着信息技术的不断发展和应用，电子政务已成为政府部门办公、信息化管理的重要方式，这对信息安全提出了更高的要求。因此，建立电子政务的安全管理体系、出台相应的管理措施是必不可少的。标准化是电子政务安全的重要保障，可以有效提升电子政务系统的安全性和可信度。综上所述，电子政务的发展离不开电子政务安全保障机制和标准化体系。

8.1　电子政务安全概述

当今世界，在信息技术飞速发展的背景下，中国在电子政务领域取得的成绩举世瞩目，我国政府在提升行政效率、推动管理创新及优化公共服务等方面找到了新的突破口和着力点。然而，国内外频繁发生的信息安全事件却在无时无刻不在提醒我们要警钟长鸣。电子政务系统中通常存储着大量的机要信息，一旦发生诸如被不法分子窃取或破坏的安全事故，就会影响公共服务的正常开展，损害政府的信誉及形象[1]。习近平总书记早在2013年的《中共中央关于全面深化改革若干重大问题的决定》中就已指出，"网络和信息安全牵涉到国家安全和社会稳定，是我们面临的新的综合性挑战"。

党中央国务院高度重视电子政务网络安全保障工作。2018年4月，习近平总书记在全国网络安全和信息化工作会议上强调，"加快推进电子政务，构建全流程一体化在线服务平台，更好解决企业和群众反映强烈的办事难、办事慢、办事繁的问题"。2022年06月23日，国务院出台了《关于加强数字政府建设的指导意见》，强调"严格落实网络安全各项法律法规制度，全面构建制度、管理和技术衔接配套的安全防护体系，切实守住网络安全底线"。国家加快建设数字中国和数字政府，发展数字经济，总体来讲是在建设一个数字化、网络化、智能化社会，打造数字化生态，这是一个复杂的系统工程。在这个复杂的系统工程中，网络和数据安全极为重要，为此，在数字政府建设过程中，要提升全社会特别是政府部门的网络安全意识，建设良好的网络安全生态环境，护航数字经济发展。

8.1.1　电子政务安全的界定与目标

在政务信息化安全技术标准指南中，将电子政务安全（Electronic Government

Security，EGS）定义为在电子政务系统中，保护政府信息系统的机密性、完整性、可用性和抗拒抵赖性等特性的安全保障体系。EGS 是为了防止政府信息系统遭受病毒攻击、黑客攻击、恶意软件攻击、电子诈骗、网络钓鱼等安全问题所采取的一系列防范措施。

电子政务安全的目标是满足政务业务的安全需要。电子政务安全包含两个方面：其一是电子政务系统的功能性安全要求和应对信息技术带来的信息安全威胁；其二是电子政务系统的自身安全要求。也就是说，电子政务安全为使政务信息资源价值受到保护，保证信息资产的拥有者面临最小的风险并获取最大的安全利益，使政务的信息基础设施、信息应用服务和信息内容为抵御上述威胁而具有保密性、完整性、真实性、可用性和可控性的能力。

近年来，中国在信息安全和网络安全领域提出了一系列相关法律法规，并对信息安全和网络空间安全进行了一些新的定义。《中华人民共和国网络安全法》于 2017 年 6 月 1 日颁布实施，规定了网络安全领域的基本原则，明确了网络安全方面的基本标准和要求，并对网络安全的组织管理和技术防护等做了具体规定。该法将网络安全定义为在数字空间通过对网络及其相关系统、设备和数据的安全管理，保障网络运行的可靠性、安全性、稳定性，防止网络犯罪、网络攻击、网络侵权行为，维护国家安全、社会秩序和公共利益的一种保障状态；将网络空间定义为由互联网和信息系统构成的范围，该范围的内容包括互联网、电信网、计算机信息系统及这些网络设备形成的网络空间。《中华人民共和国宪法》在 2018 年修订后，增加了网络安全相关内容，规定了"保护网络安全，维护网络主权，维护公共利益"等法律原则。

2014 年颁布的《网络安全等级保护管理办法》（GB/T 31160-2014），规定了网络安全等级保护制度的实施要求和应用范围，明确了不同等级的网络安全保护措施和技术要求，为落实网络安全等级保护标准提供了指导。2020 年 6 月 1 日实施的国家标准《信息安全等级保护基本要求》（GB/T 22239-2020），明确了信息安全等级的概念和标准，规定了不同等级的信息安全保护要求，并提出了信息安全等级保护的标准化管理和实施要求。

这些安全标准的颁布旨在建立一个可持续、高效、安全的电子政务环境，以维护政府部门的业务正常运行，保障公民权益和社会稳定。为了达到这些目标，需要采取一系列措施，如信息安全管理制度的建立、安全技术手段的完善、数据备份和恢复机制的建立等，以提高政务信息系统的安全性和稳定性。

8.1.2　电子政务安全的重要性

目前世界各国都在积极谋求电子政务的进步，建设数字政府已成为大势所趋。通过电子政务的助力，可以促进政府部门各项行政工作高效开展，并有效降低行政成本[2]。《2022 联合国电子政务调查报告（中文版）》给出了电子政务发展指数（E-Government Development Index，EGDI），该指数作为一项综合指数，由电信基础设施指数、人力资本指数、在线服务指数三个标准化指数加权平均计算得出。报告从三个维度考察和评价了 193 个国家电子政务的发展水平。我国电子政务的全球排名从 2012 年的第 78 位上升到 2022 年的第 43 位，成为全球增幅最高的国家之一。国家电子政务专家委员会主任王钦敏认为，我国电子政务排名持续提升，进入全球第一梯队，我国电子政务发展逐渐从"追赶者"进入"领跑者"行列。

电子政务安全事关国家政治、经济、文化等各个方面，必须培育、扶持、发展、壮大自己的民族企业，掌握软硬件核心技术；研发、生产、制造具有自主知识产权的软硬件产品；全方位把控电子政务的各个领域，变被动为主动，加快建立起适合我国信息系统审计的准则和指南体系、人员培养、执业资格认定和授予、市场从业机制等信息系统审计体系。由于电子政务的工作内容和工作流程涉及国家秘密与核心政务，它的安全关系到国家的主权、安全和公众利益，所以，电子政务安全的管理体系、实施措施以及标准化体系的建立是非常重要的。

8.1.3　电子政务安全面临的挑战

近年来，随着互联网+、云计算、人工智能、信息资源互联互通和共建共享等概念的大量涌现和逐步实施，在新一代信息技术的加速驱动下，我国政府不断谋求职能转变和效率提升，驶入了电子政务建设的快车道。电子政务领域的应用也从早期诸如门户网站、邮件系统等简单应用，不断得到创新和拓展，网上便民服务平台、掌上政务、智慧城市等各种业务支撑系统如雨后春笋般相继涌现[3]。随着电子政务应用范围的不断扩大，其所面临的安全挑战也日益增加，主要有以下六个方面：

（1）网络系统环境日益复杂，安全隐患急剧增加。随着我国信息化进程的推进，信息技术的使用越来越普及，信息网络的复杂性越来越大，网络攻击事件逐年增多。国家互联网应急中心发布的《2022 年上半年网络安全漏洞态势观察》一文中，2022 年上半年与 2021 年同期对比，在漏洞数量方面，漏洞增长创新高，网络安全威胁持续加剧。漏洞总量环比增长达到 12%；危害程度较大漏洞仍然是热点，超高危漏洞占比超过 50%。在漏洞利用方面，漏洞在野利用形势严峻，漏洞实战化趋势明显。漏洞 POC/Exploit 公开广泛传播，为漏洞实战化提供便利；在野漏洞利用不断增多，APT 组织漏洞利用异常活跃；在野利用漏洞私有化、漏洞工具囤积严重。在漏洞现实威胁方面，高价值漏洞"寄生"于多类目标，现实危害严重，影响持久。解决这类网络安全漏洞的需求十分迫切。

（2）电子政务应用环境快速变化，安全风险越来越大。随着商业需求、客户应用、网络环境、操作系统、协议、人员、物理环境等方面的扩展，以及信息化的发展日新月异，使得电子政务面临的安全风险也不断增多。

（3）网络联通更加广泛，恶意连接防不胜防。超大规模、巨型复杂的互联网络使得大量不知名、不知姓的用户联在网络上，所以莫名其妙的、难以预测的攻击也就越来越多。

（4）网络用户快速增长，黑客攻击连年翻番。网络用户的快速增长使得互联网成为大量敏感信息和财富的聚集地，各种黑客攻击逐渐增多。

（5）网络匿名显露弊端，道德伦理面临挑战。互联网是一个虚拟的空间，电子政务网络也是虚拟的，很多网络攻击行为，包括对信息的窃取等非法行为都和这个匿名的特性有关。

（6）由于信息技术发展越来越快，破坏性的、攻击性的软件和工具越来越方便，对攻击者知识的要求也越来越低，所以，入侵、攻击能力的发展同样是很大的威胁。

8.2　电子政务安全管理体系

随着电子政务网络中各类信息系统的增加，电子政务系统中涉及大量公民的个人信息、公众权益、国家利益、事关国家安全、社会安定等重要信息，安全隐患也愈加突出。电子政务安全与国家安全息息相关，因此，政府亟需从国家战略高度考虑和解决电子政务的安全问题。

电子政务安全管理体系是为了保障电子政务系统安全而建立的一套管理体系。它包括政策、标准、程序、技术和设施等要素，旨在通过科学的、系统的和规范的方式抵抗电子政务中遇到的各种威胁和风险。具体而言，电子政务安全管理体系应包括以下五个方面：安全策略、安全标准、安全程序、安全技术和安全制度。

1. 安全策略

一个全方位的电子政务安全管理体系结构应以安全策略为核心。为了在公共环境中确定信息安全的关键因素，需要一个概念框架来帮助我们对这些因素进行分类并了解它们的环境。文献中涉及几种基于社会技术方法的信息安全模型，比如，Kowalski 提出了共识安全（Security By Consensus，SBC）模型；Dhillon 讨论了如何在信息系统设计中将社会技术系统方法、可用性与工程相结合；Eloff 认为，信息安全管理系统（Information Security Management System，ISMS）包括许多方面，如政策、标准、指导方针、实践规范、技术、人类问题、法律和伦理问题。Ives 等人的信息系统（Information System，IS）研究模型在信息系统管理文献中被广泛了解和讨论。

本小节选择了 Ives 等人所提出的模型，以适当地识别各国有效维护其信息安全系统所需要考虑的差异和要求。该模型区分了三种信息系统环境（用户、IS 开发和 IS 操作环境）和三个信息系统流程（使用、开发和操作过程）。环境组件定义了指定信息系统和 IS 流程的范围、形式的资源和约束。而根据相关工作，可确定信息系统安全的关键驱动因素，如下表所示，表 8-1 为政府机构内部信息系统安全成功的主要因素。所列出的关键驱动因素的评分都在 4.0 以上（中等重要），表明这些问题都值得管理层考虑，作为推动电子政务内部 IS 流程成功的因素。为了进一步区分，对这些因素进行了排名，这一排名揭示了对成功的 IS 安全流程至关重要的三个主要问题，参见表 8-1：高级管理层的积极支持、拨款承诺、员工意识和培训。

表 8-1　信息系统安全主要驱动因素

关键驱动因素	国外平均排名	国内平均排名	平均评级
高级管理层的积极支持	1	1	5.5
拨款承诺	2	2	5.3
信息资产保护	3	3	5.7
法律法规要求	4	7	4.6
员工意识和培训	5	5	4.6
电子记录的完整性	6	4	4.7
可以转化的失败经验	7	11	4.0
符合的标准	8	8	4.3

在电子政务安全管理策略中，目前流行的是采用深入防御策略。深度防御策略完全是由深度安全和多层次安全组成的。通过处理多级安全保护，电子政务系统可以保证如果一个级别被破坏，其他级别仍然可以保证系统内部资源的安全。例如，如果一个单元的外部防火墙被破坏，由于内部防火墙的保护，入侵者仍然无法访问敏感数据，也不会对这个单元造成任何破坏。理想情况下，每个级别都提供不同的度量和防御机制，以避免黑客以相同的方式攻击不同的级别。

2. 安全标准

安全标准是指为了保障电子政务系统安全而制定的具有科学性、实用性和完整性的一套安全要求和审查标准。这些标准实际上是一套规范，标准的缺乏是导致电子政务系统风险增加的主要因素。通过制定安全标准，政府机构可以在电子政务系统中对各个部分进行规范化和标准化的管理。

电子政务的安全标准是涵盖多个方面的，如整体、认证、数据保护、网络安全监管和审查等方面的规范。明确的安全标准有助于提高内部控制，防范信息泄露、恶意攻击等威胁，以确保电子政务安全、平稳地运行。

首先，整体安全标准是对电子政务系统整个过程中的安全的规范化要求。系统必须遵循整体安全标准，从需求分析，到系统架构设计、实施、测试、维护等各个阶段都需要有相应的规范和要求。整体安全标准不仅体现在政策、法律、制度上，还需要在技术、流程、管理上矫正。这样可以确保电子政务系统在设计、实现和维护过程中坚持安全第一的原则，保障电子政务的安全。

其次，认证标准是指根据不同需求和业务，制定不同的数据安全级别和用户身份识别标准。通过制定认证标准可以培养并保障用户对部门及企业数据的可靠性和机密性等方面的信心。认证过程应该包括用户注册、密码管理、密码修改、密码忘记等环节，同时要求适度，既不要降低工作效率，又不能简化过程，以确保用户的身份可以得到正确的识别和验证。

另外，数据保护标准是一项重要的措施，用于指导部门和企业对系统内保存的数据分类、加密和备份等各方面的保护措施制定。这方面的保护包括物理保护、网络保护、系统安全、审查等方面保护措施的细化规范。标准应关注如何管理科技进步，为电子政务创新提供新的保障，如云计算、数据中心风险等。

网络安全监管标准是指针对电子政务系统的网络进行规范的标准化要求。网络安全的核心在于保护网络系统的安全性和稳定性，防止未经授权的访问、篡改和破坏；同时，善用技术手段，提高技术能力也是非常重要的步骤。此标准包括一系列必要的安全目标和技术要求，例如网络安全的密码学、入侵检测和报告、日志记录、抗攻击等。

最后，安全审查标准是指电子政务系统应制定关于审查程序、安全产品使用、安全标准的审查标准。制定安全审查标准可以对电子政务系统的安全进行控制和监管，保障政务系统长期稳定运行。安全审查标准使得审查程序变得合法化，从而实现了电子政务系统各方面安全的全权限制。

3. 安全程序

制定规范的安全管理程序，可确保政务信息的密级、保密期限等方面得到严格控制和保护。通过安全风险评估，采用一定的方法和手段，对已标识的风险采取相应的措施，将电子政务系统的安全风险降到可接受的水平，并把对系统其他功能的影响尽可能降为最低；同时兼顾效率采用"合理保护"的原则，对相关信息进行分等级保护。

电子政务信息安全等级保护是电子政务系统在国家安全、经济安全、社会稳定和保护公共利益等方面的重要程度。等级保护工作的要点是对电子政务系统进行风险分析，构建电子政务系统的风险因素集。信息系统的安全等级从低到高依次包括自主保护级、指导保护级、监督保护级、强制保护级、专控保护级五个安全等级。实行信息安全等级保护时"要重视信息安全风险评估工作，对网络与信息系统安全的潜在威胁、薄弱环节、防护措施等进行分析评估，综合考虑网络与信息系统的重要性、涉密程度和面临的信息安全风险等因素，进行相应等级的安全建设和管理"。

通过识别风险过程，我们可以在确定的评估范围内识别电子政务实施后所面临的各种安全风险，并对这些风险给出恰当的描述。风险识别的对象主要是资产、威胁、脆弱性以及安全措施，其结果是形成各自的列表。根据风险构成模型，识别风险的过程应考虑的因素包括资产、资产价值（对评估对象的重要程度）、风险及其发生的可能性和风险发生的概率。根据以上因素可以制定风险识别的模型和矩阵，然后根据计算后的风险列表对特定电子政务系统实施安全保护，以其相应等级的基本安全要求为基础，通过对安全措施的调整和定制，得到适用于该电子政务系统的安全保护措施。

4. 安全技术

使用各类先进安全技术，如数据加密、防火墙、入侵检测系统等，对系统实施全方面的保护。电子公民系统为公民提供多种公共和分类的电子政务服务，其中，公共服务不需要身份验证，而分类服务可能需要授权或不授权的简单身份验证或强身份验证。使用安全配置管理（Security Configuration Management，SCM）来保护所有事务。由一个策略文件指定每个服务所需的身份验证和授权类型。如果客户希望在特定部门执行电子政务服务，他将被引导到该部门。每个部门根据部门规模的不同会有许多综合安全系统和安全断言标记语言（Security Assertion Markup Language，SAML）服务器。每个部门根据其提供的信息和服务的敏感性有自己的政策。电子区域是一个处理地方电子政府服务的系统，根据不同的地区被进一步划分为区。所有这些区域都可以采用国际服务系统和辅助信息系统，从而达到地方政府有效进行管理服务的目的。

5．安全制度

建立电子政务的安全管理制度体系，除了技术上的保障外，还应加强电子政务的安全管理制度建设，建立安全组织机构，统一规划各级网络系统的安全、制定完善的安全策略和措施、协调各方面的安全事宜；建立和完善安全人事管理、制定和落实安全责任制度以及对外交流合作制度等。电子政务的工作内容和工作流程涉及国家机密与核心政务，它的安全关系到国家的主权、安全和公众利益，所以电子政务的安全实施和保障，必须以国家法规形式将其固化，形成全国共同遵守的规约。目前，世界上很多国家制定了与网络安全相关的法律法规，如英国的《官方信息保护法》等。

我国虽然颁发了一些与网络安全有关的法律法规，如《中华人民共和国计算机信息系统安全保护条例》《中华人民共和国网络安全法》等，但当前体系相对零散，尚缺乏关于电子政务网络安全的专门法规。此外，在完善法律法规的同时，还应该加大执法力度，严格执法，这一目标的实现不仅需要政府组织的努力，更需要国家立法机构的参与和支持。

综上所述，电子政务安全管理体系需要采取全面的措施来防范信息泄露、恶意攻击、病毒干扰等安全威胁，以确保公众的秘密信息和个人隐私得到最大限度的保护。

8.3　电子政务安全管理措施

电子政务安全体系的构建是一项复杂的系统工程，涉及管理、技术、法律法规、标准等各个方面；关系到不同安全层次、不同职责部门；贯穿电子政务系统的规划、设计、建设、运行、维护、废弃的整个生命周期；具有保密性、完整性、真实性、抗抵赖性、可用性和可控性等安全需求。为构建完善的电子政务安全体系，必须综合考虑影响电子政务安全的各项因素，统筹处理各因素之间的关系，以提高电子政务信息系统的整体安全性。所以，本节将从管理和技术两方面对电子政务安全管理措施进行详细展开。

8.3.1 电子政务安全技术

电子政务安全技术是利用技术手段实现技术层面的安全保护，是对电子政务安全防护体系的完善，包括网络安全体系、数据安全传输与存储体系，功能主要是通过各种技术手段实现技术层面的安全保护。网络安全体系包括网闸、入侵检测、漏洞检测、外联和接入检测、补丁管理、防火墙、身份鉴别和认证、系统访问控制、网络审计等；数据安全传输与存储体系包括数据备份恢复、公钥基础设施/证书颁发机构（Public Key Infrastructure/Certification Authority，PKI/CA）、授权管理基础设施（Privilege Management Infrastructure，PMI）等。整个电子政务的安全，涉及信息安全产品的全局配套和科学布置，产品选择应充分考虑产品的自主权和自控权。

在关键技术、经营管理、生产规模、服务观念等方面，要集中人力、物力，制定相关政策，大力发展自主知识产权的计算机芯片、操作系统等信息安全技术产品，以确保关键政府部门的信息系统的网络安全。加强核心技术的自主研发，并尽快使之产品化和产业化，尤其是操作系统技术和计算机芯片技术。

目前我国的电子政务安全管理系统多包括以下组件：电子政府网站、综合安全系统、SAML服务器、控制器、电子政府客户端、电子公民系统、电子区域系统和部委系统：指导政府客户访问不同的服务、政策实施、保护消息、在访问资源和事务之前通知SAML服务器所需的身份验证和授权类型、备份操作和其他管理程序；集成安全系统管理数字证书、智能卡、属性证书、注册和策略。

我国的电子政务系统大部分是基于Internet/Intranet构建的B/S结构的Web应用系统，这是一种分布式网络应用，而在提供分布式网络安全服务的机制中，PKI作为一种重要的安全机制在近些年得到了很大发展，初步形成了一套完整的解决方案。在分布式网络安全应用中建立PKI可以实现鉴别、认证、访问控制和授权等功能。PKI作为利用公钥体制提供安全服务的具有通用性的支撑性基础设施，主要用来可靠有效地产生、发布和管理密钥与证书等安全凭证，实现和管理不同实体之间的信任关系。在PKI提供的框架中，各种各样的构件、应用、策略等组合起来为网络应用提供认证、访问控制、机密性、完整性和不可抵赖性服务。

电子政务安全支撑系统是PKI体制在电子政务系统中的具体实现，它在整个电子政务系统中的层次结构如图8-1所示。在电子政务系统层次结构中，安全支撑系统处于中间层次，它利用网络硬件平台，以及网络操作系统、通信技术的支持为上层的业务应用系统提供安全服务，保障电子政务系统的安全性。

电子政务安全支撑系统由密码设备、证书颁发机构（Certification Authority，CA）、注册机构（Registration Authority，RA）、角色属性证书授权机构（Role Attributes Certificate Authority，RACA）、目录服务器、安全服务接口组成，具体结构如图8-2所示。

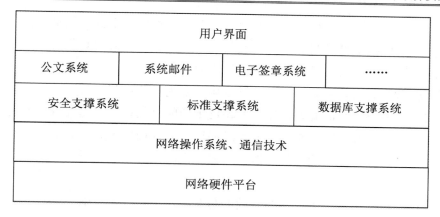

图 8-1　电子政务系统层次结构图

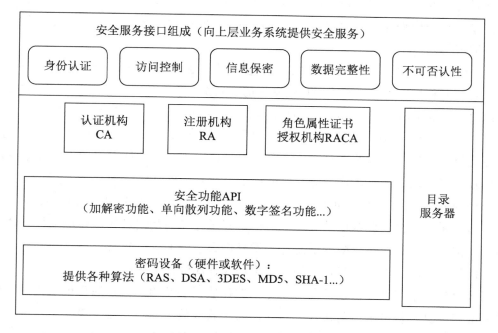

图 8-2　安全支撑系统结构图

其中，密码设备包含硬件和软件，主要提供各种标准的密码算法，如 AES、SHA-1、MD5、Base64 等，基于这些密码算法可以实现不同的安全功能，为上层提供服务。

认证机构是电子政务安全支撑系统的核心，主要负责产生、分发和管理所有参与电子政务业务的实体的身份数字证书（网络通信中标志通信各方身份信息的一系列数据，提供了一种在网络上验证身份的方式，其作用类似于司机的驾驶执照或日常生活中的身份证），具体包括以下功能[4]：

（1）管理身份数字证书。身份数字证书是一段包含用户身份信息、用户公钥信息以及身份验证机构数字签名数据，证书机构负责管理系统所有用户的证书，证书的数字签名可以确保其信息的真实性。

（2）备份与恢复密钥。在电子政务业务中，密钥备份及恢复至关重要。丢失密钥可能导致被保护数据的不可挽回的损失，尤其当一些重要文件采用对称密钥加密，而对称密钥又以某个用户的公钥进行加密时。假如相应的私钥丢失，这些文件将无法恢复，这可能会带来严重的后果。因此，证书颁发机构也会提供备份和恢复私钥功能。

（3）发布并维护撤销证书表。在证书超过了他的有效期或因用户身份变更等原因而无效时，需要将该证书撤销。撤销证书通过将证书列入撤销列表来完成。系统中由证书机构负责创建并维护一张定期更新的撤销列表，由用户在验证证书时负责检验该证书是否在列表中。

（4）自动更新密钥。一个证书的有效期是有限的，当一个已颁发的证书过期时就需要更换新的证书，这个过程称为"密钥更新或证书更新"。由用户手动更新证书是一件令人头疼且麻烦的事情，因而，可由证书机构自动完成密钥或证书的更新，完全无须用户干预。系统自动检查证书有效期，当失效日期到来时，启动更新过程，生成一个新的证书代替旧证书。

（5）管理密钥文档。每个用户都会拥有多个"旧证书"和至少一个"当前"的证书，这一系列证书和相应的私钥组成用户的密钥历史档案。为避免用"旧公钥"加密的文件无法用当前私钥解密问题的出现，系统需要记录整个密钥历史，从密钥历史档案中找到正确的解密密钥，完成数据解密。与自动密钥更新类似，密钥文档的管理也是自动完成的。

注册机构是证书机构的证书发放和管理的延伸，主要负责证书申请者的信息录入、审核以及证书的发放等工作，并对发放的证书完成相应的功能管理。

角色属性证书授权机构负责将属性证书分发到轻量目录访问协议目录服务器上并运行管理。属性证书类似身份数字证书，但是其所存储的是通过属性体现某种具体目的的信息，例如，反映访问权限的信息并不像身份数字证书仅仅包含用户身份信息。用户可以访问什么资源，以及访问权限的大小都可以在属性证书中指定。

目录服务器采用轻量目录访问协议建立的存放证书及相关信息的目录系统，用户或相关的应用通过轻量目录访问协议来访问证书库获取数字证书。目录服务器包括：用于加密和认证的公开密钥证书；用于访问控制的属性证书；所有已撤销证书的序列号的撤销列表。

现阶段，各地政府部门所选用的高端软硬件平台很多都是国外公司的产品，这给政务安全带来了许多隐患。因此，自主可控也是电子政务安全的一个重要维度。近年来，我国积极发展信创产业，旨在实现信息技术领域的自主可控和信息安全，在基础硬件、基础软件、应用软件、信息安全等领域实现国产替代，目前已产生了以麒麟操作系统为代表的一批产品，显著提升了电子政务领域的自主可控水平。

8.3.2 电子政务安全管理

对应电子政务安全管理体系，本节将管理层面比喻为电子政务安全措施的三把锁。

第一把锁是建立全方位的电子政务系统信息安全体系模型。一个全方位的电子政务安全体系结构应以安全策略为核心，采用各种安全机制如物理安全、访问控制安全、系统安全、用户安全、信息加密、安全传输和管理安全等。应充分利用各种先进的安全技术在攻击者和受保护的资源间建立多道严密的安全防线，增加审核信息的数量，增大恶意攻击的难度，使系统安全系数得到最大提高。

第二把锁是做好电子政务系统的风险管理和分等级保护。通过安全风险评估，采用一定的方法和手段，对已标识的风险采取相应的措施，将电子政务系统的安全风险降到可接受的水平，并把对系统其他功能的影响尽可能降为最低。同时兼顾效率采用"合理保护"的原则，对相关信息进行分等级保护。

第三把锁是建立电子政务的安全管理制度体系。除了技术上的保障外，应加强电子政务的安全管理制度建设，建立安全组织机构，统一规划各级网络系统的安全、制定完善的安全策略和措施、协调各方面的安全事宜；建立和完善安全人事管理、制定和落实安全责任制度以及对外交流合作制度等。电子政务信息安全管理的总体设计电子政务系统安全保障体系应该是一个在充分分析系统安全风险因素的基础上，通过制定系统安全策略和采用先进、科学、适用的安全技术能对系统实施安全防护和监控，使系统具有灵敏、迅速的恢复响应和动态调整功能的智能型系统安全体系。

从技术层面来讲，完整的电子政务安全保障体系必须建立在一个强大的技术支撑平台上，同时具有完备的安全管理机制，并针对物理安全、数据存储安全、数据传输安全和应用安全制定完善的安全策略。

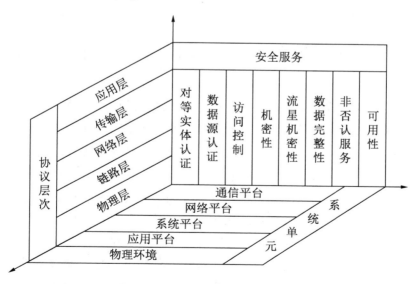

图 8-3　网络安全框架

参照图 8-3 的网络安全框架，任何的安全措施都应在安全框架中有自己的位置，这对选择和实施具体的安全措施有重要的意义。首先，可以判断出所需要的安全行为属于 OSI 模型的哪一层，如网络层或传输层；然后判断出需要哪种安全服务，如防止黑客入侵或者是保障数据的安全完整等；最后根据要实现的安全目的选择适合的安全机制。安全管理策略也是电子政务安全体系的重要组成部分。电子政务安全的核心实际上是管理，安全技术实际上只是实现管理的一种手段，再好的技术手段都必须配合合理的制度才能发挥作用。需要制定的制度包括安全行政管理和安全技术管理。安全行政管理应包括组织机构和责任制度等的制定和落实；安全技术管理包括对硬件实体和软件系统、密钥的管理。

贯穿整个电子政务的安全防护体系对电子政务安全实施起全面的指导作用，具体包括三个方面的内容：安全组织机构、安全人事管理以及安全责任制度。建立安全组织机构，其目的是统一规划各级网络系统的安全、制定完善的安全策略和措施、协调各方面的安全事宜，主要职责包括制定整体安全策略、明确规章制度、落实各项安全措施，以及制定安全应急方案和保密信息的安全策略；安全人事管理的主要内容包括：人事审查与录用、岗位与责任范围的确定、工作评价、人事档案管理、提升、调动与免职、基础培训等；制定和落实安全责任制度包括系统运行维护管理制度、计算机处理控制管理制度、文档资料管理制度、操作和管理人员管理制度、机房安全管理制度、定期检查与监督制度、网络通信安全管理制度、病毒防治管理制度、安全等级保护制度、对外交流安全维护制度，以及对外合作制度等。

电子政务安全管理措施可以从技术支持和管理方面切入，建立完整的安全体系和标准，有助于缓解风险、减少损失和保障电子政务的正常运作，提高政府和公众对电子政务的信任和认可。

8.4　电子政务标准化的重要作用

随着信息技术的飞速发展，电子政务已经成为现代政府的重要组成部分。电子政务已经取代了传统的政府事务处理方式，实现了公共服务的现代化和便捷化。电子政务标准化在这一进程中崭露头角，它不仅对政务服务质量和效率的提升起到关键作用，还有助于确保政府机构之间的数据互操作性和信息安全性。电子政务标准化是一个复杂而关键的议题，它不仅关乎政府机构的管理和效能，还涉及公众和企业的利益。通过研究这一话题，能更好地理解如何借助标准化来推动政府数字化转型，提高公共服务的质量，并实现更加开放和高效的政府治理[5]。2020 年 6 月，中共中央办公厅、工业和信息化部等六部门联合印发《国家电子政务标准体系建设指南》，构建了以总体标准、基础设施标准、数据标准、业务标准、服务标准、管理标准、安全标准七部分组成的标准体系框架。该指南的发布对通过推进标准体系建设提升电子政务工作发挥了重要作用。目前，随着政府数字化生态环境的逐步完善，标准化工作对当前电子政府建设发挥着越来越重要的支撑作用，主要体现在规范性、集约性、协同性、引导性 4 个方面[6]。

1．规范性作用

首先，电子政务标准化有助于规范数据资源。数据是电子政务的核心资源，是政府治理价值的重要体现。数据技术标准主要针对电子政务数据资源产生到其使用终止这一过程的关键技术进行规范，并针对不同部门功能系统之间的互联与互通、不同技术架构系统之间的信息源交换、同质系统之间的跨域互操作以及通用数据开放共享技术等进行规范。

其次，电子政务标准化有助于规范数据平台。数据平台标准主要为政府大数据系统平台建设和数据库产品提供支撑。其中，大数据系统平台建设标准主要针对业内主流的用于实现数据全生存周期处理的大数据平台的功能和性能进行规范；数据库产品标准则主要对不同类型的数据库的功能和性能提出要求。此外，该类标准还包括相关数据库功能及性能的测试方法和要求。

最后，电子政务标准化有助于规范数据安全。数据安全标准主要围绕电子政务涉及的个人信息安全、重要数据安全以及跨部门数据安全进行规范，以保障电子政务所拥有数据系统不被侵害。其中，服务数据安全标准主要针对数据安全治理、个人信息保护和数据交换过程安全性进行规范；平台数据安全标准主要针对以大数据平台为基础的应用平台的系统安全、接口安全、技术安全进行规范。

2．集约性作用

首先，电子政务标准化有助于实现流通共享。通过电子政务标准化工作的广泛参与、协商一致，能够实现各部门间政务服务数字化的互联互通、开放共享，彻底打破原有数字化管理存在的"信息孤岛""数据烟囱"等局限，并以数据流引领技术流、人才流、资金流、物资流，实现政务数据的集成共享和条块结合，进而构建流通、开放、共享的数字化管理与服务体系。

其次，电子政务标准化有助于实现融合集成。数字化时代，信息资源整合的最终目标是实现政府数据资源的深度挖掘和高效利用，可通过标准化手段融合集成政府部门间不同类别的海量数据资源，特别是加强跨地域、跨部门的政府数据资源系统的统筹统建，并通过深度挖掘政府间数据资源成果，拓宽数字化应用场景，带动和促进资源融合在引领数字经济、智慧政府治理、精准民生保障及商品监管溯源等方面的整合集成优势。

3．协同性作用

首先，电子政务标准化有助于实现多平台业务协同。在电子政务建设过程中，可通过技术标准支撑统一的公共服务平台建设，以"大平台"对接分布在不同部门、不同地域、不同层级、不同功能的"小平台"，开展政府业务云端协同办理，实现从数据采集、数据分析、平台应用及数据全生命周期的平台业务的协同办理，为保障同源发布、同步更新、同标治理的数据平台协同治理模式提供技术依据。

其次，电子政务标准化有助于实现多场景应用协同。电子政务标准化能够推动政府业务数据标准化，可将政府业务需求转化为可量化、可融合、可执行、可追溯的全周期管理体系，提高政府在决策、执行、督查、反馈等环节的协同效率。具体可通过开展政府政务业务协同方面的基本要求、规则、指南等标准研制工作，为政府机构在政府治理、政务服务、社会管理、民生服务、产业监管及企业服务等不同应用场景实现政务业务协同办理提供技术手段。

4. 引领性作用

首先，电子政务标准化有助于提升政府服务效率。依托标准化，可将云计算、大数据、人工智能、区块链、5G、物联网等新一代数字技术广泛应用于政府政务服务，为政府治理提供规范化手段；可推动"一网协同""最多跑一次""掌上办""秒审"等创新服务模式不断涌现，打破政府部门间的本位主义，突破地域、层级和部门的条块分割，实现政务服务的流程再造，全面重塑公共管理和公共服务模式，提升政务服务的整体效率。

其次，电子政务标准化有助于指导产业转型升级。政府可通过标准化手段实现产业数据价值挖掘利用，引领传统产业实现转型升级和新兴产业实现最优化发展。例如在制造业领域，政府可推动制造业向网络化协同、个性化定制、柔性化生产、增材制造等方向发展；在交通领域，政府可依托四维时空数字化管理助推无人驾驶、智能驾驶等产业落地；在能源领域，政府可借助能源系统智慧化升级，助力产业提升能源利用效能。

总之，电子政务标准化的支撑作用体现与标准化所倡导的统一、简化、协调和最优化基本原理有着非常高的契合度。其中，标准化的统一原理促进了电子政务发展的规范和通用；标准化的简化原理推动了电子政务发展的集成和融合；标准化的协调原理保障了电子政务发展的协同和一致；标准化的最优化原理强化了电子政务发展的引领和提升。可以说，标准化基本原理是标准化支撑电子政务建设持续发展的理论基础，更是实现其规范、集约、协同、引导作用的重要抓手。

在未来的电子政务发展中，标准化应该成为一个重要的研究方向，在电子政务的普及中起到不可或缺的支撑作用。

8.5 电子政务标准化体系

电子政务是深化"放管服"改革和建设服务型政府的战略举措，也是政府部门提升管理能力的重要手段。但电子政务建设是一项构成要素多、协同难度大的系统工程，面临着艰巨的挑战，而标准化恰恰是针对不同系统、不同要素进行协同对话的通用语言，是实现政府间信息开放互联的技术基础及应用保障。标准化是电子政务落实和推广的基础和前提，是整个电子政务发展的重要组成部分，已成为推动新时期数字政府改革的重要抓手。当前，党中央、国务院已围绕电子政务标准化建设做出决策部署，制定出台《"十三五"信息化标准工作指南》《"十四五"国家信息化规划》《国家电子政务标准体系建设指南》等相关文件，我国电子政务建设已进入标准化、规范化发展新阶段。

8.5.1　电子政务标准化体系形成的背景

很多省份进行了电子政务标准化的初探。2017 年 2 月，山东省出台 6 项"政务云"地方标准。人口信息、卫生计生部门、公安部门、工商部门等均建有数据库，但数据库之间信息却无法共享。随着标准化体系的逐步建立，这种局面得到改善。省质监局、省经信委联合发布山东省电子政务公共服务平台和政务信息资源共享 6 项地方标准，山东电子政务信息的管理使用有了可参照的统一准则，在技术层面打通政务信息流动共享的壁垒。据悉，山东省是政务云平台建设全国第一批试点省份，此次制定标准的时效性、科学性、前瞻性、创新性走在全国前列。2017 年 3 月，广东省大数据标准技术委员会成立，工业和信息化部电子第五研究所为标委会秘书处承担单位，华为、中兴、广电运通、海格通信等国内科研机构及企业的 45 名技术骨干入选该标委会。

2020 年 1 月，上海市公共数据标准化技术委员会（简称"数标委"）正式揭牌成立，标志着上海市公共数据治理进入标准化、专业化发展的新阶段。"数标委"的成立将促进公共数据产业发展和服务群众需求；进行公共数据标准规划和建设，包括一网通办、政务云、政务外网、数据安全等，涵盖政务云、政务外网、数据安全等，涵盖"采集、归集、治理、应用、安全、运营"相关领域。数标委的宗旨是：加强上海市公共数据相关领域的地方标准技术审查力量，引导地方标准、协助团体和行业标准、参与国际和国家标准的编制和实施，基于标准的宣贯和应用以推动公共管理和服务机构大数据高效、健康的发展，创建良好的大数据生态环境。

2020 年，经国家标准化管理委员会、中央政府采购中心、国家信息中心、中国软件评测中心等 120 多个政府机构和标准化组织对现有电子政务标准使用情况的调研，并完成对现有电子政务标准的复审，搭建出国家电子政务标准体系。2021 年，依据行业实际需要，进行政务信息资源、电子文件、政务服务平台等电子政务基础共性标准和关键应用标准的修订，基本满足电子政务标准化需求，补充完善国家电子政务标准体系。2022 年，全面覆盖了电子政务基础共性标准、关键应用标准和安全保障标准，建立起较为先进的国家电子政务标准体系，有效指导电子政务建设，建设电子政务标准应用服务平台，提升标准服务能力，提高标准应用水平。

8.5.2　电子政务标准化体系建设

为了形成电子政务的标准化体系，必须构建出模型框架。电子政务标准体系框架由总体标准、基础设施标准、数据标准、业务标准、服务标准、管理标准、安全标准 7 部分组成，如图 8-4 所示。

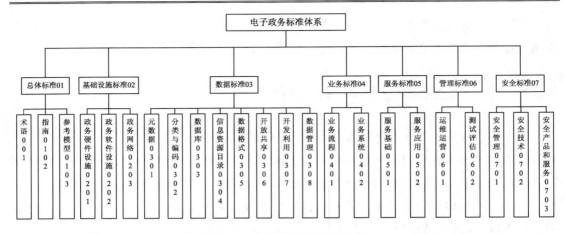

图 8-4 电子政务标准化体系

技术框架包括应用技术、信息技术等要素[7]。首先，应抽象出电子政务标准技术参考模型，见图 8-5。电子政务标准技术参考模型由基础设施层、应用支撑层、应用层组成，信息安全与技术管理贯穿其中：

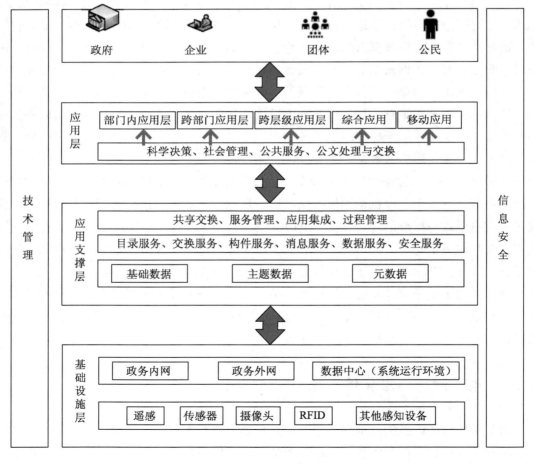

图 8-5 电子政务标准技术参考模型

（1）基础设施层位于技术参考模型的底层，包括政务内网、政务外网、数据中心等，负责提供计算、存储和网络等基础设施服务，为各类电子政务应用提供必要的网络、硬件等基础环境和有效、可靠的信息传输服务通道，是各类政务信息的最终承载者。随着云计算等技术的发展，目前这些服务通常通过虚拟化技术实现，包括硬件资源（如 CPU、内存和存储）的虚拟化，以及网络资源的虚拟化。基础设施层还负责电子政务数据的管理、安全和备份等工作。

（2）应用支撑层为各类电子政务应用提供共享交换、服务管理、应用集成、过程管理等应用支撑服务，为应用层提供共性支撑服务，能有效地保证应用系统的互联互通和资源共享，从而简化电子政务应用系统的设计和实现。应用支撑层内部又可分为信息资源和应用服务两部分。信息资源构建于基础设施层之上，并为应用服务提供各种信息资源，包括业务应用中产生、使用、共享的各类结构化和非结构化的数据和信息；应用服务提供目录服务、交换服务、构件服务、数据服务等各种具有共性的通用服务或功能组件。应用支撑层是提高电子政务应用系统设计和实现效率的重要支撑。

（3）应用层是面向最终用户的层面，也是体现政务服务、推进服务型政府建设的关键点。应用层包括在应用支撑层上构造的各种电子政务应用，如机构内部或跨地区、跨部门、跨层级的业务应用系统。目前，在不同领域已有多种比较成熟的应用，如公文处理系统、社会管理系统、科学决策系统、公共服务系统等履行各种行政职能的政务应用系统。

（4）电子政务系统涉及的部分信息和数据涉及国家秘密，其机密性和完整性尤为重要，是信息安全保护的重点对象。信息安全在各层面为电子政务提供机密性、完整性、可用性、鉴别、抗抵赖、反病毒等安全管理与服务，主要涉及安全管理、安全协议、边界防护、安全隔离、信息加密、密钥管理、签名与认证、安全评测、公钥基础设施等。

（5）技术管理涉及对基础设施、共性支撑、信息资源、各类政务应用等各层面的技术和运行管理。

遵循电子政务标准技术参考模型，结合电子政务系统建设与工程实践中对标准支撑的实际需求，电子政务标准主要包括总体、业务应用、应用支撑、信息安全、网络与管理等方面的标准。其中：

（1）总体标准主要包括电子政务总体性、框架性、基础性的规范，如术语、中文处理等；

（2）应用标准主要包括各类政务应用方面的标准，如业务模型、数据模型等；

（3）应用支撑标准主要包括为各类政务应用提供支撑和服务的标准，如共享交换平台（兼容性）、数据访问、消息服务、互操作、协议、接口和服务定义等，其中互操作性被认为是市场发展的关键。互操作性一般有两个阶段，第一阶段是设备共存，第二阶段是应用程序之间和不同制造商设备之间的全面互联（互操作性）。互操作性是一种让不同业务场景和业务模型中的许多不同用户都对更大网络的可信承诺，在网络规模和竞争之间进行权衡。消费者的期望决定了标准的演变，从而鼓励了开源软件的开发。互操作性要求开放标准由来自多个组织的独立人员以透明的方式开发和定义。兼容性是系统组件的一种技术属性，使两个组件能够一起工作、行动或运行。系统元素之间的通信特点是一个系统的输出变成另一个系统的输入，而这种内容的发送和接收需要接口提供兼容系统元素之间的连接。兼容性不同于互操作性。如上所述，互操作性是指两个或多个系统（计算机、通信设备、数据库、网络或其他信息技术）按照规定的方法相互作用并交换数据以达到可预测结果的能力。

（4）信息安全标准主要包括为电子政务提供安全服务的标准，如安全级别管理、身份鉴别、访问控制、数字签名和公钥基础设施等。

（5）基础设施标准主要包括为电子政务提供通信平台的标准，如电子政务网络运行、网络互联互通等。

（6）管理框架也不能忽视。只有形成统一的安全管理标准，才能规范电子政务的处理流程。在处理行政业务时，信息化平台记录了大量的安全数据，为了对安全数据进行防护，政府需要采用防火墙等技术，对黑客攻击进行防御。同时，政府应该采用动态监测技术，对互联网进行监测。用户只有提供正确口令才能获取系统信息，如果用户身份不明，应该立刻进行警报预示。技术管理标准主要包括为确保电子政务工程与系统质量的标准，如运行管理、监理、验收、评估等。

电子政务标准体系是将电子政务建设中涉及的所有标准，按其内在联系形成的有序集合和科学整体。在分析电子政务标准体系之前必须对电子政务标准进行分类介绍。

电子政务标准涉及的范围十分广泛，分类也很多，不同的分类方法会产生不同的具体标准。根据《国家电子政务标准体系建设指南》，下面进行标准分类的说明。

（1）总体标准：总体标准主要包括电子政务总体性、框架性、基础性的标准规范，如术语、标准化指南、参考模型等。其中，术语标准用于统一电子政务的相关概念，为其他电子政务标准的制定提供支撑；标准化指南规定电子政务的总体要求，指导电子政务的建设；参考模型标准用于指导电子政务的技术应用、政务信息的系统设计等。

（2）基础设施标准：基础设施标准包括政务硬件设施标准、政务软件设施标准和政务网络标准。其中，政务硬件设施标准与政务软件设施标准聚焦于电子政务公共基础设施的集约化，对政务信息系统的基本要求、功能要求等基础性要求进行规范，大力推广政务云平台，推动计算资源、存储资源、服务支撑、安全保障等共性基础资源的集约共享；政务网络标准围绕电子政务网络建设中的技术、管理提出要求，指导电子政务网络、业务专网的建设与运行。

（3）数据标准：数据标准主要包括元数据、分类与编码、数据库、信息资源目录、数据格式、开放共享、开发利用、数据管理等标准。其中，元数据标准、分类与编码标准、信息资源目录标准、数据格式标准作为电子政务数据标准的基础类标准，为各类电子政务数据库建设提供依据，为政务数据资源应用提供保障；数据库标准主要包括人口、法人等政务基础数据库标准和主题库标准；开放共享标准主要明确政务信息资源开放共享的数据要求、技术要求、管理要求等，明确信息交换的层级结构和交换方式，建立时效性强、安全性高的政务信息资源交换体系；开发利用标准主要明确公共数据资源开发利用的数据要求、业务要求、服务要求、管理要求和安全要求等内容；数据管理标准主要对政务数据管理能力成熟度、政务数据服务管理、个人信息管理等进行规范。

（4）业务标准：业务标准主要包括业务流程、业务系统等标准。其中，业务流程标准用于规范电子政务办事流程，指导政务流程有序开展；业务系统标准对业务系统的设计、建设、管理和相关技术进行规范，实现业务流程的重组优化和规范化，支撑政府部门业务信息化建设。

（5）服务标准：服务标准主要包括政务服务基础标准、服务应用标准。其中，政务服务基础标准主要明确电子政务服务事项的要素设置、材料要求和电子政务服务流程，对电子证照、电子合同、电子票据、电子档案的技术、数据、标识、接口等内容进行规范，支撑各类证照、合同、票据、档案系统的规划、设计、开发和利用；政务服务应用标准主要对政务服务平台、政务服务移动端、政务服务自助终端等进行规范，支撑"互联网+政务服务""互联网+监管"等电子政务服务应用。

（6）管理标准：管理标准包括运维运营标准以及测试评估标准。其中，运维运营标准以采用现有信息技术服务标准为主，主要用于规范电子政务建设的运维、运营服务，保障电子政务系统平台的平稳运行；测试评估标准包含测试标准与评价、评估标准。测试标准主要对政务数据资源质量、政务信息系统进行测试评估，强化数据治理、提升数据质量；评价评估标准用于评价我国电子政务建设情况，为电子政务、数字政府建设指明方向，保障电子政务建设质量。

（7）安全标准：安全标准包括安全管理标准、安全技术标准与安全产品和服务标准。其中，安全管理标准针对电子政务系统建设与运行安全管理、电子政务关键信息基础设施安全保障、电子政务数据安全管理等，以采用现有关键信息基础设施安全保护、数据安全管理和个人信息保护等标准为主；安全技术标准以采用现有网络安全技术标准为主，包括密码技术、数据安全技术、身份认证等标准；安全产品和服务标准指针对电子政务应用涉及的安全产品和服务，以现有信息安全产品服务技术要求和测评规范类标准为主。

8.5.3　电子政务标准化体系建设的重点

在国家电子政务标准体系的范围内，针对制约电子政务发展的主要矛盾和突出问题，围绕政务数据开放共享、公共信息资源开发利用、电子文件、"互联网+政务"等重点工作，提出相应的标准子体系框架及建设重点。各重点工作的标准子体系由国家电子政务标准体系裁剪而成，选取国家电子政务标准体系中的相关类目，组成各重点工作的标准子体系。标准子体系中的标准属于国家电子政务标准体系。

1. 政务数据开放共享标准子体系

政务数据开放共享标准子体系由数据标准、业务标准、管理标准和安全标准构成，为解决长期以来困扰我国政务信息化建设的"各自为政、条块分割、烟囱林立、信息孤岛"问题，对政务数据开放共享的数据要求、管理要求、评价等内容进行规范。

标准建设重点包括：

（1）政务信息资源共享：政务信息资源目录体系，政务信息资源共享体系，政务信息资源共享评价，政务数据共享平台等标准。

（2）政务信息系统整合共享：政务信息系统技术参考模型，政务信息系统基本要求，政务信息系统评价、运维管理等标准。

（3）政务信息资源开放：政务数据开放共享，政务信息资源开放评价，开放数据格式技术规范、开放数据服务规范等标准。

（4）政务数据管理：政务数据管理能力成熟度模型，政务数据管理指南、政务数据服务、数据安全等政务数据管理标准。

2．公共数据资源开发利用标准子体系

公共数据资源开发利用标准子体系由数据标准、业务标准、服务标准、管理标准和安全标准构成，重点对公共数据资源开发利用范围、流程、安全等提出规范性要求。

标准建设重点包括：

（1）公共数据资源分级分类：公共数据资源分类方法，公共数据分级指南等标准。

（2）公共数据资源开发利用总体要求：公共数据资源开发利用业务流程，公共数据资源开发利用模式等标准。

（3）公共数据资源开发利用服务：公共数据资源开发利用流程、公共数据资源开发利用服务质量等标准。

（4）公共数据资源开发利用安全体系结构：公共数据资源开发利用安全体系设计要求，公共数据资源开发利用安全技术指南等标准。

3．电子文件标准子体系

电子文件标准子体系由数据标准、业务标准、服务标准、管理标准、安全标准构成。重点研制文件格式、电子印章、文件传输协议等通用标准；在电子证照、电子凭证等重点领域梳理对应元数据、数据格式、业务流程和通用标准应用要求，促进相应领域的电子文件，同时满足计算机自动处理和衔接传统应用两种需求，促进电子文件单轨制归档和基于电子文件的大数据利用；基于电子文件本体，研究和扩展相关的软硬件设备和应用系统标准。

标准建设重点包括：

（1）电子文件基础：继续研制和发展 OFD2.0（开放版式文档 2.0）OFD/A（长期保存）、OFD/E（工程制图）、OFD/Geo（地理信息）、流式文档格式等电子文件基础标准。

（2）电子文件应用：电子凭证、电子病历、检测检验报告、电子合同、电子保单、电子图纸和离线地图等电子文件应用标准。

（3）电子文件安全：强化电子文件应用的安全基础，研制电子政务内网、外网统一电子印章、HTML 网页签章、文件加解密等基础共性安全标准。

4."互联网+政务"标准子体系

"互联网+政务"标准子体系由数据标准、业务标准、服务标准、管理标准、安全标准组成。在"互联网+政务"标准体系中，加强电子证照、业务系统、服务应用等方面的标准化建设，研究完善业务系统、"互联网+政务服务"平台、"互联网+监管"系统、政务服务终端的总体框架、数据、接口、应用、运维、安全、管理等标准规范，实现业务协同、服务统一、监管有力。

标准建设重点包括：

（1）业务系统：政务办公系统、业务协同系统的架构、功能、数据、接口、管理等标准。

（2）政务服务基础：电子政务业务流程，电子证照应用等电子政务服务基础标准。

（3）政务服务平台：政务服务平台技术架构、功能、数据、接口、管理等标准。

（4）"互联网+监管"系统："互联网+监管"系统的数据、管理、业务机制、运行维护和安全保障等标准。

（5）政务服务终端：政务服务移动端、政务服务自助终端的技术、接口、测试、评价等标准。

8.6　电子政务关键标准简介

电子政务的五个关键标准分别为网络基础设施标准、应用支撑标准、应用标准、信息安全标准、电子政务管理标准。

1. 网络基础设施标准

网络基础设施标准是为电子政务提供基础通信平台的标准，它包括基础通信平台工程建设标准、网络服务商互联互通标准、网络安全标准等各个方面。网络基础设施标准在国内网络服务市场垄断程序比较高、互联互通问题比较突出的情况下，显得更为重要。

网络建设的总体要求、规划、设计和开发应满足以下要求：（1）政务机构的业务需求；（2）具有可操作性、可靠性和可用性；（3）具有可持续性和可扩展性；（4）将数据保密和安全作为高优先项；（5）履行验证和授权功能；（6）网络安全应与网络建设同步进行；（7）使用基于开放的行业标准和采用成熟的主流技术；（8）网络管理责任机制由网络的主管、建设和运维单位相应确定。

交换技术应具有安全性，符合国家信息技术安全标准，用于保证开放系统互连（OSI）2、3、4 层局域网网络设备的连接，同时满足以下要求：（1）交换装置应支持流量优先级协议、虚拟局域网（Virtual Local Area Network，VLAN）桥接协议和多协议标签交换（Multi-Protocol Label Switching，MPLS）功能，提供可扩展性、互操作性和互联网协议服务质量（Quality of Service，QoS）；（2）QoS 功能通过设定优先数据流，改进网络服务；（3）IP QoS 支持网络的多媒体服务应用；（4）流量优先级协议支持网络流量排序，实现数据、声音、视频的融合服务；（5）VLAN 桥接协议支持将独立的数据、声音和视频客户平台设备细分至各自的逻辑 VLAN。VLAN 为每一个 VLAN 间的通道标记了独特的标识符，实现多个使用不同通道的 VLAN 共享同一物理交换机接口进行连接；（6）MPLS 支持网络数据流量的选派、路由、提交和交换。MPLS 可与其他路由协议如开放式最短路径优先进行互联。

2. 应用支撑标准

应用支撑标准是为电子政务应用系统提供支撑和服务的标准，包括信息交换平台、电子公文交换、电子记录管理、日志管理、数据库等方面的标准，是电子政务标准体系中基本的组成部分。应用支撑标准主要针对部门级的电子政务应用，在规范部门电子政务应用方面有着重要的作用。本小节给出了技术支撑层的参考模型，如图8-6所示。

应用支撑技术应满足下列一般要求：（1）功能性；（2）柔性可供定制，产品化程度高；（3）提供清晰的接口。

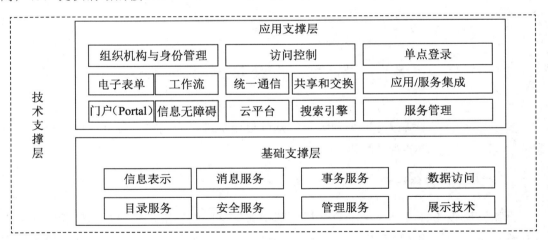

图 8-6　技术支撑层参考模型

3. 应用标准

应用标准是为规范电子政务应用开发设计而制定的相关标准，包括基础信息、数据元及其代码、电子公文格式、流程控制等标准。应用标准是为承担电子政务系统开发的软件厂商提供的，对规范系统开发、提高系统开发的兼容性和通用性有着很大的指导意义。

4. 信息安全标准

信息安全标准是为电子政务实施提供安全服务所需的各类标准，包括安全级别管理、身份鉴别、访问控制管理、加密算法、数字签名、数字证书格式等标准和规范。信息安全标准对维护电子政务系统的安全，保障公众的隐私权，保证系统的稳定性和可靠性都有着密切的关系。

在信息安全技术标准子体系中，信息安全技术类型被划分为安全机制和机制实现，并分别对两大技术类型进行了细分。在安全机制类中将标准类别划分为标识、鉴别、授权、密码、通信安全以及其他安全机制类。标识类标准是包括与系统资源、用户、角色以及网络资源等标识相关的技术标准。鉴别类标准是包括基于所知的、个人特征以及电子证书等实体鉴别机制的技术标准。授权类标准是包括基于标识与鉴别基础之上，确保信息资源合理使用和流动，防止非授权或以非授权方式使用资源的访问控制技术标准。密码类标准是包括与密码编码、密码分析以及密码体制设计相关的技术标准。通信安全类标准是包括与通信安全相关的体系结构、数据交换格式以及为保证信息通信过程中完整性、保密性等技术标准。在机制实现类中将标准类别划分为产品类、系统类以及其他机制实现。产品类标准是指与信息安全产品、信息产品安全以及公共安全行业特定用途产品等相关的安全技术要求和测试评价方法类标准。其中，信息安全产品是指维护信息系统安全，用于保证系统连续可靠正常运行的产品，如防火墙、入侵检测以及反垃圾邮件等；信息产品安全是指保护信息产品自身以防止信息产品中的硬件、软件以及数据受到偶然或恶意的原因遭到破坏、更改或泄露，如智能卡、摄像机以及录像机等信息产品的信息安全。系统类标准是指与信息系统安全保障、安全管理以及系统安全等评估相关的安全技术要求和测试评价方法类标准。其中，信息系统安全是指与定义、获得和维护保密性、完整性、可用性、可核查性、真实性和可靠性有关的各个方面，如网上证券交易、网上银行以及公路智能交通监控等信息系统的数据传输、存储等方面的信息安全。

在信息安全管理标准子体系中将标准类别划分为管理体系、管理支撑技术、安全服务、安全测评以及其他管理类。管理体系类标准是包括在整体或特定范围内建立信息安全方针和目标，以及完成这些目标所用方法的体系标准。管理支撑技术类标准是包括和信息安全管理体系相关的具体的管理要求、指南类标准，用于支撑管理体系的技术类标准。安全服务类标准是指适应整个信息安全管理的需要，提供全面或部分信息安全解决方案的服务类标准。安全测评类标准是包括对信息安全服务能力的测试评估类标准。

5. 电子政务管理标准

电子政务管理标准主要为确保电子政务工程建设质量所需的标准，它包括电子政务软件工程、电子政务项目验收与监理、电子政务系统测试和评估，以及电子政务信息资源评价体系等涉及工程建设管理的标准。电子政务管理标准为实施电子政务监理和评估提供了基本的依据，有利于保障电子政务的实施质量和水平。

8.7　电子政务安全与标准化

根据《网络数据安全标准体系建设指南》（征求意见稿），我国正在征求网络数据安全标准体系意见，包括基础共性、关键技术、安全管理、重点领域四大类标准，但未见有政务大数据安全标准体系研制的相关报道。政务大数据是网络数据的一个类型，是网络数据的一个重点应用领域，其标准化工作应在网络数据安全标准体系框架之下。结合网络数据安全标准体系及其他标准体系架构，提出政务大数据安全标准体系框架。

（1）基础标准：政务数据基础性安全标准包括因政务数据安全的相关的术语和概念、数据安全参考架构、数据安全分类分级、基本安全要求等因素而制定的标准。

（2）技术标准：技术标准主要为结合政务数据全生命周期各阶段所涉及的技术安全而制定的标准。

（3）管理标准：管理标准主要包括因管理制度、数据安全规范、数据安全评估、监测预警与处置、应急响应、灾难恢复、安全能力认证等因素而制定的标准。

结合政务大数据标准体系框架及政务数据的全生命周期，查询全国标准信息公共服务平台可知，现行的与政务大数据安全相关的部分标准见表 8-2。

表 8-2　现行的与政务大数据安全相关的部分标准统计表

序号	标准编号	标准名称	实施日期
1	GB/T35295-2017	《信息技术大数据术语》	2018/7/1
2	GB/T35589-2017	《信息技术大数据技术参考模型》	2018/7/1
3	YD/T2781-2014	《电信和互联网服务用户个人信息保护定义及分类》	2014/12/24
4	YD/T2782-2014	《电信和互联网服务用户个人信息保护分级指南》	2014/12/24
5	GB/T31503-2015	《信息安全技术电子文档加密与签名消息语法》	2016/1/1
6	GB/T37722-2019	《信息技术大数据存储与处理系统功能要求》	2020/3/1
7	GB/T37964-2019	《信息安全技术个人信息去标识化指南》	2020/3/1
8	GB/T37932-2019	《信息安全技术数据交易服务安全要求》	2020/3/1
9	GB/T38664.1-2020	《信息技术大数据政务数据开放共享第1部分：总则》	2020/11/1
10	GB/T38664.2-2020	《信息技术大数据政务数据开放共享第2部分：基本要求》	2020/11/1
11	GB/T38664.3-2020	《信息技术大数据政务数据开放共享第3部分：开放程度评价》	2020/11/1
12	GB/T39046-2020	《政务服务平台基础数据规范》	2020/10/1
13	GB/T38645-2020	《信息安全技术网络安全事件应急演练指南》	2020/11/1
14	GB/T31500-2015	《信息安全技术存储介质数据恢复服务要求》	2016/1/1
15	GB/T35274-2017	《信息安全技术大数据服务安全能力要求》	2018/7/1

序号	标准编号	标准名称	实施日期
16	GB/T34080.3-2021	《基于云计算的电子政务公共平台安全规范第3部分：服务安全》	2021/10/1
17	GB/T34080.4-2021	《基于云计算的电子政务公共平台安全规范第4部分：应用安全》	2021/10/1
18	DB34/T4282-2022	《电子政务外网安全监测平台技术规范》	2022/9/30
19	DB23/T 2844-2021	《电子政务云平台安全管理规范》	2021/5/12

表 8-2 仅列举了我国目前现行的与政务大数据安全相关的部分标准，但可以看出，我国现行的与政务大数据安全相关的标准既有国家标准也有行业标准，标准内容基本覆盖标准体系的基础标准、技术标准、管理标准子体系。标准实施效果表明标准引领了政务大数据技术在相关领域的应用，促进了该领域发展。下一步应紧密结合《国务院关于在线政务服务的若干规定》等文件对政务服务标准化工作的要求，加快开展政务数据标准化工作，促进各部门政务服务平台（系统）规范化、标准化、集约化建设和互联互通，提高政府办事效率，助力建设人民满意的服务型政府[8]。

近几年，电子政务在我国得到快速发展，目前已汇聚海量数据。为保证政务大数据的安全，国家在该领域的标准化组织建设、标准制修订等方面已经做了大量的工作。目前，国内政务大数据安全标准化工作已经具备了一定的工作基础，下一步的政务大数据标准化工作应依据国家"互联网+政务服务"发展战略以及相关管理政策对标准化工作提出的要求，首先制定、完善政务大数据安全标准体系，按照"急用先行"的思路，逐步从基础标准、技术标准、管理标准等方面开展标准化工作，为保障政务大数据的安全提供支撑。

8.8 本章小结

本章先对电子政务安全进行了整体概述，从而明确其界定与目标，发现目前电子政务在管理和技术上所面临的挑战，进一步进行电子政务安全管理体系的构建，得出若想进一步优化电子政务安全体系，标准化是不可或缺的一环。然后从电子政务标准化体系入手，进行电子政务标准化体系的构建以及关键标准介绍，最后引出电子政务安全与标准化二者之间的联系。

思考与练习题

（1）简述电子政务安全的重要性。

（2）简述开展电子政务标准化的原因。

（3）简述电子政务标准化建设涉及哪几个方面。

参 考 文 献

[1] 金泽晨．电子政务安全形势和工作研究［J］．网络安全技术与应用，2020（02）：96-97.

[2] 赵永鹏．电子政务安全问题与防护［J］．中国管理信息化，2022，25（21）：182-185.

[3] 程静．电子政务网络安全风险及防范策略探究［J］.信息与电脑，2017（23）：183-184，187.

[4] 丁惠春，谷建华．基于PKI的电子政务安全支撑系统设计［J］．微电子学与计算机，2004（10）：68-70，73.

[5] 梁文亚．电子政务服务标准化的挑战与机遇［J］．大众标准化，2023（21）：17-19.

[6] 张欣亮，郑鹰．标准化支撑数字政府建设作用［J］．科技管理研究，2023，43（14）：125-132.

[7] 折托小，吴卫东．政府管理创新中电子政务建设问题及对策研究［J］．中小企业管理与科技（中旬刊），2021（10）：137-139.

[8] 徐静，王法中，胡德隆，等．我国政务大数据安全标准化现状浅析［J］．信息技术与信息化，2021（03）：206-208.

第9章　电子政务绩效管理

电子政务绩效管理是指利用信息技术、数据分析等手段，对政务工作进行量化评价和绩效管理，以实现政务工作的科学化、规范化、高效化。在电子政务领域，政府部门通过建立绩效评估体系，并利用信息系统实现数据的收集、分析和共享，以实现政务工作绩效的度量、评估和改进。电子政务绩效管理通过建立和完善管理体系和机制，政府部门可以更加精准地了解政务工作的实际情况，以便及时调整工作策略和方向，并全面提高公共服务的效率和质量。

9.1　电子政务绩效管理的背景

当前，电子政务建设理论和实践加快创新，这对电子政务建设绩效评价提出了新的要求。如何对电子政务的实际应用情况进行评价，电子政务在实际应用过程中怎样提高处理政务的效率，成为各级政府机构与公共部门普遍关注的问题[1, 2]。

针对政府绩效管理涵盖内容方面的研究，国外学者研究起步比较早，研究比较全面，主要集中在以下方面：

在 2002 年之前，联合国教科文组织对 65 个国家的电子政务发展情况进行了调研。部分学者基于调研数据对不同国家电子政务建设情况进行了比较研究，发现政府在线处理效率的不均衡是政府绩效管理最为严重的问题，而这与各个国家的信息化程度、经济发展速度、整体 IT 建设水平密切相关。除此之外，还会涉及其他一些与人们日常生活相关的内容，如民生、教育、医疗等，这些公共基础设施的建设与政府绩效管理之间具有密切联系。这些公共基础设施一旦出现问题，将会直接影响政府绩效管理的效率。可见，电子政务的发展程度对政府绩效管理的影响还是很大的。

相关学者针对政府绩效管理内容开展研究后发现，法治、经济及民生等属于政府绩效管理的日常工作内容。发挥大众的主动性、参与性、积极性，促使电子政务在实际应用过程中将自己的作用和价值全部落实到提升政府绩效管理的效率中。这种方式不仅有利于保障电子政务在政府绩效管理中的应用效果，而且对电子政务绩效管理水平的提升具有实质性意义。

针对电子政务网站进行构建和日常管理需要采取针对性的措施，及时提出一些改进方案或对策，这样能更准确地了解电子政务网站的落地使用情况。国外相关学者结合联合国的普查结果及各个国家使用电子政务的情况进行深入分析，然后排除其中的一些问题，最后归纳总结形成一个可用于日后研究的电子政务绩效管理模型。该模型在构建及具体应用过程中涉及很多内容，如网站建设、绩效考核制度、不同类型的量化指标等。这种具有现实意义的模型在具体应用过程中可以被直接应用在电子政务网站的日常绩效管理中。模型的构建不但可以精准地进行科学的政府绩效管理，同时还可以对网站管理水平的提升起到一定的促进作用。

当前，国内在电子政务绩效管理方面的研究文献数量不断上升，同时，相关研究也在不断地增多。通过对实际情况进行分析和研究后发现，电子政务对政府绩效管理会产生一定的正面和负面影响。目前，国内学者关于电子政务对政府绩效管理影响的研究主要通过案例分析的方法，通过了解政府绩效管理的现状，然后详细了解政府信息管理部门，认真分析政府信息管理部门的运作方式，进一步总结、罗列、分析影响部门运作方式和管理效率的因素，针对负面影响因素所导致的问题提出有针对性的解决方案。

实际研究发现，政府的绩效管理会在一定程度上受到电子政务成本控制及风险把控等因素的影响[1]，即电子政务水平会对政府的绩效管理水平造成一定的影响，而选取具体的数值进行判断时无法完全保证这些数值的准确性和有效性，需要不断地深化和实践，才能确保得到更加准确的结果[3]。

综上所述，电子政务绩效管理是科学的管理工具，也是电子政务实施中质量保证和效益评估的重要方式之一。它可以帮助政府机构评估、监测和管理电子政务计划，优化过程，提高效益。通过科学地管理和评估，可以不断地优化电子政务实施的过程和成果，并进一步推进政府现代化治理，实现政府机构的更高效率和更贴近公众的服务。

9.2　电子政务绩效管理体系与机制

电子政务绩效管理与传统的行政管理原理相比，不仅是管理主体和范围的扩大，更彰显了提高公共生产力的管理理念，突出发展变革的主线脉络。与以往的行政体制改革相比，它着意表现机制创新和方法创新，注重方法手段的功能作用，强调理论与实践的积极互动[4]。

第一，电子政务绩效管理把绩效作为管理的核心。重视绩效能够激发管理者的使命感和责任感，促进测评的公正性和客观性，获得更多的社会支持[4]。

第二，电子政务绩效管理强调多元服务主体，提升服务质量。电子政务绩效管理改变了政府是社会公共事务唯一的服务主体的定位，将政府的部分职能进行分解，一些技术性、具体性的社会事务尽可能交给社会组织承担。发展多元化的社会公共事务承担主体，以服务内容为对象，不断调整政府与社会关系，侧重解决如何为社会提供优质、高效的公共服务的问题，从而提高政府服务的质量[4]。

第三，电子政务绩效管理凸显机制创新。电子政务绩效管理以政府应该管什么和怎么管作为中心，致力于寻求一个新的治理模式，寻求一种新的管理机制，使政府能够更好地配置资源。以提供公共服务作为职责使命，以提高绩效作为目的指向，政府管理恰到好处，理顺政府与社会、上级政府与下级政府、领导与部属、决策机构与执行机构的关系，把不该管的和管不好的公共事务移交出去，政府集中精力抓好宏观调控、市场监管和公共服务工作[4]。

第四，电子政务绩效管理重视管理方法与技术。与传统的电子政务管理相比，电子政务绩效管理更偏重机制的运作，更讲求方法与目标的统一，积极寻求和开发可操作性的管理方法，以提高政府管理绩效[4]。

第五，电子政务绩效管理突出应用性和回应性。行政管理必须植根于实践，回应实践的要求，制定可操作性的管理方略，指导实践，只有这样，电子政务管理才有生机和活力。传统的电子政务管理在这个问题上做过诸多努力，当前在机构改革、公务员制度改革、领导体制改革、廉政建设等方面的研究都对实践起积极的推动作用。但是，传统的电子政务管理具有管理范围的局限和目标导向的局限，使其最终无法改变政府现行体制中的管理绩效，而电子政务绩效管理则突破了这两个瓶颈[4]。

电子政务的核心价值是提高政府的公共服务，提高公共服务的水平和质量；电子政务的最终目标是为人民和企业服务，实现政府工作与人民之间的良好互动。在促进电子政务的发展过程中，政府普遍将公共服务视为优先实现电子政务的内容，从而继续提高政府管理的透明度和公开性，增强公众对政府的信任。PIU 的英国"21 世纪政府"报告和联合国的"从全球角度看待电子政务"报告充分表明，重视公共服务的国家在电子政府发展中更加成功。在电子政府绩效评价中，加拿大财政部主要集中在两个方面：一是用户满意度；二是提高政府服务的质量。此外，加拿大政府还采用了由新加坡政府和安大略省的"cust"推出的"在线服务自我评估问卷"。

在第十一届全国人民代表大会第三次会议上，温家宝总理在作政府工作报告时表示，要努力建设人民满意的服务型政府，为人民提供良好的公共服务。胡锦涛总书记在中国共产党第十七次全国代表大会上的报告中明确："健全政府职责体系，完善公共服务体系，推行电子政务，强化社会管理和公共服务。"随着政府与公众互动的增多，政府需为公众提供更好的公共服务，提高公众满意度，因此，构建针对服务政府的电子政务绩效管理体系尤为重要。

在行动或工作之前，需要制定行动内容和步骤。在建设管理体系中，则应该首先确定评估计划，评估计划的制定需要回答 5W 和 2H，即为什么、做什么、谁去做、何时做、哪里做、怎么做、多少钱。评价方案包括评价目的、评价主体、评价对象、评价时间、评价方法、评价过程等。电子政务绩效管理体系的目标是合乎逻辑的起点。根据电子政务的核心价值观和最终目标，我们确定评价的目的是构建服务型政府。根据建设服务型政府的战略目标，正确定位电子政务绩效。

在评价计划的含义中，必须在计划的指导下做出适当的评价赔偿，这些赔偿包括指标体系、评价标准、标准权重、评分方法、人员培训等。在评价过程中，有效的绩效评价指标体系是绩效评价成功的保证，指标体系是绩效评价体系的核心环节。在指标系统中，确定关键绩效指标（Key Performance Indicator，KPI）尤为关键，KPI 是一个指标系统，该系统的建立需设定关键参数、抽样、分析、衡量目标式定量管理指标的绩效指标。而在确定关键绩效指标时，应该遵循 SMART 原则，其中，S 表示"具体明确的"；M 表示"可测量的"；A 表示"可实现的"；R 表示"平衡关联"；T 表示"时间限制"。

考核技术准备好后，下一个步骤为绩效的实施。绩效的实施主要通过评价对象收集信息、整理信息和分析信息来评价主体的过程。在绩效实施的过程中，主要根据指标体系特别是关键的绩效指标进行信息的收集、整理和分析。面向服务型政府的电子政务绩效管理体系，主要基于政府为公众和企业提供的服务来设置指标体系。主要的绩效指标是服务质量衡量指标和公众满意度指标。通过信息的收集、整理和分析，我们最终可以得到绩效结果，这些结果可以帮助我们确定下一个绩效改进计划，提高政府服务的标准，提高服务质量。

根据绩效管理系统的理念来确定电子政务绩效管理的宏观系统。电子政务绩效管理体系是一个完整且科学的管理模式，以切实监管、确保及优化政府部门实施电子政务的组织与过程及其影响效果。具体来说，电子政务绩效管理体系包括目标设定、绩效评估、资源配置、过程管理等多个环节，旨在为政府部门全面、系统地推行电子政务提供支持和引导。

首先，电子政务绩效管理体系需要设定明确的目标。政府部门应该制定电子政务发展计划，并确定计划的各项目标，明确计划的阶段性和批次性，以便于后期的评估和绩效管理。目标的设定应该是可量化、可达成，并且符合政府的发展需求。

其次，绩效评估是电子政务绩效管理体系的核心。政府部门应制定科学合理的绩效评估标准，根据统一的评估标准对电子政务的实施效果进行评估，了解电子政务带来的效益和影响，并适时地发布绩效评估结果，指导下一阶段电子政务工作的开展。

第三，资源配置是电子政务绩效管理体系中的重要环节。政府部门应根据电子政务的实施目标和计划，明确资源配置的思路。资源的投入和配置应当融合财务、人力及技术三个方面考虑，并按需投资，合理配置，达到效益最大化。

第四，过程管理环节应保证计划、监测、调控等工作环节的顺利进行。政府部门应制定详细的电子政务实施计划和进度计划，并及时监控实施情况，对进度及绩效进行评估，发现问题及时调整和改进，以保证计划高效、快速贯彻。

总之，电子政务绩效管理机制的建立，需要各级政府机构的共同努力与认可，切实对电子政务项目进行全面绩效管理。在实际操作中，政府部门应在有效整合、新技术应用、财务分析及相关资源整合等方面做好处理，进一步提高电子政务在政府运转中的效率与价值，使政府服务更加普遍化、高质化，进一步得到社会各界的认可。电子政务的目标是为了提高政府管理效率、精简政府管理机构、降低政府管理成本、改进政府服务水平，一般来说，电子政务的成熟程度直接关系到政府绩效的高低程度[5]。

9.3　电子政务绩效评估的意义

在互联网时代，一切与互联网有关的事物都备受关注。"互联网+政务服务"的提出，就是在新时代社会现实发展的大背景下提出的与时俱进的思想。在政府间，如果想得到数据的充分共享，需要在"互联网+政务服务"的基础上，实现为公众提供便捷的服务，实现全民享受互联网时代带来的服务。党政机构改革可以降低行政成本，有助于建设人民满意的服务型政府。作为与人民群众接触的基层机构，地方党政机构的精简，明确机构的职能，减少机关运作的层级，提高办事效率，使人民办事更加方便，赢得人民的好评，这直接影响着国家在人民心中的形象。以为人民服务为中心，加强了党政机构与人民间的联系，大大推动了小康社会的和谐发展。

2021 年 3 月，《中华人民共和国国民经济和社会发展第十四个五年规划和 2035 年远景目标纲要》发布，提出要将数字技术广泛应用于政府管理服务，推动政府治理流程再造和模式优化，不断提高决策的科学性和服务效率，强调要加强公共数据开放共享，推动政务信息化共建共用，提高数字化政务服务效能。2023 年 3 月，中国互联网络信息中心发布了第 51 次《中国互联网络发展状况统计报告》（以下简称《报告》）。《报告》显示，截至 2022 年 12 月，我国网民规模达 10.67 亿，较上年增长 3 549 万，互联网普及率达 75.6%，庞大的网民数量大大加快了传统领域应用线上化进程。一是线上办公市场快速发展，吸引更多网民使用。截至 2022 年 12 月，我国线上办公用户规模达 5.40 亿，较上年增长 7 078 万，占网民整体的 50.6%。二是互联网医疗规范化水平持续提升，成为 2022 年用户规模增长最快的应用。互联网医疗领域相关监管政策框架日益完善，引导互联网医疗行业规范化发展。截至 2022 年 12 月，我国互联网医疗用户规模达 3.63 亿，较上年增长 6 466 万，占网民整体的 34.0%。三是互联网成为实现乡村振兴的重要抓手，推动农村数字化服务发展。在线教育、互联网医疗等数字化服务供给持续加大，促进乡村地区数字化服务提质增效。截至 2022 年 12 月，我国农村地区在线教育和互联网医疗用户分别占农村网民整体的 31.8% 和 21.5%，较上年分别增长 2.7 和 4.1 个百分点[6]。电子政务在发挥自身优势、带来高可用便捷服务的同时，也暴露出较多问题。例如，从新冠疫情防控初期的服务效果来看，不少医疗系统由于设计问题和管理问题，没有很好地展现高效、快捷、可用的基本设计原则，甚至在疫情管控中产生了阻碍，违背了电子政务的设计初衷和发展方向。同时也暴露出电子政务使用中的深层问题，如数据可用性低、数据安全性差、市场环境混乱、政策规划不清晰等问题，还有不同部门之间数据的共享渠道存在不畅通的问题，部分应用系统无法实现对群众呼应的及时回应等工作缺失，这些问题在一定程度上阻碍了疫情的管控[7]。

电子政务绩效的建设仍然任重道远，全面推进政府运行方式、业务流程和服务模式数字化、智能化仍然需要做好细节管控。电子政务绩效评估可以协助把控工作细节，推动电子政务工作的各项部署，有助于加强对相关工作的引导，建立起良性的激励机制，从而更好地提高应用实效和公共管理水平。作为保障电子政务工作持续发展的关键环节，政府需要积极落实电子政务绩效评估工作，完善电子政务建设的每一处细节，只有这样，才能为民众提供用得上、用得起、用得好的信息服务，使互联网这个最大变量变成事业发展的最大增量[8]。

在国家层面，2019 年 12 月，国务院印发《国务院办公厅关于建立政务服务"好差评"制度提高政务服务水平的意见》，对政务服务事项、服务要求、整体服务水平进行科学评估，服务反馈制度的建设对政务服务形成了有力的监督约束，也提升了政务服务的满意度和公众的获得感。"好差评"制度从公众的使用反馈出发建立评估指标，倒逼电子政务服务的改良，是我国电子政务工作绩效评估的有益尝试。在地方层面，地方政府积极响应国家号召，对电子政务工作绩效评估也进行了大量自评自改工作。例如，福建省从 2017 年起就开展了电子政务绩效工作，从信息化应用绩效、信息化资源开发利用绩效、安全保障绩效 3 个维度对年度电子政务工作进行考核；福州市也从政务公开、办事服务、互动交流、运行维护保障和创新发展 5 个层面评估了电子政务相关工作。

电子政务的创新为政府开辟了一条服务公众的新道路。随着行政改革的深入，对政府如何提升行政效率、转变职能的研究越来越多，但缺乏技术层面的研究，而电子政务绩效评估可以为政府行政模式改革提供有效的帮助，确保政府机构治理体系的构建和治理水平的提升，为政府自身的职能提供指导和参考依据。从现实意义上看，政府改革是时代发展的必然结果。地方政府是国家与人民之间的桥梁，执行着国家政策，管理着地方事务，地方政府的行政效率是衡量行政管理水平的重要指标，地方治理得好坏直接关系着国家的政治稳定和经济发展。电子政务可以极大地提升政府的行政效率，是提升党的执政能力的重要表现，有助于更好地服务人民，巩固党在人民心中的良好形象，从而提升人民的幸福感，增强社会发展活力，保持经济势态的有序发展。

9.4　电子政务绩效评估的基本要素

电子政务绩效评估要素指开展电子政务绩效评估工作需要的各种要素，包括评估目标、评估主体、评估对象、评估指标、评估方法和绩效评估算法等。本节结合我国电子政务建设实际，分别探讨了评估目标的确定、评估主体的选择、评估对象的确定以及指标体系构建等问题。

1. 评估目标的确定

评估目标是电子政务绩效评估主体在整个绩效评估过程中的行动指南。明确的评估目标是评估主体自身取得良好绩效的前提。一般来说，电子政务绩效评估目标应服从和服务于电子政务工作的总体目标，而电子政务工作的总体目标又取决于电子政务的核心职能，在确定电子政务绩效评估目标时，有必要先对电子政务的相关职能进行研究。随着信息化的逐步深入，电子政务对政府管理的支撑作用越来越明显，"推进电子政务建设，促进政府职能转变"已经达成共识，促进政府职能转变成为我国电子政务建设的"总纲领"。

根据我国政府职能转变的要求和我国的社会特点，当前我国电子政务建设在促进政府职能转变的总纲之下，主要服务于三个目标：一是电子政务要在国民经济和社会信息化中处于战略导向地位；二是电子政务要推动政府改革和创新；三是电子政务要促进服务型政府的建设，提高公共服务水平。在构建绩效评估体系时要处理好其本身目标同电子政务目标的关系。

2．评估主体的选择

电子政务绩效评估主体是开展电子政务绩效评估工作的组织和人员。电子政务绩效评估的内容涉及信息技术、政府管理、公共服务、财务管理等多个方面。任何一个已确定的评估主体都有自身特定的评估角度，有不可替代的比较优势，具有特定身份的评估主体亦有自身难以克服的评估局限[9]。这便要求评估主体的构成应多元化。评估主体多元化是保证电子政务绩效评估有效性的一个基本原则，当然，选择评估主体必须考虑评估成本，人人参与是不现实的。

结合国内外电子政务绩效评估理论研究和实践经验，电子政务绩效评估至少应包括三方主体：即政府自身、公众以及第三方机构。选择社会公众作为绩效评估主体的好处是社会公众具有广泛的代表性。按照社会公众的主观需求、愿望、价值观对电子政务效果的满意度进行评估，体现了对公民负责的公共责任机制，蕴含着以公众需求为导向的政府管理理念。选择社会公众作为绩效评估主体的缺点是评估者的有限性和身份难以确定以及社会公众评估技能的缺乏，使公众难以独自承担这项任务。

由第三方专业机构对电子政务绩效进行评估，在国际上是比较通行的做法。第三方评估的发展比较成熟，具有明显的智力优势，有很强的专业性、独立性。第三方参与对电子政务的绩效评估时，相对而言比政府评估自身要客观得多。但是，纯粹的第三方专业机构评估缺乏强大的权力支撑，使之在电子政务绩效评估运行中缺少必要的保障，甚至有很多涉及政务内部的指标无法客观地获取信息。

从评估的主导者和实施者的角度来看，电子政务绩效评估可以由政府以及第三方专业机构来主导、实施；从评估的参与者的角度来看，政府、第三方专业机构以及社会公众都是其重要的参与者。总的看来，电子政务绩效评估主体应该是趋于相互合作与渗透，而不是割裂。对不同层次的电子政务绩效评估来说，评估主体在评估中的地位是不同的，有主导者和参与者之分。当前，我国关于电子政务内部运行的绩效评估以及电子政务建设项目的绩效评估都需要由政府来主导和实施，因为这类绩效评估需要政府内部的广泛支持。

第三方专业机构可以成为各种形式评估的参与者，但在一些特定的评估形式中，如政府网站绩效评估，其也可能成为主导者。社会公众一般主要扮演评估参与者的角色，这对任何形式的电子政务绩效评估都是必要的。对电子政务绩效评估实施过程来说，应该在保持有效领导和协调的同时，充分发挥不同评估主体的作用，争取更多评估主体的参与。特别应该重点强调第三方专业机构在电子政务绩效评估中的作用，探索评估中政府与第三方专业机构之间的新型合作模式[10]。

3．评估对象的确定

电子政务绩效评估是一项复杂的工作，要使这项工作能够规范、有序运行，就必须根据电子政务建设内容的不同来对电子政务绩效评估的对象进行梳理，建立多层次的电子政务绩效评估模式。对此，可以从美国联邦政府绩效评估实践中得到一些启示。当前，美国联邦政府绩效评估主要集中在三个层次[11]。第一，项目绩效评估：主要通过项目等级评估工具对联邦项目进行比较评估；第二，部门绩效评估：指联邦各部门在每个财政年度末期对部门绩效状况进行评估；第三，跨部门绩效评估：指对联邦各部门执行总统管理日志中五项改革计划的进展情况进行比较评估。

这三种绩效评估方法形成了自下而上的层级评估体系，它们都是在美国《政府绩效与结果法》所确立的法律框架下进行的。我国电子政务建设一般是以信息化项目的形式进行，以各个政务应用系统的形式来运行，这些电子政务项目或应用系统又通过各种方式联系在一起，构成我国电子政务建设的整体架构。按照评估内容的范围，电子政务绩效评估对象也可以分为三个层次：一是地区电子政务绩效评估，是以某个行政区划（省、市、县等）的地区的电子政务发展水平为评估对象；二是对某一级政府部门电子政务的绩效评估，是以某政府部门的电子政务建设为评估对象；三是电子政务项目评估，即以电子政务工程项目为评估对象，如政府门户网站、业务应用系统等的绩效评估。

"地区""部门""项目"是三个完全不同的对象，而且分别属于宏观、中观、微观三个层次。评价项目和评价部门不一样，评价部门和评价地区也不一样。在学术研究方面，多数文献对目前，许多电子政务绩效的研究较为笼统，把不同层次的东西放在一起用一个指标体系来评估，这是不够科学的。本书认为，这三个层次的电子政务绩效评估所针对的是不同的评估对象，不同的评估对象具有其各自的特点，所以，可以建立三种不同的电子政务绩效评估体系[12]。

4．指标体系构建

评估指标的设计是电子政务绩效评估体系的重要环节。由于综合性的绩效评估体系具有多重的价值标准、多向的维度以及多元主体，而传统单一的成本、效率、产出等指标难以反映出大型复杂组织的绩效状况和未来发展，因此，构建一个科学有效的综合指标体系成为实施电子政务绩效评估的重要前提。评估指标既要能保证服从评价目标，达到评价目的，又要有助于简化评价程序，降低评价成本。因此，在遴选评估指标时需要经过如下三个环节：

（1）"海选"：根据评估目标以及评估对象的特点，尽可能地列举能够体现其电子政务绩效，且符合指标选取原则的指标。指标选取应遵循如下原则：指标集规模适度；指标要有导向性；指标要有代表性；数据可获得性强；指标具备可比性；指标体系具有可延续性。

（2）"优选"：绩效评估需要大量的时间和经费投入，指标的优选有利于节省投入，并保证评估更客观。结合当前实际，由于电子政务绩效评估实践还处于探索期，不能一味追求指标体系的大而全，而需要考虑它的可操作性因素。所有的绩效评估指标都可以在两个维度上排序：一是指标的代表性，即典型性，指标并不是越多越好，而是要选取高度代表评估目标的指标；二是指标的可测性，即数据的获取难易程度，包括考虑指标获取的成本及工作量等。这两个因素其实对应了评估指标的两个重要属性：效度与信度[13]。指标的代表性越高，就越能体现评估对象的特征范畴和评估目的，越能反映评估对象的真实情况，则其效度越高；指标的可测性越强，在观测中测量结果的可靠性程度就越大，则其信度越高。评估指标的优先级别如图 9-1 所示。显然，优先的指标应该是那些容易测度且具有较高代表性的指标。

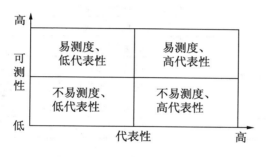

图 9-1　评估指标的优先级别

（3）"精选"：经过优选的指标，再次广泛征求专家以及被评估方的意见与建议，对相关指标进行调整与修正，确保指标体系的客观、科学与可操作性。

根据上述原则和步骤，从信息化基础、组织提升、公共效益和用户满意 4 个维度初步设计电子政务绩效评估指标体系。该指标体系包括 4 个一级指标，9 个二级指标，25 个三级指标。其中，在三级指标中，定性指标 15 个，定量指标 10 个。该指标体系主要从如下 4 个方面进行考察电子政务绩效，见表 9-1。

表 9-1　政府部门电子政务绩效评估综合指标体系

一级指标	二级指标	三级指标	指标属性
信息化基础	资金投入	投入总量	定性指标
		投入结构	定性指标
	基础设施	人均电脑拥有率	定量正指标
		部门网络覆盖率	定量正指标
		装备国产化水平	定量正指标

一级指标	二级指标	三级指标	指标属性
信息化基础	基础设施	政务信息资源数字化	定量正指标
		安全保障能力	定性指标
组织提升	业务流程	业务流程信息化水平	定量正指标
		在线办理能力	定量正指标
		信息共享水平	定量正指标
		业务协同能力	定量正指标
	组织管理	组织与领导	定性指标
		部门电子政务规划	定性指标
		制度规范	定性指标
	人员培训	培训机构与设施	定性指标
		年人均培训次数	定量正指标
公共效益	信息公开	信息公开程度	定性指标
		信息公开效果	定性指标
	公众参与	公众参与途径	定性指标
		公众参与效果	定性指标
用户满意	服务质量	服务有效性	定性指标
		服务便捷性	定性指标
		投诉与咨询回复情况	定量正指标
		工作人员服务态度	定性指标
	业务水平	工作人员业务水平	定性指标

5. 评价方法

随着政府信息化的不断深入发展和推进，越来越多的发展误区和规划空白不断涌现。实践证明，电子政务的发展更多的是管理问题，而绩效评估正是电子政务管理的核心环节。因此，建立健全有效的电子政务绩效评估体系刻不容缓。只有通过有效的绩效评估体系，才能从制度上确保我国电子政务建设走向可持续发展道路。电子政务的实施是一个复杂的系统工程，影响其形成的因素很多，这便导致评估主体对客体的认识具有模糊性，因此，要准确、全面评价电子政务比较困难。

（1）模糊综合评价方法：吕伟等人将模糊综合评价方法应用于电子政务的绩效中，建构一个较为合理的电子政务评估指标体系，提出了电子政务的模糊综合评价模型，从而为我国电子政务实施效果的科学评价提供参考[14]。首先，通过属性层指标集和指标层指标集确立评价指标集。第二步是确定评价集。常用的评价集包括：三角型、梯形型、广义三角型、正态型、S型和Z型等。第三步是确定评估队伍。评估队伍由一定数量的专家（包括经济学专家、信息专家、政府人员等）和一些非专家（包括设计人员、使用人员、维修人员等）组成。在评估过程中，要综合每一位参评人员的评价意见和每一个评价指标，从而确立评估矩阵。第四步是建立评价等级的权重。系数集权重一般根据实际情况加以确定，采用的方法有统计分析法、专家评估法等。由于本小节的评估体系指标集是两层结构，所以权重集也分为两个层次：属性层权重集和指标层权重集。第五步是根据评估矩阵和权重集得到综合评价矩阵，评价等级的加权矩阵是在不考虑模糊边界条件下的值，它反映的是各个评价对最终结果的影响程度，一般使用百分制度，从而确定加权矩阵。最后，根据综合评价矩阵和加权矩阵得到相应的综合量值。

（2）划分阶段法：许多国家政府和相关研究机构的研究表明，电子政务的现状和效果难以管理给政府管理者带来了极大的挑战。控制论的一个基本观点是：不可测的事情必不可控。要管理和控制电子政务首先必须要明白当下所处的状态。电子政务评估的一个重要目的是进行某个政府在时间序列上的纵向比较或各级政府间的横向比较，并在比较的基础上制订或调整未来的建设内容，于是有人提出了电子政务阶段论。2002 年 4 月，美国 Accenture 咨询公司发表《E-Government Leadership：realizing the vision》报告，该报告根据电子政务的总体成熟度，将政府分为四种类别：一是总体成熟度超过 50% 的充满创新精神的领先者（Innovative Leader）；二是有远见的挑战者（Visionary Challengers），总体成熟度介于 40%～50%；三是总体成熟度介于 30%～40%，表现出色的新兴力量（Emerging Performers），总体成熟度 30% 以下的归入第四类平台建设者（Platform Builders）。

2003 年，联合国经济与社会事务部对联合国 191 个会员国的电子政务建设情况进行了调查研究与分析比较，并从"政府网站建设现状""信息基础设施建设"以及"人力资源素质"等三个方面提出了衡量一国电子政务发展水平的"电子政务指数"。按照这个评估系统，被评估的国家电子政务的网站建设可以划分为起步阶段、提高阶段、交互阶段、在线事务处理阶段以及无缝链接五个阶段，并且以数字 1、2、3、4、5 分别赋予这五个阶段，以量化各国的电子政务。

（3）成本效益法：对电子政务评估其实也是缘于巨大资金投入后的效益回报要求。有专家表示，电子政务也要讲效益，绝不能忽视电子政务工程项目投资的回收。国内的研究主要以定性评估为主，关于电子政务经济评价的研究很少。而国外很多研究会根据实际需要，应用净现值、成本效益分析等方法对实施电子政务带来的货币化的增量效益进行评估。随着电子政务的发展，电子政务的成本与效益问题已经引起了各国政府的广泛关注。

电子政务系统是一种信息系统，信息系统的成本测算方法有许多种，在电子政务系统成本分析中，建议采用算法模型法。算法模型法将成本估计值看成以若干成本影响因素为自变量的函数，表示为：$r=f(x，c)$。其中，r 是系统的成本项目，x 是一组经过选择的影响成本的自变量，c 是模型的一组参数常量。从效益来说，电子政务系统作为一种信息系统，其经济效益涵盖的范围很广，包括：直接经济效益和间接经济效益，宏观经济效益和微观经济效益，近期、中期和长期经济效益，以及有形经济效益、准有形经济效益和无形经济效益。

9.5　国内外电子政务绩效评估实践

9.5.1　国际电子政务绩效评估实践

本小节选取《2022 联合国电子政务调查报告（中文版）》作为主要参考，该调查报告主要衡量电子政务在提供公共服务方面的有效性[15]。全文共包括几个分析性章节和有关电子政务发展数据的附录内容，简要介绍了各会员国电子政务发展的相对评估情况。该项调查通过联合国电子政务发展指数（E-Government Development Index，EGDI）跟踪分析了各会员国的电子政务发展情况。EGDI 作为一项综合指数，由三个标准化指数加权平均计算得出，主要评估国家层面的电子政务发展情况[16]。其中，基于国际电信联盟（ITU）所提供数据的电信基础设施指数（TII），基于联合国教育、科学及文化组织（UNESCO）所提供数据的人力资本指数（HCI），以及基于联合国经社部（UNDESA）独立在线评估所收集数据的在线服务指数（OSI）各占三分之一。

上述独立在线评估主要评估 193 个联合国会员国的国家在线服务情况，并辅之以会员国问卷。调查问卷主要评估与在线服务提供有关的几个特定要素，包括整体政府举措、开放政府数据、电子参与、多渠道服务提供、移动服务、使用情况和数字鸿沟，以及利用信息和通信技术（ICT）的创新伙伴关系。同样，地方在线服务指数（Local Online Services Index，LOSI）则主要捕捉城市层面有关电子政务服务提供情况的类似要素。这些数据通常由一组研究人员在联合国经社部的监督下通过初步研究和收集而得。每一版调查的总体方法框架基本保持一致，但应注意的是，每一版调查中，都会对 EGDI 的计算方法进行建设性的改进，将前几期的经验教训、从各会员国收到的资料和反馈意见、外部评估建议、专家组会议成果，以及有关数字政府最新技术和政策制定的进展情况纳入修改的标准。调查报告会在相应的版本中对引入的变化进行相关概述。虽然总体方法框架没有改变，但这些改进之处可能会使本版调查与前几期产生很大差异，不过对大多数指标而言，在存在相关性的地方仍然可以进行全面对比分析。

与 2020 年版相比，2022 年为了改进调查方法，同时吸取前几期调查报告的经验教训，考虑到各会员国的投入和公开磋商的反馈意见、专家组会议成果以及最新的技术和政策进展情况，2022 年的调查报告中引入了一些有限的变化，总结如下：

（1）对在线服务指数进行了改进，可以根据五个子指数——制度框架、服务提供、内容提供、技术和电子参与——对政府门户网站进行评估，而在线服务指数则作为一个整体根据每个子指数的标准化值进行计算。2018 年和 2020 年的地方在线服务指数（LOSI）试点评估在一定程度上也采用了这种新方法，提高了在线服务指数与 LOSI 公式的一致程度，引入了综合在线服务指数的概念，同时支持对电子政务发展的进展进行更为细致的分析。2022 年的调查报告基于 180 个问题（相比于 2020 年的 148 个问题有所增加）完成了对在线服务指数的计算。

（2）对电子参与指数方法进行了改进，以便更好地评估参与度，包括评估以下内容：①整合参与式预算编制或类似机制的政府门户网站及其他网站；②一般行业以及与可持续发展目标实施密切相关的六大关键领域（教育、就业、环境、卫生、司法和社会保障）开放政府数据（Open Government Data，OGD）的可用性；③服务提供过程中有关共同创造或共同生产合作机制的证明材料；④是否有证据表明，在探讨和决定关于制定和通过有关弱势群体问题的政策时听取公众的呼声；⑤是否有证据表明，在线咨询服务（通过电子论坛、电子投票、电子问卷或其他电子参与工具）的设计是为了提高弱势群体的参与度。

（3）对会员国问卷进行了扩展，以便更全面地纳入数字包容事项，解决与新冠肺炎疫情响应措施和后疫情时代恢复工作相关的问题。

（4）在对城市门户网站进行评估时，将所评估的城市数量从 2020 年的 100 个增加到 2022 年的 193 个（即 193 个联合国会员国中每个国家人口最多的城市）。同时，对相应的评估标准也进行了审查，并根据 2022 年的在线服务指数方法进行了调整，增加了第五项标准——制度框架。LOSI 评估指标总数也从 2020 年的 80 个增加至 2022 年的 86 个。

（5）增加了与此项调查中所涉试点研究举措有关的信息：复杂网络分析和开放政府数据指数。

报告介绍了 193 个联合国会员国的电子政务排名情况以及这些国家在电子政务发展指数（EGDI）水平的四个级别分组（非常高、高、中等和低）[16]。根据测量结果，电子政务发展指数全球平均值略有上升，从 2020 年的 0.5988 提高到 2022 年的 0.6102，这主要是因为在加强电信基础设施方面取得的进展。欧洲仍然是电子政务发展的领导者，电子政务发展指数平均值为 0.8305，其次是亚洲（0.6493）、美洲（0.6438）、大洋洲（0.5081）和非洲（0.4054）。自 2016 年以来，大洋洲电信基础设施指数的平均值首次下降，这主要是由于过去两年该地区的电信基础设施指数平均值下降了 29%。

尽管公共部门在新冠肺炎疫情期间越来越广泛地采用数字技术提供服务，但尚未实现全面数字化转型。在全球大部分地区，政府在提供在线服务时的优先工作集中在健康、教育和社会保障领域。提供允许用户申请社会保障计划和福利的服务（如产妇保健、儿童补贴、养老金、住房和食品津贴）的国家数量增幅最大。

《2022 联合国电子政务调查报告（中文版）》共评估了 22 种在线服务，从区域来看，欧洲提供的在线服务平均数量最多（19 种），其次是亚洲（17 种）、美洲（16 种）以及大洋洲和非洲（均为 12 种）[17]。

传统上被视为弱势的群体——贫困人口、残疾人、老年人、移民、妇女和青年——通过电子政务受益，但各国需要做出更多的努力以确保在电子政务和更广泛的数字化过程中不让任何人掉队。越来越多的国家强化了电子政务发展的制度和法律框架。大多数国家都制定了国家电子或数字政府战略，以及关于网络安全、个人数据保护、国家数据政策、开放政府数据和电子参与的法律法规。个人和企业能够通过在线平台与公共机构互动，获取有关信息以及访问公共内容和数据（包括 OGD）。

　　虽然数字政府的发展趋势是在稳步增长并在许多领域取得了显著进展，但仍存在需要关注的重大挑战。目前超过 30 亿人生活在电子政务发展指数值低于全球平均水平的国家，其中大多数国家位于非洲、亚洲和大洋洲。非洲 54 个国家中只有 4 个国家的电子政务发展指数值高于全球平均水平（0.6102），其他国家的电子政务发展指数值明显较低。虽然非洲一些国家改善了电信基础设施，为加快向数字政府过渡奠定了坚实的基础；但是，非洲的移动宽带订阅成本占人均国民总收入的百分比仍然显著高于世界其他地区，这影响了电子政务的发展。这只是众多挑战之一，这一问题导致各国难以缩小电子政务发展差距和弥合数字鸿沟。如果不采取有针对性、系统性的措施来帮助低收入和中低收入国家以及处境特殊的国家（包括最不发达国家、内陆发展中国家和小岛屿发展中国家），数字鸿沟将持续存在并可能扩大。

　　此外，报告显示，2022 年中国的在线服务指数是 0.8876，为"非常高水平"，电子政务排名在 193 个联合国会员国中从 2012 年的第 78 位上升到了 2022 年的第 43 位，进入全球第一梯队，这表明我国电子政务发展逐渐从"追赶者"进入"领跑者"行列[16]。

9.5.2　国内电子政务绩效评估实践

　　复旦大学的数字与移动治理实验室是国内较为权威的政务评估团队。本小节选取了 DMG 的项目部分——政务评估时间内容进行研究。

　　第一，DMG 进行了 K 市政府数据开放管理考核指标体系研究，该项目以将有效的绩效考核作为促进政府数据开放管理工作的重要抓手。研究基于 K 市政府数据开放有关的法律法规和政策文件的要求，借鉴国际和国内在政府数据开放管理考核评估方面的实践经验，结合 K 市政府数据开放管理工作的具体要求，研究制定《K 市政府数据开放管理考核指标体系》，期望以此为抓手，全面提升 K 市政府数据开放水平。

　　第二，DMG 进行了上海市微信公众号研究。该课题从整体分布、账号管理、发布、互动、服务等维度出发，对上海市政务微信的现状与趋势进行定量与定性分析，构建全面覆盖多个维度的政务微信分析评估框架。并基于研究分析的结果对政务微信发展提出建议，以提升上海政务微信公众号的运营能力和成效，并为全国其他地区政务微信的运营和发展提供借鉴。

　　第三，DMG 通过 2017 年上海市出台的青年就业见习的相关政策，明确提出了引入第三方机构参与就业见习基地综合管理工作。复旦大学数字与移动治理实验室通过公开招标的方式成为静安区青年就业见习基地综合管理项目的第三方管理机构，负责就业见习基地的申报评估、日常管理和转正评估工作。

　　第四，DMG 进行了围观基层系列活动。"围观基层"是由中国信息化专家学者在微信群中发起参与的系列活动，以自愿自费和众包众筹的方式组织筹备，并由复旦大学数字与移动治理实验室总协调。活动围绕一个信息化热点议题和基层政府的实践案例开展研讨，并由一个政府部门和一所高校共同承办，旨在促进实践界与学术界的跨界交流，推动基层政府创新。在线下活动结束后，线上讨论将持续进行，并自发形成下一次线下活动，成为"永不落幕的研讨会"。

9.6　电子政务绩效管理经验与启示

9.6.1　提高宣传力度

首先，提高宣传力度，拓展参与渠道。政府宣传部门应该加大公众参与电子政务平台办理业务、提出建议等活动的宣传力度，充分运用"互联网+"时代的线上媒体宣传渠道[17]，例如微信公众号、微博、政府官方网站、电视媒体、广播媒体等，让受众人群更快更高效地了解电子政务平台的类型，办理业务的形式，加深电子政务平台应用在公众心目中的感知力度。此外，在传统参与渠道的基础上，设置更为多元的公众参与电子政务活动渠道。例如，在电子政务微信公众号上细分出在线互动、意见反馈、建议提出等子栏目，公众可以借助这些栏目及时表达自己对电子政务平台的参与建议和意见，反映电子政务绩效管理存在的问题，不断提升对电子政务平台应用的满意度。

其次，制定激励措施，鼓励公众参与评价。政府有关部门可以制定一些物质或精神方面的激励措施，鼓励更多的公众参与到电子政务平台的应用及意见评价中[18]。例如，对普通群众，可出台参与电子政务平台业务办理、意见建议提出的有奖活动，奖品的形式可以丰富多元；对电子政务平台应用人员和各级职能部门工作人员，可以将他们反映的电子政务绩效管理问题和提出建议的数量及改进质量纳入其业绩考核中。总而言之，通过采取正向且多元化的激励措施，鼓励更多的人参与电子政务管理绩效的评价反馈。

9.6.2　开展多元培训

首先，通过培训提升电子政务应用工作人员的管理意识。运营维护管理意识的高低，直接决定电子政务应用工作人员的业务素养和工作态度。建议政府有关部门如市委讲师团、市委宣传部、市委信息化管理中心等联合起来，抽调电子政务理论水平高的工作人员，定期为各级职能部门电子政务应用人员进行有关电子政务信息化建设、发展、应用等方面的理论培训，例如现场讲座、交流座谈、研讨报告会等。此外，亦可充分利用微信、微博等社交平台，定期推送相关的理论学习资料，帮助电子政务应用人员不断提升自我的电子政务运维管理理论认知，强化管理意识。其次，通过培训提升电子政务应用工作人员的操作技能。一方面，对现有岗位上抽调的非信息化专业电子政务工作人员应定期组织有关电子政务平台软件和硬件操作方面的业务培训[19]，针对一些重点问题，如平台数据丢失处理、平台运行卡顿等问题展开强化培训。

同时，定期组织电子政务平台的操作技能比赛，通过比赛发现一批操作技能过硬的业务骨干，发挥他们的帮带模仿作用，对一些业务素养较差的工作人员则酌情予以淘汰，建立优胜劣汰绩效管理制度。另一方面，从高校或其他专业机构引进一批精通电子政务平台实操的业务骨干，充实现有的应用管理队伍质量，以不断提升电子政务运维管理队伍的信息化水平，为电子政务管理绩效的提升奠定基础。

9.6.3 加强绩效管理

政府职能部门可根据群众反映的问题进一步完善部门电子政务平台上的办事业务，将一些可以在线申请的但仍没有开发至电子政务平台的业务，尽快部署到部门电子政务平台上，以提供更为全面、立体的电子政务在线办理体验[20]。此外，各级职能部门电子政务平台之间应开发便捷、互联的信息共享功能，以便于实现高效的信息共享，提升电子政务平台的在线业务处理绩效能力[21]。

强化对电子政务网上办事效率的绩效监督。尽快组建专门的电子政务应用管理绩效监督部门，重点对各级职能部门电子政务网上办事效率进行量化监督管理，出台针对性的政策规定：在线政务办理的上下限时间，例如，常规政务处理的周期应在 7 个工作日以内，对一些复杂政务的处理，也应控制在 10～14 个工作日之间，通过定期或不定期的监督抽查，或设置网络投诉渠道，对各职能部门应用电子政务开展网上办事的周期进行监督，一旦发现有故意拖延或效率低下等事件，应及时做出处理，追究当事人的责任，通过强有力的绩效监督，提升电子政务网上办事的效率，优化管理绩效水平。

9.7 本章小结

本章从电子政务绩效管理背景入手，了解目前电子政务绩效管理发展的阶段，然后对电子政务绩效管理体系与机制进行了整理，得出通过电子政务绩效评估可以降低行政成本。行政的管理成本占用着国家财政资源，行政管理成本过高导致国家财政压力巨大，使得国家降低了对社会福利方面的投入，这不利于提升人民的幸福感。本章学习了完善政府公共服务的责任机制，也明确了电子政务绩效评估的基本要素为评估目标、评估主体、评估对象、评估指标、评估方法和绩效评估算法，进而从《2022 年联合国电子政务调查报告》和 DMG 的研究项目进行了国内外电子政务绩效评估实践的整理，最后总结出电子政务绩效管理经验与启示，为推动电子政务绩效管理做出贡献。

思考与练习题

（1）简述电子政务绩效管理的概念。

（2）简述开展电子政务绩效评估的意义。

（3）简述如何有效开展电子政务绩效管理。

参 考 文 献

［1］寿志勤，黄学华，郭亚光，等．电子政务服务整体绩效评估转型研究——安徽模式的问题检视与重构［J］．电子政务，2019（10）：108-116.

［2］吕律．政府绩效管理中电子政务的应用影响研究［D］．西安：西北大学，2022.

［3］李向飞．电子政务对政府执行力的提升作用［J］．电子技术与软件工程，2014（13）：44.

［4］李燕．基于电子政务的我国政府绩效管理体系的构建与实施［D］．重庆：重庆大学，2009.

［5］吴树新．电子政务建设与公共部门绩效的提升［J］．中国发展，2005（01）：48-51.

［6］北京化工大学信息化办公室（信息中心）．CNNIC 发布第 51 次《中国互联网络发展状况统计报告》［EB/OL］．（2023-03-06）［2023-05-28］．https://cit.buct.edu.cn/2023/0306/c7775a176286/page.htm.

［7］向丰，周红利，冯伟伦，等．灾难性事件后目的地旅游业复苏路径分析——新冠肺炎疫情后武汉旅游发展［J］．湖北经济学院学报（人文社会科学版），2021，18（03）：51-54.

［8］王文涛．电子政务绩效评估研究及实践［D］．西安：西北大学，2021.

［9］胡刚，司小平，刘娜．电子政务绩效评估及其机理研究［J］．工业工程，2006（06）：10-14，51.

［10］张强，韩莹莹．当代美国联邦政府绩效评估的层级体系分析［J］．社会科学研究，2006（01）：94-99.

［11］张锐昕，吴江，杨国栋．电子政务绩效评估制度建设的目标和重点［J］．中国行政管理，2006（04）：26-30.

［12］亓秋景．电子政务绩效评估指标体系研究［D］．苏州：苏州大学，2012.

［13］杨道玲，于施洋．电子政务绩效评估要素研究［J］．情报科学，2009，27（06）：938-940.

［14］吕伟，郭东强．电子政务绩效模糊综合评价方法的应用［J］．市场周刊，2007（01）：132-134.

［15］ 联合国经济和社会事务部. 2022 联合国电子政务调查报告［R/OL］. 纽约，2022.

［16］ 中央党校（国家行政学院）电子政务研究中心.《2022 联合国电子政务调查报告（中文版）》发布 我国电子政务排名升至全球第 43 位［EB/OL］.（2022-12-26）［2023-5-30］. http://www.egovernment.gov.cn/art/2022/12/26/art_476_6605.html.

［17］ 陈小梅. 论我国电子政务绩效评估体系的基本框架与构建方法——基于服务型政府的视角［J］. 学理论，2013（04）：49-50.

［18］ 古谦. 服务型政府电子政务绩效评价体系研究［D］. 长沙：湖南师范大学，2016.

［19］ 宋宁宁. 地方政府绩效管理研究［D］. 北京：北京交通大学，2008.

［20］ 郑方辉，冯健鹏. 法治政府绩效评价［M］. 北京：新华出版社，2014.

［21］ 徐宁. 电子政务应用对政府管理绩效的影响研究［D］. 南昌：南昌大学，2018.

第10章　我国电子政务未来发展规划

随着信息技术的快速发展和智能化水平的提高，各国政府机构更加注重利用先进技术来提升公共服务的质量、效率和便利性。在数字中国建设过程中，我国电子政务未来发展规划将着重于推进智慧政府建设，提升公共服务质量和效率，以及推动数字化社会的发展。

10.1　数字中国建设步入新阶段

党的二十大报告提出加快建设网络强国、数字中国，并对事关网络强国、数字中国建设的一系列重大问题作出战略部署。数字政府作为数字中国体系的重要组成部分，是新时代全面深化行政体制改革的必然选择，在经济和社会发展中发挥着越来越重要的作用。在这一阶段，数字技术将为地方政府和企业提供更多的机会，从而加快经济发展和社会进步。同时，数字中国建设将为政府和企业提供更安全、更高效的管理服务，从而更好地满足人民群众的需求，提升国家的整体竞争力。此外，数字中国建设将促进互联网、大数据、人工智能等新兴技术的发展，促进经济转型和升级，从而推动中国经济和社会的发展。

10.1.1　国家层面对政务信息化的规划布局

自党的十八大以来，以习近平总书记为核心的党中央对网络安全和信息化工作高度重视，多次对电子政务相关工作下达重要指示。习近平总书记指出，要加快实施数字政府建设，推进政务信息系统资源整合共享。李克强总理强调，要加快政务数据共享，加快推进政务服务"跨省通办"。"十三五"以来，我国政务信息化工作取得长足发展，政务信息系统整合共享实现新突破，一批重大工程陆续建成，有力支撑了"放管服"改革深入推进，大系统共治、大数据慧治、大平台共享的政务信息化顶层架构初步建成。

为进一步做好"十四五"政务信息化工作，强化顶层设计和整体统筹，按照党中央、国务院决策部署精神和"十四五"国家级专项规划编制工作安排，国家发展改革委制定了《"十四五"推进国家政务信息化规划》（以下简称"《规划》"），作为"十四五"期间统筹安排国家政务信息化工作，规范和指导我国政务信息化工程建设的纲领性文件。

《规划》以习近平新时代中国特色社会主义思想为指导，全面贯彻党的十九大和十九届历次全会精神，立足新发展阶段，完整、准确、全面贯彻新发展理念，加快构建新发展格局，紧密围绕"推进国家治理体系和治理能力现代化"这一政务信息化工作的总目标，对国家重大政务信息化工程建设做出了统筹安排。《规划》制定的总目标是：到2025年，政务信息化建设总体迈入以数据赋能、协同治理、智慧决策、优质服务为主要特征的融慧治理新阶段，跨部门、跨地区、跨层级的技术融合、数据融合、业务融合成为政务信息化创新的主要路径，逐步形成平台化协同、在线化服务、数据化决策、智能化监管的新型数字政府治理模式，经济调节、市场监管、社会治理、公共服务和生态环境等领域的数字治理能力显著提升，网络安全保障能力进一步增强，有力支撑国家治理体系和治理能力现代化。

"十四五"时期是我国乘势而上开启全面建设社会主义现代化国家新征程，向第二个百年奋斗目标进军的第一个五年，国家政务信息化建设要把握以数字化、网络化、智能化为特征的转型机遇，加快推进创新发展，统筹推进重大工程实施。在规划编制的过程中，应重点突出5个核心理念。一是要对标规划《纲要》，明确工程范围。《规划》对标"十四五"规划《纲要》要求，将"推进国家治理体系和治理能力现代化"作为国家政务信息化工程项目建设的总目标，明确界定国家政务信息化工程建设范围。二是要围绕主责主业，强化需求管理。《规划》坚持围绕主责主业确定各部门的具体建设需求，充分考虑跨部门共建共享和业务联动，加强一体化、集约化、科学化、协同化建设。三是要加强统筹谋划，统一工程框架。《规划》围绕新发展阶段面临的新形势、新任务、新要求，重点谋划包括经济治理基础数据库、国家疫情防控管理平台等共建共享工程。四是要强化共享开放，发挥数据价值。《规划》提出加强政务数据资源的归集汇聚、共享交换和开发利用，系统性提升用数据决策、用数据管理、用数据监管、用数据服务的能力，变"建系统"为"用数据"满足业务需求。五是要坚持系统安全理念，强化安全保障。在政务信息化建设中统筹好安全和发展，坚持网络安全底线思维，强化网络安全和数据安全，严格保护商业秘密和个人隐私，健全政务信息化工程全过程信息安全监督机制，持续强化网络安全和数据安全保障能力。

我国政务信息化发展总体经历了"十一五"全面建设、"十二五"转型发展和"十三五"创新突破的发展阶段。"十四五"时期，政务信息化建设要进一步强化全局意识和协同理念，围绕业务场景打造跨部门、多领域协同共建共享的政务信息化工程建设模式，全面深化网络融合、技术融合、数据融合和服务融合，到2025年，推进政务信息化工作迈入以数据赋能、协同治理、智慧决策、优质服务为主要特征的"融慧治理"新阶段。为此，《规划》提出了三大任务11项具体工程。一是深度开发利用政务大数据。以数据共享开放与深度开发利用作为提升政务信息化水平的着力点和突破口。深化基础库应用，升级完善国家人口、法人、自然资源和地理空间等基础信息资源库。新建经济治理基础数据库,汇集各部门主要经济数据,提升宏观经济治理的决策支持水平。二是发展壮大融合创新大平台。同步推进网络融合、技术融合、数据融合和服务融合,构建共建共用的大平台体系。三是统筹建设协同治理大系统。围绕政府核心职能,着力建设好执政能力,提升信息化工程、依法治国强基工程、经济治理协同工程、市场监管提质工程、公共安全保障工程、生态环境优化工程这六大工程[1]。

为推动《规划》落实,提出的具体措施包括几个方面:一是要强化机制保障,统筹工程项目建设管理。按照以统为主、统分结合、注重实效的原则,组织跨部门、跨层级的重大工程项目建设,明确目标、责任、牵头单位和实施机构,将推动政务信息系统跨部门、跨层级互联互通、信息共享作为建设主线贯穿始终。加强牵头部门对跨部门工程建设的组织协调,提出具体的协同共享关键指标,推动部门间信息共享和公共数据开放,强化政务信息化工程建设的统筹管理。二是要强化集约共享,充分发挥工程建设效能。鼓励顶层设计与迭代建设相结合,优先支持统筹强、框架清、投资小、见效快的建设需求,推动"小步快跑,快速迭代"。落实部门一把手责任制,建立健全部门内部工程统筹、业务衔接、资源共享、运行保障的一体化工作机制。形成国家统筹、部际协调、部门统一的政务信息化工作局面。三是要健全标准规范,完善评价管理制度体系。完善国家电子政务工程建设项目管理办法细则,加强规划约束,规范项目设计,围绕统一基础设施共建共用、跨部门重大工程建设、数据共享交换等实际工作需要,开展政务信息化标准规范体系顶层设计,不断优化完善标准体系建设,以标准先行推动系统互联、业务协同、信息共享、集约建设等工作。进一步完善项目后续监督检查、审计、事后评价,以及绩效评价等事中事后监管措施和要求。四是要筑牢安全底线,稳步有序推动创新发展。加强数字政府网络安全体系顶层设计,强化政务数据安全管理,建立健全政务信息化工程全过程安全监督机制,明确安全责任边界。充分发挥市场主体的资金、技术、人才优势,提高工程咨询设计、项目建设、新技术利用、运维服务等工作的专业化水平。建立政务信息化领域企业的诚信档案,强化信用约束,形成充分竞争、优胜劣汰的市场机制,以政务信息化建设促进网络信息技术自主创新。

10.1.2　国家层面对数字经济的规划布局

党中央、国务院高度重视数字经济发展。习近平总书记指出,要统筹国内国际两个大局、发展安全两件大事,充分发挥海量数据和丰富应用场景优势,促进数字技术与实体经济深度融合,赋能传统产业转型升级,催生新产业新业态新模式,不断做强做优做大我国数字经济。"十四五"时期,随着新一轮科技革命和产业变革深入发展,数字经济已成为世界各国抢抓发展新机遇、塑造国际竞争新优势的焦点,我国数字经济发展正转向深化应用、规范发展、普惠共享的新阶段,面对新时期新形势新挑战,数字经济在培育发展新动能、提升经济质量效益方面大有可为。

为贯彻落实党中央、国务院重大决策部署和"十四五"规划《纲要》有关要求,深入实施数字经济战略，国家发改委联合中央网信办、工业和信息化部研究制定了《"十四五"数字经济发展规划》，作为指导"十四五"时期各地区、各部门推进数字经济发展的行动指南，助力我国数字经济健康发展，不断提升广大人民群众对数字化发展的获得感、幸福感和满意度。

《"十四五"数字经济发展规划》从八个方面对"十四五"时期我国数字经济发展作出了总体部署。一是优化升级数字基础设施。加快信息网络建设，推进云网融合、算网协同，有序推进基础设施智能升级。二是充分发挥数据要素作用。强化高质量数据要素供给，加快数据要素市场化流通，创新数据要素开发利用机制。三是大力推进产业数字化转型。加快企业数字化转型升级，全面深化重点行业、产业园区和集群数字化转型，培育转型支撑服务生态。四是加快推动数字产业化。增强关键技术创新能力，加快培育新业态新模式，营造繁荣有序的创新生态。五是提升数字化公共服务水平。提高"互联网+政务服务"效能，提升社会服务数字化普惠水平，推动数字城乡融合发展，打造智慧共享的新型数字生活。六是完善数字经济治理体系。强化协同治理和监管机制，增强政府数字化治理能力，推进完善多元共治新格局。七是强化数字经济安全体系。增强网络安全防护能力，提升重要数据安全保障水平，有效防范系统性风险。八是拓展数字经济国际合作。加快贸易数字化发展，推动"数字丝绸之路"深入发展，营造良好的国际合作环境[2]。

此外，《"十四五"数字经济发展规划》聚焦统筹建设数字基础设施、培育数据要素市场、深入推进产业数字化转型等重点领域，部署了包括信息网络基础设施优化升级工程、数据治理提升工程、数据要素市场培育试点工程、重点行业数字化转型提升工程、数字化转型支撑服务生态培育工程、数字技术创新突破工程等11项重点工程，构成了推动数字经济发展各项任务落地推进的重要抓手。

为推动《"十四五"数字经济发展规划》实施，国家发展改革委将会同各地方相关部门从5个方面加快推进落实。一是加强统筹协调和组织实施。建立数字经济发展部际协调机制，加强形势研判，协调解决重大问题，务实推进规划的贯彻实施。二是加大资金支持力度。加大对数字经济薄弱环节的投入，突破制约数字经济发展的短板与瓶颈，建立支持数字经济发展的长效机制。三是提升全民数字素养和技能。通过实施全民数字素养与技能提升计划、推进中小学信息技术课程建设、制定实施数字技能提升专项培训计划等，加快提高公民网络文明素养，加强数字人才培养。四是实施试点示范。统筹推动数字经济试点示范，完善创新资源高效配置机制，构建引领性数字经济产业集聚高地，探索形成一批适应数字经济发展的经验做法和制度性成果，形成以点带面的良好局面。五是强化监测评估。要加强对《规划》落实情况的跟踪监测、成效分析，抓好重大任务推进实施，及时总结工作进展。国家发展改革委、中央网信办、工业和信息化部将会同有关部门加强调查研究和督促指导，适时组织开展评估，推动各项任务落实到位。

10.2　从"电子政府"到"智慧政府"

随着信息技术的发展，全球各国面临着政府管理模式的新挑战。新兴信息技术不仅改变了人们的生活方式，而且也为政府改革提供了新的思路和方法。智慧政府的概念就源自这样的背景，它旨在利用信息技术实现政府的更高效运作，重塑政府的管理模式，满足公众更高的政务服务期望，促进社会的繁荣发展。智慧政府的实现将有助于政府更有效地发挥其职能，实现政府和公众双赢的局面。

10.2.1　智慧政府的概念

学术界主要从两个角度对智慧政府的概念进行阐述和理解。一种是从智慧政府构建的技术角度出发，认为智慧政府是一种全面改善政府服务的技术方案，旨在利用新兴的数字化技术使政府的公共服务标准化，提高效率，降低成本，实现政府的信息化、智能化、高效化办公。例如，卢时彻[3]指出，智慧政府是对应时代背景和信息技术发展，基于当前的政务和商务模式，进行必要的调整和变革，以求得最佳效果。苗圃[4]更进一步指出，智慧政府的实现需要利用当下兴起的信息技术，如互联网和大数据，将政府的日常工作和服务信息化和智能化。吴韬[5]和胡税根[6]在分析智慧政府的基本概念、性质和智慧政府具备的功能时，指出智慧政府的发展必须依赖大数据的治理技术。另一种是从公共管理的角度出发，认为智慧政府是一种网络结构，其本质是基于技术进步而改善政府管理效率的一种新方法。它通过建立政府层级网络，实现不同级别政府机构的信息共享，提高政府部门之间的协同效率，减少信息孤岛现象，实现政府管理的精细化，提高政府管理的效率，提升政府的服务能力，以更有效的方式为公众提供更优质的服务。汪玉凯[7]认为智慧政府的建设应以人民的服务需求为中心，具备数字、网络及智能化特征，它本质上是一种集感知、整合、共享、协作、智能化等多种技术为一体的政府管理模式。

综合以上对智慧政府的理解，本书认为：智慧政府是指政府结合科技手段，通过数字化、网络化、智能化等技术，提高政府管理效率，实现公共服务精准化，以满足政府与公众的需求，实现公共政策的科学化和民主化的改革方式。智慧政府充分利用信息技术，在政府组织、管理、服务领域实现信息化，实现政府管理、政府服务以及政府治理的跨越式发展。智慧政府的宗旨是最大限度地提升政府的效率和服务水平，实现政府社会管理的优化和提升。

智慧政府与以往的电子政府相比，主要体现在功能定位和实现目标上的明显差异。智慧政府的主观能动性更强，服务的属性更加明显，同时也非常重视信息数据的重要性。智慧政府不仅要对原始采集到的数据进行分析整理，更要构建一套完整的互动沟通体系，使得政府内部、政府与企业、政府与公众之间都能互相沟通协调。智慧政府在发展中更具有灵活性，能更好地实现政府改革的目标，从而提高政府的效率，提升公众的服务体验。智慧政府是电子政府发展的一个高级形态，通过智慧政府可以让政府的运作更加智能化，从而更好地服务于公众。

10.2.2 智慧政府的发展历程

从发展路径来看，政府信息化大致可以分为办公自动化、政府上网、电子政府、智慧政府四个阶段[8]。

（1）办公自动化阶段：20世纪80年代初期，中央和地方的部分政府开始了办公系统自动化（OA系统）建设，初步建立了政府内部的信息化办公网络。在这个阶段，政府将办公的活动由传统的人工模式转变为自动化模式，以提高工作效率、降低人力成本。办公自动化阶段主要包括电子文件管理和网络协作办公系统等多种技术。电子文件管理系统主要针对政府文件进行管理，实现文件的集中存储、跨部门共享、信息自动检索和统计分析等功能，实现政府文件系统的统一管理和使用。此外，网络协作办公系统则是针对政府办公活动的自动化，实现网络会议、文件共享、信息交流、任务分配等功能，以提高政府工作的效率。由于信息技术的限制，这一阶段的政府主要着手内部网建设，政府刚刚开始电子化，实现了文档电子化、办公自动化。这一阶段的主要特征还是政府内部单向服务，受时间与空间限制比较大。

（2）政府上网阶段：1993年底，中央政府启动了"三金工程"以实现政府信息化，包括金桥工程、金关工程及金卡工程。随后，为适应世界信息化潮流，各地政府部门也积极参与信息化建设，拓宽了我国政府信息化的深度与广度。1999年，"政府上网工程"及相关工程的正式启动，标志着我国正式进入"网络社会"。21世纪初，我国政府又提出了"三网一库"的任务，即内网、外网、专网以及政府办公业务信息资源数据库。

（3）电子政府阶段：随着"政府上网工程"的实施，我国迈向了电子政府时代，即利用新技术建立一个虚拟的网上政府，实现线上线下协作。2005年以后，互联网的发展使电子政务进入了移动政府阶段（M-Government），这与移动技术的发展和移动设备的普及密不可分，单个的设备可以随时随地接入网络。政府积极引入并利用移动通信技术，为公众提供参与和获取信息的新渠道，降低行政成本、改进服务供给，努力实现政府服务智能化、精准化，提升对公众需求的反应，更有效地满足人民群众的需求，推动社会全面持续发展。

（4）智慧政府阶段：智慧政府阶段是政府信息化发展的最高层次，也是未来政府信息化发展的重要方向。智慧政府是指政府利用信息化技术实现政务智能化，建立城市政务服务的智慧平台，在此基础上实现跨部门、跨层次、跨区域的政务协同，实现社会治理的智慧化，实现公民政务服务的智慧化，构建智慧政务环境以满足公众服务需求。2015年后，随着信息化与网络化向纵深发展，加上智慧城市和"互联网+"概念的普及，网络化社会逐步形成，数据量呈爆炸趋势，催生了大数据时代的到来。在云计算、Web 3.0、语义网络技术冲击下大数据时代的到来,使移动政务走向信息时代的高级阶段即智慧化。从此,我国开始突出智慧政府建设。智慧政府将进一步提升政府现行的管理与服务方式,并形成"以人为本"的基本观念,更富有个性化与人性化。它能够从全局的角度出发作出合理的选择与科学决策,它的建设与推广标志着我国的政府信息水平不断向前推进,并逐步走向成熟。

10.2.3　智慧政府发展的基本趋势

智慧政府是一种综合性的政府服务模式,强调政府职能的改革,追求提高服务效率、提供更好的服务质量。与电子政府相比,智慧政府发展的基本趋势主要包括以下几点:

(1)服务对象不断扩展。电子政府的服务对象主要是政府部门、企业、雇员和公众,服务对象的范围相对较小。由于政府信息化进程不断加快,加上公共领域和私人领域之间的界限逐渐变得模糊,智慧政府的服务对象也在不断扩大。其服务对象除了政府、雇员、企业和公众外,还包括其他利益相关者、社区、第三部门等,并且扩展到了更广阔的公共领域,如公共安全、应急管理、公共交通等,并将这些作为经济的增长点。这使得政府能更好地服务社会、经济和公民,实现更加积极、及时和有效的政府服务。

(2)政府履职模式转变。政府的角色从最初的"管理者",转变为电子政府时期的"服务型",现在又进入"智慧型"的智慧政府时期。智慧政府能够利用感知层收集大量数据,并运用科学的方法对其进行分类、整理、清洗、比对,以构建有价值的数据资源。例如,通过对用户数据进行分析,为用户提供个性化服务;利用领域数据分析行业发展趋势,实现科学决策,推动政府高效、便捷地运作。智慧政府在理念和技术上都有了飞跃般的发展,极大地提升了政府的运作效率。它不仅对政府的管理职能具有强大的支撑作用,而且将服务政府的能力提升到新的高度。

(3)管理主体多元化。政府管理范围已经从传统的行政管理扩大到社会公共服务,社会公共管理更加复杂,社会各个部门的管理也变得更加细致,需要更多的管理主体参与管理,以实现更好的政策效果。智慧政府鼓励政府与私人部门、第三部门以及其他利益主体一起合作,跨越公私边界,让更多的人参与到社会管理和公共服务中来。一方面,公众的参与不仅是公民权利得到保障的体现,还能够让政府从某些束缚中解脱出来,还权于民,借助市场的力量解决政府面临的资金、资源短缺的现状,促使公共资源的更合理分配与利用;另一方面,参与公共事务有利于公众对政府政策的理解,进而帮助政府提高行政效率和服务质量。

10.3　本　章　小　结

本章首先从国家层面对电子政府、数字经济的规划布局来说明数字中国建设将步入新的阶段。然后介绍智慧政府发展所经历的四个阶段，即从办公自动化阶段、政府上网阶段、电子政府阶段到智慧政府阶段，并进一步介绍了智慧政府发展的基本趋势，包括智慧政府的服务对象不断扩展、政府履职模式逐渐转变、管理主体呈现多元化趋势，有助于更好地了解我国电子政务未来的发展。

思考与练习题

（1）简述智慧政府的概念。

（2）简述应该采取哪些措施来促进我国电子政务的健康发展。

（3）简述我国电子政务未来发展的关键挑战。

参 考 文 献

[1] 付朝欢. 2025 年政务信息化将迈入"融慧治理"新阶段 [N]. 中国经济导报，2022-01-08（001）.

[2] 张振. 加快"十四五"数字经济高质量发展——国家发展改革委负责同志就《"十四五"数字经济发展规划》答记者问 [J]. 中国经贸导刊，2022（03）：10-11.

[3] 卢时彻. 建设智慧政府，推动城镇信息化的战略研究 [J]. 中国信息界，2014.

[4] 苗圃. 智慧城市视阈中的政府智慧治理 [J]. 佳木斯大学社会科学学报，2015，33（05）：53-55.

[5] 吴韬. 大数据治理视域下智慧政府"精准"决策研究 [J]. 云南行政学院学报，2017，19（06）：110-115.

[6] 胡税根，王汇宇. 智慧政府治理的概念、性质与功能分析 [J]. 厦门大学学报：哲学社会科学版，2017（03）：99-106.

[7] 汪玉凯. 智慧城市需先建智慧政府 [J]. 计算机光盘软件与应用，2013，16（19）：15.

[8] 王娟娟. 整体性治理视角下中国智慧政府发展路径探究 [D]. 徐州：中国矿业大学，2017.

附录 A   电子政务的相关术语

（1）公共管理：以政府为核心的公共部门整合社会的各种力量，广泛运用政治、经济、管理和法律的方法，强化政府的治理能力，提升政府绩效和公共服务品质，从而实现公共福祉与利益。公共管理作为公共行政和事务广大领域的一个组成部分，其重点在于将公共行政视为一门职业，将公共管理者视为这一职业的实践者。

（2）信息技术：用于管理和处理信息所采用的各种技术的总称，主要指应用计算机科学和通信技术来设计、开发、安装和实施信息系统及应用软件。该技术也常被称为信息和通信技术，主要包括传感技术、计算机与智能技术、通信技术和控制技术。

（3）数字技术：一项与电子计算机相伴相生的科学技术，是指借助一定的设备将各种信息（包括图、文、声、像等）转化为电子计算机能识别的二进制数字"0"和"1"后进行运算、加工、存储、传送、传播、还原的技术。由于在运算、存储等环节中要借助计算机对信息进行编码、压缩、解码等，因此也称为数码技术、计算机数字技术等。数字技术也称数字控制技术。

（4）组织结构重组：指在公司产权重组、资本重组后如何设置组织结构和组织形式的重组方式。旨在解决设立哪些组织机构，具备哪些职能，机构间的相互关系如何处理、协调，管理层人选如何调整等问题。

（5）业务流程再造：指重新思考和彻底翻新企业的业务流程，充分利用信息技术，以实现成本、质量、服务、速度等表征企业业绩特征方面的显著改善，为企业业绩带来实质性的提升。

（6）公共服务：指由政府部门、国有企事业单位和相关中介机构履行法定职责，根据公民、法人或者其他组织的要求，为其提供帮助或者办理有关事务的行为。

（7）政务流程：指一组为公众提供特定服务或与产品相关的、结构化的活动集合，是政府机关在行使政府职能过程中一系列有计划的行政活动的总和。

（8）政府业务流程再造：指通过分析政府业务流程，采用系统工程思想，结合政府业务现有资源，通过政策研究和技术应用，结合新的技术手段，运用信息技术建立政府业务服务的信息化支撑，利用网络技术重新设计业务流程，实现政府业务流程的优化及重组，提高政府服务效率，降低政府服务成本，提升政府服务质量，以满足公众对政府高效、便捷、公正服务的要求。

（9）宏观调控：政府宏观调控也叫国家宏观调控，是政府作为市场经济的主体，通过行政手段、经济手段（主要是财政手段），以及法律手段，实现以经济主体为主导、经济主体与经济客体的对称关系为核心、经济结构平衡与经济可持续发展的经济行为。政府宏观调控是系统工程；对称型反周期调控是政府宏观调控的本质；制定对称型产业政策是政府宏观调控的核心；财政手段是政府宏观调控的主要途径。政府宏观调控是小商品经济发展到市场经济，以及市场经济发展到知识市场经济的必然结果。常态化的政府宏观调控是社会主义市场经济体制的本质特征。政府宏观调控不同于政府干预经济，也不同于计划经济。政府宏观调控主要通过制定对称型产业政策来实现。

（10）简政放权：指精简政府机构，把经营管理权下放给企业。简政放权是中国在经济体制改革开始阶段，针对高度集中的计划经济体制下政企职责不分、政府直接经营管理企业的状况，为增强企业活力、扩大企业经营自主权而采取的改革措施。

（11）防火墙：一个由计算机硬件和软件组成的系统，部署于网络边界，是内部网络和外部网络之间的连接桥梁，同时对进出网络边界的数据进行保护，防止恶意入侵、恶意代码的传播等，保障内部网络数据的安全。

（12）访问控制技术：指防止对任何资源进行未授权的访问，从而使计算机系统在合法的范围内使用。

（13）安全策略：指在某个安全区域（一个安全区域通常是指属于某个组织的一系列处理和通信资源）用于所有与安全相关活动的一套规则。

（14）电子数据交换：指按照同一规定的一套通用标准格式，将标准的经济信息通过通信网络传输，在贸易伙伴的电子计算机系统之间进行数据交换和自动处理。

（15）大数据：指规模庞大、无法在可以接受的时间内通过目前主流软件工具进行抓取、管理、处理的数据集合。

（16）大数据技术：一种能够从海量的数据中提取出有价值的信息技术。

（17）人工智能：一种通过计算机或由计算机控制的机器来模拟、扩展和延伸人类智能，以感知环境信息、获取并利用知识的理论、方法、技术和应用系统。

（18）区块链：指将数据区块按照时间顺序依次相连组成的块链式数据结构，利用密码学方式保证数据不可被篡改和伪造，可以让数据更加安全，其本质是一种分布式账本。

（19）区块链技术：利用块链式数据结构验证与存储数据，利用分布式节点共识算法生成和更新数据，利用密码学的方式保证数据传输和访问安全，利用由自动化脚本代码组成的智能合约，编程和操作数据的全新分布式基础架构与计算范式。

（20）云计算：是一种模式，计算资源整合成可灵活配置的资源池，用户通过网络按需、便捷地使用资源池中的各项计算资源。其中，计算资源包括网络、计算、存储、应用、软件。

（21）行政理念：指导行政制度设计及行政实际运作的理论基础和主导的价值观，是政府机构为实现服务于公众的宗旨所采取的行政政策和行动的总体思想。

（22）智慧政府：指政府结合科技手段，通过数字化、网络化、智能化等技术，提高政府管理效率，实现公共服务精准化，以满足政府与公众的需求，实现公共政策的科学化和民主化的改革方式。

（23）公共产品：私人产品的对称，是指具有消费或使用上的非竞争性和受益上的非排他性的产品。也是能为绝大多数人共同消费或享用的产品或服务，如国防、公安司法等方面所具有的财物和劳务，以及义务教育、公共福利事业等。公共产品一般由政府或社会团体提供。

（24）数字经济：是指人类通过大数据（数字化的知识与信息）的识别—选择—过滤—存储—使用，引导、实现资源的快速优化配置与再生、实现经济高质量发展的经济形态。数字经济不等于虚拟经济，关于数字经济的通俗说法是"数字产业化"+"产业数字化"。发展数字经济最主要的目的之一是实现产业智能化。

（25）互联网：又称国际网络，指的是网络与网络之间所串连成的庞大网络，这些网络以一组通用的协议相连，形成逻辑上的单一巨大国际网络。

（26）一网通办：指打通不同部门的信息系统，群众只需操作一个办事系统，就能办成不同领域的事项，解决办不完的手续、盖不完的章、跑不完的路这些"关键小事"。

（27）智慧城市：起源于传媒领域，是指在城市规划、设计、建设、管理与运营等领域中，通过物联网、云计算、大数据、空间地理信息集成等智能计算技术的应用，使得城市管理、教育、医疗、房地产、交通运输、公用事业和公众安全等城市组成的关键基础设施组件和服务更互联、高效和智能，从而为市民提供更美好的生活和工作服务，为企业创造更有利的商业发展环境，为政府赋能更高效的运营与管理机制。

（28）数字乡村：是伴随网络化、信息化和数字化在农业农村经济社会发展中的应用，以及农民现代信息技能的提高而内生的农业农村现代化发展和转型进程，既是乡村振兴的战略方向，也是建设数字中国的重要内容。

（29）放管服：即简政放权、放管结合、优化服务的简称，改革的目的是为就业创业降门槛，为各类市场主体减负担，为激发有效投资拓空间，为公平营商创条件，为群众办事生活增便利。

（30）互联网+政务服务：继 2015 年提出"互联网+"概念后，2016 年的《政府工作报告》提出了"互联网+政务服务"。其内涵是实现部门间数据共享，让居民和企业少跑腿、好办事、不添堵。

（31）数据元：由一组属性规定其定义、标识、表示和允许值的数据单元。

（32）信息元：由一组属性规定其定义、标识、表示和允许值的信息单元。

（33）电子政务系统：政务部门应用信息技术支持履行政府管理与服务职能的信息系统。

（34）信息安全：保护、维持信息的保密性、完整性和可用性，也可包括真实性、可核查性、抗抵赖、可靠性等性质。

（35）标准体系：一定技术领域或业务范围内，依其内在关系，按特定分类方法形成的标准集。

（36）标准体系表：一定范围的标准体系内的标准按其分类方法排列起来的图表。

（37）电子政务：指国家机关在政务活动中，全面应用现代信息技术、网络技术以及办公自动化技术等进行办公、管理和为社会提供公共服务的一种全新的管理模式。广义电子政务的范畴，应包括所有国家机构在内；而狭义的电子政务主要包括直接承担管理国家公共事务、社会事务的各级行政机关。

（38）数字政府：指以新一代信息技术为支撑，重塑政务信息化管理架构、业务架构、技术架构，通过构建大数据驱动的政务新机制、新平台、新渠道，进一步优化调整政府内部的组织架构、运作程序和管理服务，全面提升政府在经济调节、市场监管、社会治理、公共服务、生态环境等领域的履职能力，形成"用数据对话、用数据决策、用数据服务、用数据创新"的现代化治理模式。

（39）数字服务：数字服务的概念由上海国家会计学院李扣庆院长提出，李扣庆认为，数字服务是以数字化手段为客户提供便利、舒适、效率提升或健康等各种形式附加值的经济活动。狭义的数字服务指纯数字服务，顾客能感受到的价值创造几乎都借助于数字化方式，例如云储存、在线授课、在线娱乐等。广义的数字服务是以数字技术为支持提供的服务。

（40）电子支付系统：指由提供支付服务的中介机构、管理货币转移的法规以及实现支付的电子信息技术手段共同组成的，用来清偿经济活动参加者在获取实物资产或金融资产时所承担的债务。即把新型支付手段（包括电子现金、信用卡、借记卡、智能卡等）的支付信息通过网络安全传送到银行或相应的处理机构，来实现电子支付。因此，电子支付系统是电子交易顺利进行的重要社会基础设施之一，也是社会经济良好运行的基础和催化剂。

（41）信息化服务：是一个以信息技术与高科技手段为生产和生活中出现的问题提供优质解决方案，或对有可能出现的问题进行评估、预测与防范的行业，信息化服务学则是研究这个行业的规律与方法的一门科学。

（42）电子交易：指通过电子系统进行的交易，不同于在交易所交易大厅面对面进行的交易。电子交易将降低经营成本并能帮助企业与客户、供货商以及合作伙伴建立更为密切的合作关系。电子交易能够使企业或客户在增加收入的同时建立起客户忠诚度，通过提高订单处理效率得以降低成本。降低库存和库房开支的同时还能保持满货率并降低销售交易的实际成本。

（43）电子商务：通常是指在全球各地广泛的商业贸易活动中，在因特网开放的网络环境下，基于浏览器/服务器应用方式，利用计算机技术、网络技术和远程通信技术，实现整个商务过程中的电子化、数字化和网络化。

（44）知识共享：知识共享的主要宗旨是增加创意作品的流通可及性，作为其他人据以创作及共享的基础，并寻找适当的法律以确保上述理念。

（45）电子民主：电子民主是近年来随着网络的发展从西方引进的概念，相关的概念还有数字民主、赛博民主、远程民主等，这些概念可以统称为电子民主。它是以发达的信息技术、网络及其相关技术为运作平台，以直接民主为发展趋向，以公民的全体、主动、切实参与民主决策、民主选举等民主运作程序为典型特征的一种民主新形式。

（46）智能型办公自动化系统：智能办公自动化系统利用先进的技术和设备提高办公效率和办公质量，改善办公条件，减轻劳动强度，实现管理和决策的科学化。办公自动化系统是以行为科学、管理科学、社会学、系统工程学、人机工程学为理论，结合计算机技术、通信技术、自动化技术等，不断使人的部分办公业务活动物化于人以外的各种设备中，并由这些设备与办公人员构成服务于某种目标的人机信息处理系统，即在办公室工作中，借助先进的办公设备取代人工进行办公业务处理、管理各类信息，辅助领导决策。办公自动化的目的是尽可能充分地利用信息资源，最大限度地提高办公效率和办公质量，从而产生更高价值的信息，提高管理和决策的科学化水平，实现办公业务无纸化，科学化、自动化。

（47）办公自动化：采用 Internet/Intranet 技术，基于工作流的概念，使企业内部人员方便快捷地共享信息，高效地协同工作；改变过去复杂、低效的手工办公方式，实现迅速、全方位的信息采集、信息处理，为企业的管理和决策提供科学的依据。一个企业实现办公自动化的程度也是衡量其实现现代化管理的标准。

（48）三金工程：指金桥工程、金卡工程和金关工程。"三金工程"的目标，是建设中国的"信息准高速国道"。这是国家正在逐步实施的重大电子信息工程。

（49）政务信息资源：是政府在履行职能过程中产生或使用的信息。狭义政务信息资源是指一切产生于政府内部或虽然产生于政府外部但对政府活动有影响的信息资源的统称。广义政务信息资源是指政府行政工作中产生和利用的信息资源及其相关人员、设备、技术、环境和资金等要素的集合。

（50）政府信息化：指主要为了迎接信息时代的到来，利用信息技术、通信技术、网络技术、办公自动化技术，对传统政府管理和公共服务进行改革，其主要是相对商务信息技术而言。

（51）数字机关：数字机关将数字化理念和数字技术应用到机关事务工作的全过程、全领域，推进机关事务工作管理流程再造、服务模式优化、保障效能提升，形成机关运行保障新模式。

（52）政务大数据：指政府所拥有和管理的数据，具体包含（不限于）自然信息、辖区建设、辖区健康管理统计监察和服务与民生消费类数据。从广义来看，政务大数据还是政府工作开展产生、采集以及因管理服务需求而采集的外部大数据，为政府自有和面向政府的大数据。

（53）信息孤岛：指相互之间在功能上不关联互助、信息不共享互换以及信息与业务流程和应用相互脱节的计算机应用系统。通俗而言，就是甲乙丙丁几个功能齐全的设备，在一个大环境里运转，各自产生的数据却没有任何交互功能。

（54）数据治理：组织中涉及数据使用的一整套管理行为。指由企业数据治理部门发起并推行，关于如何制定和实施针对整个企业内部数据的商业应用和技术管理的一系列政策和流程。

（55）政务公开：全国范围内行政机关和法律、法规、行政规章授权或委托组织就自身机构设置、法律依据、权力运作以及管理情况依法向社会发布，并接受其参与和监督的过程。

（56）政务服务：各级政府及其所属部门或法律、法规授权的具有管理公共事务职能的组织，依公民、法人或者其他组织的申请，实施行政许可、行政确认等具有依申请实施特征的行政权力和公共服务事项的行为。